공황장애
불안 다스리기

공황장애 III 불안 다스리기

초판 1쇄 발행 2021년 6월 30일
　　　3쇄 발행 2023년 1월 30일

지은이 제이콥 정
펴낸이 최영민
펴낸곳 북앤로드
인쇄 미래피앤피
주소 경기도 파주시 신촌로 16
전화 031-8071-0088
팩스 031-942-8688
전자우편 pnpbook@naver.com
공황장애 완치 카페 http://cafe.naver.com/lovefaithjkc
등록일자 2015년 3월 27일
등록번호 제406-2015-31호

ⓒ 제이콥 정, 2021. Printed in Korea.

ISBN 979-11-91188-38-7　(03180)

공황장애
불안 다스리기

제이콥 정 지음

북앤로드

사랑믿음(제이콥 정)

2001년부터 2003년까지 극심한 공황장애, 광장 공포증, 우울증, 건강 염려증의 밑바닥을 경험함. 수많은 내과, 외과를 전전하고, 여러 정신과를 전전하였으나 별다른 호전을 보지 못하던 차에, 나름의 학습과 실행 노력, 인지적 습관 개선 노력을 통해 2003년 말쯤부터 공황장애를 근완치하였으며, 2004년을 거치면서 완치에 이름. 현재 필자는 어려운 처지의 공황장애 환우들을 돕기 위해 개설한 네이버 공황장애 완치 카페(http://cafe.naver.com/lovefaithjkc)에서 사역하고 있습니다.

이 책은 사랑믿음의 공황장애 완치 시리즈 제3편 중 마지막 편으로 공황장애 극복을 위해 환우들이 이해하고 깨닫고 실행해나가야 할 필수적인 것들을 담고 있습니다.

이 책을 펴신 분들은 불안에 힘겨워서 그 불안을 줄이거나 없앨 방도를 갈망하는 분들일 것입니다. 필자 또한 과거 그러했기에, 그 '비정상적인 불안의 맛'을 잘 알고 있습니다.

공황장애든지 불안장애든지 간에 지금의 불안은, 이전에 느꼈던 불안과는 분명히 다른 맛이자 색깔임을 우리는 잘 알고 있습니다. 그래서 이를 직접 겪어보지 못한 사람은 우리가 호소하는 불안의 맛과 색을 알지 못하기 때문에, 우리의 중심을 함께 나눠 공감하기란 어렵습니다. 바로 그 '공감'의 부재가 공황장애 완치 시리즈(I, II, III)를 출간하도록 허락한 가장 큰 동력이었음을 깨닫곤 합니다.

필자가 공황장애로부터 많이 호전된 이후, 싸움의 대상은 어느 새 공황장애에서 '불안'으로 바뀌고 있었습니다. 그 불안은 어떤 상황이나 사건에서 치솟아 올랐고, 일상 곳곳에서도 나직하게 불편을 일으키며 필자를 괴롭혔습니다. 또한 그 과정에서 필자가 깨달은 것은, 공황장애라는 큰 인형의 배후에 숨어 조종해온 원천의 그림자가 바로 '불안'이었다는 사실이었습니다.

이후, 그 불안과 한참 씨름하다 보니, 불안이라는 것이 결코 내 밖에 위치하는 제3의 존재가 아니라는 사실도 알게 되었습니다. 그 불안은 내가 느끼는 일종의 통증으로서, 그 통증을 유발하는 원인은 역시 나의 내면이자, 나의 영혼이며, 그 위에 나의 생각과 습관, 경험과 학습이라는 옷을 겹겹이 껴입고 존재하는 나 자신이었음을 알게 된 것입니다. 이 책의 더 뒤편으로 갈수록, 우리는 바로 그 내면을 재발견하는 작업을 심도 깊게 나눌 것입니다. 다만 그 단계에 도달하기 전에 먼저 해결해야 할 것들이 있음을 유념해야 합니다.

먼저 공황장애의 호전기와 준완치기에 이르는 전 과정에서 잔존한 불안을 조절하고 다스리는 개선 방법'을 먼저 알아야 합니다. 그 방법들을 이 책의 제1장(공황장애 예후와 불안 개선)에서 함께 이해하고 나누게 될 것입니다.

또한, 삶에 필연적으로 동반되고 다가오는 온갖 자극들, 즉 스트레스가 될 수 있는 모든 자극들에 대해 확고한 분별과 판단을 정립할 수 있는 능력을 갖추어야 합니다. 그렇지 못하면 결국 각종 스트레스에 의해 수시로 불안이 높아지고 재발하는 끝없는 굴레를 반복하게 됩니다. 바로 이 역량을 갖추기 위해서 우리는 이 책의 제2장(스트레스 이해와 개선)에서 이에 대하여 함께 나누게 될 것입니다.

공황장애로 인해 유발되고 잔존한 불안은 각각 그 동기가 있습니다. 그 동기들은 주로 두려움과 회피가 모종의 방아쇠를 형성하거나 또는 그 방아쇠가 당겨질까 전전긍긍하는 나의 해결되지 못한 악습들로부터 기인합니다. 그것들을 일소하지 못하는 한 정말 긴 시간이 병이 남겨놓은 여러 제약과 불쾌함을 수시로 겪으면서 살아갈 수밖에 없음을 명심해야 합니다.

또한, 스트레스에 대한 강한 저항력을 키워야 합니다. 혹자는 많은 돈을 들여 생활에서 반짝 튀는 여러 생기로운 일과 물건을 많이 획득해야 스트레스가 해소된다고 착각하며 삽니다. 그러나 공황장애와 불안장애로 유발된 불안은 결코 그런 방법으로는 방아쇠가 되는 자극을 제거할 수는 없습니다. 이는 바꿔 말해 나에게 다가오는 자극을 더 현명하게 분별하고 판단함으로써, 그 자극의 머리 위에 올라서서 상황을 관조하고 주도할 수 있어야 비로소 그 불안을 내 의지대로 해소해 나갈 수 있다는 의미입니다. 바로 그러한 자극 조절 능력이 곧 불안을 일으키는 스트레스를 급감시키는 가장 중요한 핵심입니다.

필자도 공황장애 이전에는 각종 스트레스에 대해 스스로 강한 편이라고 여기며 살았습니다. 그러나 공황장애 이후 각종 스트레스가 증상을 직접 유발하고 악화시키며 전반적인 불안과 긴장을 높게 만들었고, 많은 돈을 쓰면서 소위 기력에 좋다는 것들을 복용하기도 했지만, 길게 볼 때 그 값비싼 먹거리는 역시나 불안에 별반 큰 효과는 없었습니다.

그러나 "궁하면 통한다."는 옛말처럼, 하루하루 불안에 치이며 살아가는 중에 '불안을 해결할 뭔가 좋은 방법이 없을까?' 궁리하게 되었습니다. 그 모색과 고뇌의 긴 시간 끝에 결국 필자가 깨달은 불안 개선의 가장 현실적이자 필수적인 방법은, 역시 '이 불안들의 원인인, 공황장애 이후 잔존해왔고 이전부터 나의 바탕을 이루어온 여러 습관을 바르게 인식하고 개선하며 조절하려고 노력하는 것'이었습니다. 이는 일견 매우 고루하게 느껴질 수 있겠지만, 실제로 필자가 수립하고 행한 모든 것 중에서 가장 효과가 빠르고 경제적인 방법이었음을 인정하지 않을 수 없습니다.

불안은 결국 내면의 촉구가 '정서적인 통증'으로 표면화된 '결과'입니다. 그러므로 공황장애로 인해 유발되어 나의 내면을 수시로 불안정하게 강요하는 여러 잔존한 것들을 일소하되, 몇 가지 유형과 단계로 나누어 처리하고 분별하며, 내 힘으로 소멸시킬 힘을 길러 나가는 것이 실질적인 효과를 거둘 수 있는 지름길입니다.

뿐만 아니라, 내게 다가오는 모든 유형의 자극들에 의해 그 순간의 기분에 휘둘려 조급과 염려로 이를 무작정 급히 대처하려 하지 않고, 내가 분별하고 판단한 그 유형대로 미리 정해둔 원칙에 따라 합리적으로 하나씩 처리하고 대처하며, 사안에 따라 유보하고 관조하는 대응이 바로 그러한 자극들이 스트레스로 변모하지 않도록 하는 가장 중요한 핵심임을 미리 명심하길 바랍니다.

이 책이 공황장애 호전기와 준완치기에 잔존한 여러 불안의 자극 요인을 개선하는 방법과, 불안을 강화하는 스트레스를 차단하고 소멸시키기 위한 분별과 판단의 원칙을 세워 실행하는 계기를 드리기를 희망합니다.

공황장애 완치 시리즈가 어느새 제3편이 되었습니다. 앞으로 예정된 여정도 바로 이 책을 읽고 계신 당신과 같은 조력자들의 응원으로 가능해지리라 믿습니다. 감사합니다.

제 1 장 　　　　　 # 공황장애 예후와 불안 개선

제 2 장　　　　　　　　스트레스 이해와 개선

제 1 장

공황장애 예후와
불안 개선

세상 모든 질병은 고유의 흐름을 따라 진행됩니다. 그 흐름은 곧 질병을 앓는 대부분의 환자가 공통으로 걷는 길을 뜻합니다. 종종 그 길이 아닌 다른 샛길을 걷는 이들도 소수는 있지만, 이 경우 또한 좀 더 긴 시간 이들을 관찰해보면, 역시 애초의 주된 길을 걷고 있는 경우가 대부분입니다. 샛길도 큰 흐름의 일부이고 별로 특별할 것이 없기 때문입니다.

공황장애 등 신경증으로 인하여 병적인 불안을 겪는 분들은 자신의 케이스가 특별할 것이라고 여기는 경우가 많습니다. 물론 이는 오해로, 불안이 주는 불편과 제약으로 그들의 시야가 매우 좁아졌기에 주관적으로 느끼는 것임을 잘 유념해야 합니다.

☞ "내 '시야'가 좁아질수록 내가 겪는 불안이 혹시 특별한 경우일까 염려합니다. 좁은 시야는 불안 다스리기에 도움이 되지 않습니다."

불안도 역시 통증입니다. 다만 그 통증이 몸을 통해 자각되지 않으니 통증이 아니라고 여길 수 있겠지만, 나의 내면이 어떤 대안, 변화, 대처를 마련하라고 '촉구'하는 모든 결과적인 불편들은 '통증'에 해당합니다.

우리는 통증에 처할수록 그 통증에서 벗어나려고 매우 구체적이고 신속한 해결 방법을 찾는데 몰입하는 특성이 있습니다. 하지만 신체의 통증은 내게 그것을 가하는 원인 대상으로부터 피하기가 쉬운데 반해, 불안과 같은 '정서로부터의 통증'은 그것을 가하는 원인 대상을 두 눈으로 보거나 소리로 들을 수 있는 것이 아니므로, 그 통증 자체에 집중하여 내 안의 통증 변화를 관찰하는데 몰입하기 쉽습니다. 바로 이 점이 불안을 겪는 분들이 종일 불안을 호소하고 집착하는 이유입니다.

> ☞ "통증은 좁은 시야를 직접 유발할 수 있습니다. 불안도 통증이므로 그 불안에 몰입할수록 시야는 더욱 좁아지기 쉽습니다."

시야가 좁아지면 '객관화'가 어렵습니다. '객관화'는 곧 전체 흐름에서 나의 위치를 '상대적'으로 평가하는 것을 일컫습니다. 그 객관화를 상실한 사람은, 전체 흐름에서 자신이 정확히 어디쯤에 있는지 알 수 없게 되고, 어디로 돌아나가야 할지 또는 어디에서 기다려야 할지, 그 적절한 지점과 타이밍을 파악하기 더욱 어려워집니다. 이는 마치 깊은 산에 등산을 갔다가 길을 잃는 경우와 똑같습니다.

도시에서만 살아온 사람일수록 깊은 산 속에서 길을 잃으면 시야가 매우 좁아집니다. 서둘러 사람이 다니는 등산로로 접어들기 위해 온 힘을 다해 수풀과 나무를 헤치며 앞으로 나아가려 하지만, 한참 기력을 소진하고도 아까 본 그 장소로 다시 돌아오는 경우가 흔합니다. 두근거리는 가슴과 가쁜 호흡을 몰아쉬며 한참을 걸어서 빠져나왔다고 생각했는데, 다시 그 위치로 되돌아와 버렸다고 느끼면, 그 시점부터는 심각한 불안과 염려를 동반한 공포에 압도되기 시작합니다. 물론 그 공포라는 기분에 사로잡힐수록 그 사람의 시야는 더욱 좁아지고, 결국 그렇게 긴 시간을 산속에서 탈진해나가면서 상황은 더욱 절망적이 됩니다.

산속에서 길을 잃었을 때 가장 현명한 방법은 우선 멈추는 것입니다. 차분하게 호흡을 고르고 염려와 조급함이 용솟음치는 나의 가슴을 먼저 진정시키면서, 내 발 앞의 지형을 당장 벗어날 궁리에 조급하게 몰입하지 않고, 주변 경관을 넓게 바라볼 수 있는 좀 더 높은 곳으로 천천히 이동해야 합니다. 그 높은 곳에 도달하면 내가 길을 잃은 이 지점의 '상대적 위치'를 '객관적'으로 관찰하고 파악해야 합니다. 현재 이 등성이가 어디로 뻗어 나가는지, 옆의 계곡들은 어떤 모양인지, 또한 지금 현재 시간에 태양은 어디에 떠 있는지, 넓고 다양한 정보를 먼저 관찰하여 획득함으로써 내가 있는 상대적인 위치를 먼저 파악해야 합니다.

그렇게 현재 나의 위치가 파악되면, 그때부터 다음 이동할 지점의 정확한 지형지물을 멀리서 잘 바라보고 기억해두며, 거기까지 경로 위의 여러 지형 특징과 숲의 모양들을 잘 감안해둔 후, 서둘지 말고 그 목표 지점까지 차분히 이동해 나갑니다. 그렇게 목표 지점을 하나씩 정하고 이동을 반복하는 이의 대부분은 결국 자신의 길을 찾고 안전하게 산을 빠져나올 확률이 높아집니다. 불안을 개선하는 것도 역시 이상의 길 찾기와 같은 원리이자 맥락입니다.

불안이 나에게 던지는 복잡한 미로도 위의 예와 같습니다. 불안이라는 느낌도 우리로 하여금 수많은 '잡념'을 구성하도록 강요합니다. 그 잡념은 모든 재앙적인 상황과 미래에 대한 염려를 가득 내포한 것들이고, 그 잡념을 억제할 수 없는 미약한 조절력만 보유하고 있는 사람일수록 잡념이 신체의 모든 반응을 이끌어냅니다. 그 결과 앞서 내용대로

'시야'가 극도로 좁아집니다. 좁아진 시야는 불안 자체를 해결하려는 욕구만을 극대화할 뿐, 불안을 야기하는 원인들을 간파하지 못하도록 철저하게 방해합니다. 이러한 다분히 동물적인 반응에만 익숙해지고 길들여진 환우들은 불안이 강해질수록 불안 자체를 당장 낮추려는 시도에만 관심을 갖고 그것을 반복하는 함정에 빠집니다.

우리는 불안이 가하는 말초적인 통증을 잠시 유보해둘 수 있어야 합니다. 또한 내가 서 있는 불안이라는 거대한 산속에서 내가 어디에 있는지 차분하게 파악하는 것이 먼저임을 잘 유념해야 합니다. 서두르고 조급할수록 현재보다 더 쾌유한 이후의 단계로 나아갈 수 없음을 명심하십시오. 시야를 넓혀야 길 잃은 산속에서 탈출로를 발견할 수 있듯이, 현재의 불편은 일단 접어두고 나의 위치를 파악하여 불안에서 빠져나갈 경로를 함께 찾아보도록 합시다.

공황장애의 중장기 예후

공황장애는 초기일수록 예리하고 특징적인 양상을 보입니다. 또한 그 초기를 지나 중반부에 접어들면서부터 그 예리함과 특징은 줄어드는데 반해, 평소를 지배하는 여러 불편과 제약들이 주된 고통으로 자리 잡아갑니다. 환우들이 인터넷에서 공황장애를 검색하면 바로 그 초기의 특징적인 양상만이 부각되어 서술되므로, 공황장애였는데 이제는 불안장애나 우울증이 새롭게 생겨났다고 오해하는 경우도 비일비재합니다. 이것은 공황장애의 예후에 대해 잘못 이해하고 있는 경우이며, 곧 나의 상대적 위치는 현재의 불안에서 빠져나갈 길을 쉽게 발견하지 못할 것을 의미합니다.

공황장애 완치 카페에 가입하셨던 안산의 김 씨(남, 34)는 자신을 불안장애라고 소개했습니다. 그러나 그가 남긴 카페의 여러 글들에서는 그가 공황장애이며 이후 잔존한 평소 불안을 길게 겪어오고 있음이 잘 나타나 있습니다. 그에게 이 사실을 조언해주기도 했지만, 그는 자신이 믿고 있는 확신을 쉽게 수정하려 하지 않습니다.

그는 여전히 '두근거리는 증상'에 강한 두려움을 느끼고 있고, 주사와 약에 대한 거부와 불안이 강합니다. 불안한 날이면 과거 자신이 공황발작을 겪었던 집 주변의 교차로와 횡단보도 쪽으로 가까이 가려 하지 않습니다. 더욱이 자전거를 타다가 어지러워 쓰러질까 염려되어 좋아하던 자전거도 못 탄 지 오래입니다.

그가 자신의 병증을 공황장애가 아닌 불안장애라고 오해를 하는 이유는, 최근 들어 그가 겪는 불편이 주로 '불안'이기 때문입니다. 공황발작은 이미 수년 전을 마지막으로 더 이상 나타나지 않으니, 자신은 이제 공황장애가 아니라 불안장애가 맞다고 확신하는 것입니다. 물론 그의 확신은 무지와 오해에 기초한 잘못된 것입니다.

✔ 공황장애의 각각 흐름의 단계별로 불안을 유발하는 자극과 요인, 동기가 서로 다르기 때문에 완치를 위해서는 '나의 위치'를 정확하게 가늠할 수 있어야 합니다.

그가 공황발작을 종종 겪던 시절은 바로 '공황장애 초기'를 의미하고, 이후 평소의 강한 불안과 신체 증상을 심하게 겪던 시절은 '공황장애 진행기'를 의미하며, 지금은 다른 불편들이 꽤 안정되었지만 잔존한 여러 '회피'와 '제약' 및 각종 두려움과 불안을 유발하는 여러 요소들을 다수 보유하고 있으며, 그 결과 평소 지루한 불안이 유지되는 '공황장애 호전기'에 있음을 의미합니다. 그의 현재 모습은 호전기의 양상에 그대로 부합됩니다. 이렇게 자신의 정확한 위치를 알지 못하는 그에게 더 이상의 진전은 당연히 기대하기 어렵습니다.

이번 장에서는 우리가 공황장애의 어느 단계를 통과하고 있는지 분별하는 시간을 갖게 됩니다. 올바른 이해로 각 예후에 맞는 노력을 해나갈 기초를 정립하는 계기가 되길 기원합니다.

공황장애는 [표 1]과 같은 흐름으로 진행됩니다. 최초 전형적인 공황장애 양상인 '1. 초기'로부터 시작하여, 각종 신체 증상, 정서 증상, 행동 증상이 복잡다단하게 분화되어 나타나는 '2. 진행기'를 거칩니다. 보통 '2. 진행기'가 바로 공황장애의 가장 주된 '최악의 시간'이며, 많은 환우들이 이 단계에서 큰 혼란과 불안에 사로잡혀 매일 고통스러운 시간을 보냅니다.

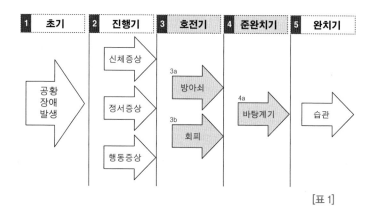

[표 1]

이러한 진행기가 일정 시간 진행되면 사람에 따라 서서히 '3. 호전기'를 거쳐, 이후 '4. 준완치기'에 이르게 됩니다. 물론 올바른 극복 노력을 꾸준히 해온 분일수록 이 단계에 더 빨리 진입할 뿐 아니라, 이 단계를 더 빨리 통과하며 더욱 쾌유한 상황으로 신속하게 진행하는 경향이 매우 강합니다.

또한, 이 단계에서부터 환우들은 기존 자신을 괴롭혀 온 여러 신체 증상과 불안이 서로 밀접한 관련이 있고, 실제로 불안이 신체 증상을, 신체 증상이 다시 불안을 강화하는 '상호지지' 관계에 있음을 간파하게 됩니다. 다만, 안타까운 부분은 이 단계에 있는 절대다수 환우들이 불안과 증상의 밀접한 관계를 간파하는 정도에 그치고 더 이상 진전할 수 있는 구체적인 방안을 강구하지 못한 채, 호전기에 그대로 주저앉아 삶의 귀중한 시간을 허비해가는 경우가 많은 것입니다.

✔ 환우 대부분은 자신의 증상이 불안과 관계가 있다는 사실은 알지만, 구체적인 해결 방안을 알지 못하기 때문에 오랜 시간 호전기에 머물게 되는데, 그 함정에 빠지면 불안은 평생 해결할 수 없습니다.

➕ 더 깊이

공황장애의 장기화된 전형적인 예후는 ❶ 평생 일부 증상 잔존 ❷ 재발 반복입니다. 이 예후는 비록 초기보다는 호전되었으나 공황장애가 제대로 해결되지 않은 상태임을 의미합니다. 내면에 각인된 두려움은 내면의 불안정을 유발하고, 그 불안정이 제대로 해결되지 않아 우리의 의식 영역에 지속적으로 여러 불편을 나타내기에 그러한 증상 잔존과 재발 반복 패턴이 나타납니다. 비록 사람에 따라 차이는 있지만, 정도가 덜하다고 해서 더 많이 호전된 것이라고 단언할 수는 없습니다. 바꿔 말하면 호전기를 벗어나 완연한 준완치 단계로 전진하기 위해서는 반드시 내면에 각인된 두려움을 꾸준한 노력으로 지워나가야 합니다. 그 작업을 중도에 멈추거나 애초 제대로 시작하지 않는 이상 평생 호전기에 머물게 됩니다. 이러한 유형의 호전은 진정한 호전이 아니라 결국 장기화된 공황장애로 간주할 수밖에 없습니다.

[표 1]의 '3. 호전기'에서 그 불안을 유지하고 다시 강화하는 가장 주된 핵심은 바로 '3a. 방아쇠'와 '3b. 회피'입니다.

'3a. 방아쇠'는 특정한 증상이나 느낌을 비롯하여, 상황, 상태, 대상, 시간까지 매우 다양한 것들이 그 동기가 될 수 있습니다. 공황장애의 초기 기간을 통해 각인된 강렬한 '두려움의 기억'이 그대로 잔존하여, 그와 유사한 조건을 마주쳤을 때 바로 그 '방아쇠'를 당김으로써 다시금 기존 불안을 재각인해 나가게 되는 주요 원인입니다.

이와 더불어 '3b. 회피'는 바로 위에 나열한 자극 조건을 두려워하여, 그로부터 피하거나 도망하려는 여러 조건반사화 되고 내면화된 생각들을 의미합니다. 가슴이 울컥거리는 느낌을 심장마비라고 장시간 착각해온 환우는, 여타 증상들이 충분히 완화된 호전기에 접어들어도 그 가슴 울컥거림이 나타나기만 하면 언제든지 반사적으로 강렬한 불안을 끌어낼 준비가 되어 있습니다. 이와 같은 모든 조건반사화된 두려움의 생각과 행동들을 통틀어 '회피'라고 합니다.

물론 다른 여러 불안 강화의 요인들이 있지만, 호전기에 발생하는 불안 요인의 대부분은, '방아쇠와 회피'로 구성되어 있거나, 이 두 가지와 밀접한 관계를 맺고 뿌리를 내린 것들이 대부분입니다. 따라서 이들 방아쇠와 회피를 지워나가는 노력을 해야만, 비로소 그것들과 관계를 맺고 있는 불편들도 자연스럽게 해결할 수 있음을 명심해야 합니다.

✔ 불안을 강화하는 요인들의 대부분이 방아쇠와 회피를 기초로 구성되어 있거나, 그것들과 밀접하게 엮여 있습니다. 따라서 방아쇠와 회피를 가장 먼저 해결해야만 호전기의 다음 단계인 준완치기로 진입할 수 있음을 명심하십시오.

➕ 더 깊이

공황장애를 해결해나가는데 있어 가장 두려워하는 것을 우선적으로 해결해나가야 함을 유념합시다. 절대 다수의 환우들은 자신이 가장 두려워하는 것을 나중으로 미뤄두는 특성을 보입니다. 그 결과 공황장애가 제법 좋아져도 그 삶의 질은 여전하게 낮은 질을 유지하게 됩니다. 반면 현명한 환우는 자신이 두려워하는 것을 가장 먼저 이해하고, 직면하여 반대증거를 얻어 두려움을 지워나갑니다. 그러한 우선 해결 노력의 결실은 공황장애가 아직 충분히 해결되지 않았음에도 매우 명료하고 뚜렷한 '희망과 긍정의 상승세'에 올라타게 됩니다. 두려워하는 것이 증상이든 아니면 장소이든 상황이든 그 무엇이라도 우선순위에 두고 부딪혀나가야 합니다.

또한, [표 1]의 '4. 준완치기'는 공황장애 증상들과 여러 제약, 회피들이 상당 부분 해소되고, 그 상태를 길게 유지하고 있는 상황을 뜻합니다. 이는 공황장애가 나의 일상에 더이상 큰 지장을 초래하지 않고 있음을 의미하지만, 동시에 '뭔가 찝찝하고 해결이 덜 된 상태'를 뜻하기도 합니다.

'준완치기'의 모호한 느낌은 내가 머리로 알고 있는 것들이 깊은 확신으로 자리를 잡지 못한 결과입니다. 그 내적 확신은 노력을 통해 연습 과정이 충분이 쌓이고 내가 그 과정 전반에 '당연한 신뢰'를 느끼는 것이 가장 이상적인 호전의 경로입니다.

이와 같은 '준완치기'에 불안의 가장 핵심적인 요소는 바로 '4a. 바탕계기'가 됩니다. 바탕계기에 대한 자세한 이해와 그 개선에 대해서는 이후 챕터에서 함께 나눠 보도록 하겠습니다.

✔ '바탕계기'는 학습이자 습관이며 경향입니다. 이 바탕계기는 후천적으로 내 안에 자리를 잡았지만, 이 바탕계기를 참조하여 나의 원초적인 본능인 '내면'이 면밀하게 동작하고 있음을 유념해야 합니다. 따라서 준완치기의 불안을 개선하려면 나의 바탕계기에 대해 잘 이해

하고 이를 올바르게 개선해야 합니다.

공황장애 중장기 예후에서 우리가 느끼는 각 단계에서의 불안은 결국 '내면의 불안정'으로 인한 결과입니다. 여기서 불안과 불안정이 서로 다른 개념임을 잘 이해해두어야 합니다.

뇌의 본능 영역에서 이루어지는 정신현상을 우리는 '내면'이라 부릅니다. 내면은 본능 영역에서 진행되고 흘러가므로, 우리는 그 내면의 실체를 정확히 파악할 수 없습니다. 그러나 내면이 어느 쪽으로 기우는지, 또 어떤 상태인지는 그 내면이 자기의 불편을 의식 영역에 표현하는 촉구로서 대략 알 수 있습니다. 불안은 바로 그 내면이 자기의 불안정을 정서적 느낌으로 촉구하고 표현한 결과입니다. 즉, 불안도 신체 증상처럼 한 갈래의 증상일 뿐입니다.

✔ 불안은 내면이 불안정을 정서적인 불편으로 촉구한 결과 느낄 수 있는 불편의 한 양상입니다.

➕ 더 깊이

공황장애 환우들이 가장 오해하며 잘못 대응하는 것이 바로 불안이라는 현상입니다. 불안은 결코 원인이 아니라 결과적으로 나타난 증상의 한 모습일 뿐입니다. 감기에 걸리면 기침이 나듯, 나의 내면이 불안정해진 결과 그 증상으로써 불안이 느껴지는 것입니다. 그 불안을 아무리 약으로 눌러도 내면의 불안정이 해결되지 않는 이상 불안은 다시 강화되고 시차를 두며 반복해나갈 뿐입니다. 증상에 정신을 빼앗겨 불안의 근원적인 이유를 가벼이 여기는 것 또한 반드시 개선해야 할 바탕이자 습관임을 강조드립니다.

즉, 불안의 원인은 내면의 불안정 때문이고, 내면의 불안정을 바로 잡을 수 있는 여러 의식적인 사고와 행위를 거듭 유지함으로써, 내면이 다시 안정을 취할 수 있도록 끊임없이 반복 각인해야 비로소 이러한 불안을 줄일 수 있음을 항상 유념해야 합니다.

이 책을 읽고 계신 당신은 [표 1] 공황장애 단계의 어느 단계에서 계십니까? 만약 당신이 호전기나 준완치기에 서 계신다면 이 책을 가장 적절한 시기에 만난 것으로 여기십시오. 반면 그 이전 단계에 서 계신다면 이 책을 매우 중요한 예습의 기회로 삼으시길 기원합니다.

✔ 불안 문제를 주도적으로 해결할 수 있는 역량을 확립하십시오. 그 주도 역량 없이 불안을 잔존한 채 완치기로 진행하려 해봤자, 조만간 다시 되돌아올 수밖에 없음을 유념하십시오.

또한 이미 자신의 완치를 확신하는 분일지라도, 이 책의 내용이 생소하다고 느껴진다면, 당신의 그 완치는 아직 '고정'된 것이 아님을 간파하셔야 합니다. 이 책이 완치를 고정하고 재발을 예방하는데 안내자가 되어 줄 것으로 믿으시고, 완치에 합당한 미덕을 탄탄하게 쌓아 올리시길 기원합니다.

호전기 예후의 작용 요소

'호전기'는 곧 '안정기'를 의미합니다. 최초 공황발작 직후와 이후 각종 증상과 불안이 뒤섞여 압도하는 '혼란기'에 비하여, 그나마 조금 안정되고 수습된 양상을 의미합니다. 그러나 호전기에는 여전히 일부 신체 증상과 더불어, 여러 유형의 불안들이 다채롭게 잔존하고 있는 상황으로 동시에 유의미한 불안을 겪고 있는 상태를 의미하기도 합니다.

✔ 호전기는 과거보다 좋아진 상태를 의미하지만, 아직 불안한 상태를 뜻합니다.

물론 어떤 환우들은 자신의 깊은 극복 노력에 의해 호전기에 성공적으로 진입하기도 합니다. 매일 꾸준한 노력과 종일 이어지는 불편의 와중에도 수시로 합리와 균형으로 유지하려 노력한 결과, 과거의 예리한 신체 증상들이 상대적으로 줄어들면서 서서히 호전기로 접어든 경우가 그에 해당됩니다. 반면 공황장애가 시작된 후 특별한 노력도 시도하지 않은 환우들의 경우에도 이렇게 호전기로 접어드는 경우 또한 꽤 흔합니다.

✔ 노력하지 않아도 호전기에 접어들 수 있는 경우는 흔합니다. 그러나 장기적인 예후를 관찰해보면 그렇게 '운'으로 호전되어온 분일수록 절대로 완치를 고정하지 못하며, 예외 없이 재발을 평생 반복하며 살게 된다는 것을 명심해야 합니다.

➕ 더 깊이

호전기에 도달한 환우들에게는 어김없이 두 갈래의 길이 나타납니다. 한 길은 '교만과 게으름의 길'이고 또 다른 길은 '근면 성실과 겸손의 길'입니다. 전자의 길은 그저 호전기만 반복하면서 결과적으로 평생 공황장애의 언저리에 머무는 삶으로 향하는 길입니다. 반면 후자의 길은 가장 현명한 선택이요, 공황장애라는 태풍의 영향권 밖으로 제대로 탈출할 수 있는 지름길로 이어집니다. 조금 살 만하다 싶으면 마치 완치가 이미 달성되고 고정된 듯이 여기는 환우들의 99.99퍼센트는 결코 이 병을 완치하지 못합니다.

호전기에서 이러한 특징이 나타나는 이유는 바로 뇌가 기존 불편에 익숙해져 그 불편에 반응하는 정도를 낮추는 습성이 있기 때문입니다. 이는 마치 특정한 냄새를 처음 맡을 때는 매우 강렬하게 느낄 수 있지만, 이후 그 냄새에 지속 노출될수록 후각이 둔감해지는 것과 같은 이치입니다. 공황장애 초기의 강렬한 불편들도 매일 이를 겪고 익숙해짐에 따라 우리 뇌도 그 불편들을 일상으로 여기면서 다른 새로운 자극으로 주된 관찰을 전환하기 때문입니다. 그러한 이유로 극복 노력을 하지 않은 환우들도 호전기를 맞이하게 됩니다.

온전한 노력으로 호전기에 진입하는 유형과 노력 없이 호전기에 진입하는 유형을 사전에 예상하는 것은 불가능합니다만, 공황장애 초기부터 탄탄한 극복 노력의 여러 노하우가 쌓인 환우와 그렇지 못한 환우 간의 차이는, 바로 이 호전기를 통과하면서 여실히 드러남을 잊어서는 안 됩니다.

공황장애 완치 카페에서 종종 완치했노라 주장하는 분들의 글을 보면 반가운 마음에 그들의 과거 글을 찾아 읽어봅니다. 과거 글 속에서 완치까지의 여러 모습을 발견하고 싶기 때문입니다. 하지만 그렇게 완치를 주장하는 분들의 절대 다수는 제대로 완치된 것이 아니며 자신의 무지로 인해 착각한 것에 불과하다는 것을 확인하는 경우가 대부분입니다.

그분들이 스스로 완치되었다고 착각하는 이유는 오로지 '불편 증상의 유무'만을 완치의 기준으로 삼았기 때문입니다. 과거에는 증상이 매우 힘들었지만 지금은 그렇지 않으니 이제 완치된 것이라고 오해합니다. 우리는 '불안'과 '신체 증상'은 곧 불안정해진 내면이 그 불편을 각각 정서와 신체에 표현한 결과임을 알고 있습니다. 겉으로 크게 불편하지 않더라도 문제는 항상 숨어있는 또는 잠재해있는 불안과 더불어 그와 연동된 연계 요소들을 내 안에서 잘 간파해야 합니다. 그 간파가 부족하면 결국 겉으로 드러난 증상만으로 나의 상태를 판단하기 쉽습니다. 그러한 오해의 결과가 바로 섣부른 완치 선언과 주장인 셈입니다.

물론 지금까지 그렇게 쉽게 완치를 선언하는 분들은 거의 예외 없이 재발을 겪으면서 힘든 상태에 빠지는 경험을 반복하고, 그러한 분들의 대다수가 필자에게 개인적으로 연락을 취해 자신의 재발 사실을 고백하고 도움을 요청해왔습니다. 자신의 상태를 잘 간파하고 내적인 불안과 악습까지 극복 대상에 포함시켜 꾸준한 노력을 해 온 환우들에게 재발은 곧 연습의 과정이자 더 나은 조절력을 갖추기 위한 배움의 과정이지만, 그렇지 못한 환우에게 재발은 예전의 악몽을 떠올리게 하는 좌절과 절망의 시간에 불과하다는 것을 잘 유념해야 합니다.

✔ 극복 노력을 통해 미리 준비해온 자는 호전기에 나타나는 불안을 훨씬 더 잘 간파하고 분리하며 이후 구체적인 해결 방법을 모색해 나갈 수 있습니다.

우리 뇌는 어떠한 불편함에 대해 매우 구체적이고 물리적이며 시각적으로 관찰 가능한 증거로부터 그 원인 탐색을 시작합니다. 그러나 그 원인이 쉽게 포착되지 않으면 뇌는 서서히 내 안쪽의 원인을 탐색하기 시작합니다. 그 결과 호전기에 느껴지는 불안은 공황장애 초기의 불안보다 비교적 강도는 덜하지만, 반대로 나와 더 '합치된 느낌'으로 인지되기도 합니다. 초기의 혼란한 불안이 말초적 증상으로 발현된 '당황스러운 통증'에 가깝다면, 호전기에 느껴지는 불안은 종일 지속되는 경향으로 생각과 결합된 뭉뚱그려진 눅눅한 그 무엇이라 표현할 수 있습니다.

✔ 호전기의 불안은 초기 및 진행기에 비해 그 수준이 감소한 것이 아니라, 나의 뇌가 그 불안을 덜 느낌으로써 마치 불안이 줄어든 것처럼 느끼는 경우가 많습니다.

✚ 더 깊이

뇌는 익숙하지 않은 것에 대해 경계 태세를 취합니다. 그 결과 불쾌감이나 통증을 유발하여 그로부터 멀리 떨어지려는 촉구를 유발합니다. 반면 익숙해지면 다른 것에 에너지를 전환하기 위해서라도 기존에 생소했던 것에 대한 경계를 풉니다. 그 결과 환우가 실제 체감하는 불안이나 증상의 정도가 확연하게 감소하는데 그 이유는 증상에 익숙해졌기 때문입니다. 그 익숙함에 속아 귀한 극복의 시간을 놓치는 환우들이 정말 흔합니다.

환우들은 호전기의 불안을 다양하고 추상적인 언어로 표현합니다. 소위 '불안할까 봐 불안하다', '불안하니까 불안하다' 등 마치 선문답이나 말장난과 같은 표현을 시도하는데, 실제로 그 외에는 불안을 설명할 방법이 없음을 의미합니다.

흔히 일컫는 불안이라는 단어의 의미는 결코 단순하지 않습니다. 공황장애 이전부터 때때로 우리는 불안을 느껴왔고, 그 불안은 지극히 정상적인 정서적 느낌임을 익히 잘 알고 있습니다. 그러나 병적인 불안을 겪어본 사람이라면 공황장애 이전의 불안과 병적인 불안의 색깔, 맛, 냄새의 차이가 매우 크다는 것을 알고 있습니다. 구체적으로 무엇이 어떻게 다른지를 비교하여 잘 설명할 수 없지만, 그 둘은 분명히 명료하게 다른 느낌이라는 것에 동의할 수밖에 없습니다. 바로 그 표현이 '정상적인 불안'과 '병적인 불안'의 차이이고, 그 이상의 표현은 불가능합니다.

✔ 결론적으로 정상적인 불안과 병적인 불안은 서로 다릅니다. 이외에 이 둘에 대한 다른 자세한 비교 설명은 어렵습니다.

〈비정상적 불안이 시작되는 원인들〉

❶ 공황발작 : 공황발작의 강렬한 각인

❷ 비교 기준 : 이후 느낌에 대한 재앙적인 관찰에 의한 자극 학습

❸ 유사성 비교 : 자극 학습 과정에서 그 자극의 종류와 연관 다양화

호전기에 접어들어 여러 신체 증상이 급격히 줄거나 그 강도가 완만해지면, 그 비정상적인 불안의 색채와 냄새가 종일 지루하게 느껴지고 때로는 강해집니다. 이것이 바로 호전기 이후 불안의 특징입니다. 물론 이러한 병적인 불안이 시작된 원인이자 계기는 바로 '공황발작'과 밀접한 관련이 있습니다.

'❶ 공황발작'은 그 자체가 내면에 충격을 가합니다. 외적으로 아무리 자제력을 발휘해도, 내부에 깊은 충격을 가하기 때문에 그 충격력은 뇌의 본능 영역인 내면에까지 도달하고, 내면은 이 충격을 최고의 위험이자 응급으로 각인하면서, 이후 이에 대한 대안을 마련하라고 우리의 의식에 불편으로써 촉구합니다. 바로 그 촉구의 형태는 우리가 자각할 수 있는 '통증'으로 나타나고 여기서 잔존한 것이 호전기에 체감되는 불안입니다.

또한, 공황발작에 의해 아주 깊게 기록된 그 기억은 우리가 행하는 모든 평가와 행동에 주요한 '❷ 비교기준'이 됩니다. 즉, 내가 느끼는 모든 느낌과 불편을 비롯하여, 내가 처할 수 있는 여러 시나리오와 조건, 나에게 등장하는 대상에 이르기까지 매우 다양한 것들을 '애초 각인된 기억과 정밀한 비교를 수행'합니다. 그 비교 작업을 할수록 내면은 더욱 다양한 불안의 비교 기준을 만들고, 결국 그 과정에서 나를 불안하게 만드는 자극들은 더욱 다양하게 적용되는 자극의 가짓수를 기하급수적으로 늘려갑니다. 그 결과 공황발작 후에는 두근거리는 증상만 불안을 야기했지만, 호전기에 이르면 어지럼증, 메스꺼움, 따끔거림, 더위, 추위, 답답함까지 나를 불안하게 만드는 자극들은 그 가짓수가 셀 수 없을 정도로 많아지고 다양해집니다.

✔ '❷ 비교기준'은 비교할 자극들 간의 공통점을 찾아내는 기준입니다. 즉, 조금이라도 공통점이 있다면 그 자극에 대해 언제든지 불안이라는 반응을 끌어냅니다.

그에 비해 뇌는 매우 창조적이라서 '❸ 유사성 비교'를 통해 이전 단계에서 학습된 각종 자극과 조금이라도 유사하거나 유사할 수 있다고 유추 가능한 모든 것에 대해 역시 그 불안을 유발하고 형성해갑니다. 애초 빨간색이 위험 신호였다면, 이제는 주황색, 오렌지색을 지나, 노란색, 보라색, 분홍색까지 소위 붉은 기운이 돌거나 따뜻한 기운이 도는 모든 색에 그 불안의 색인을 붙여갑니다.

✔ '❸ 유사성 비교'는 비교할 자극들 간의 유사함을 비교하는 반응입니다. 서로 비슷하다고 느껴지는 모든 것들을 하나의 반응, 즉 불안을 끌어내는데 함께 묶어두는 뇌의 현상입니다.

뇌의 본능 영역에서 일어나는 '내면'이라는 정신 현상은 우리 스스로 그 움직임을 포착하는 것이 불가능합니다. 위의 '자극 비교'를 하지 않았다고 확신할지라도, 실제로 나의 내면은 종일 그 비교를 수행하고 있습니다. 내 의지와 상관없이 종일 불안한 이유는,

나의 내면이 잠시도 쉬지 않고 '자극 비교'를 수행하며, 그 병적인 불안을 끌어내고 있기 때문입니다.

✔ 내 의식은 불안할 이유가 없다고 여겨도, 내면은 잠시도 쉬지 않고 자극에 대한 비교를 수행합니다. 그 결과 종일 이어지는 불안이 나타납니다.

➕ 더 깊이

종일 이어지는 불안을 '평소 증상으로서 불안'이라고 합니다. 줄여서 '평소 불안'으로 부를 수 있습니다. 불특정 다수의 환우들은 이 평소 불안을 해결하기 위해 약으로 누르는 방법을 선택합니다. 물론 그 방법은 의미가 있고 애써 겪을 필요가 없는 통증을 줄이는 좋은 선택이 될 수 있습니다. 그러나 항상 문제는 오직 약으로만 누를 뿐, 그 어떤 시도와 노력을 하지 않는 데 있습니다.

[표 2]와 같이 호전기의 불안에는 '1. 방아쇠'와 '2. 회피'가 가장 핵심적인 역할을 합니다.

앞서 함께 이해한 대로 '1. 방아쇠 [표 2]'를 당기는 모든 조건들은 호전기 이전부터 이미 내 안에 존재해왔고, 호전기 중에도 끊임없이 새롭게 구성되거나 잔가지를 내려갑니다. 다만, 특정한 자극에 대해 그 반응으로써 과연 어느 정도의 불안을 나타내느냐에 따라 그 자극이 유발하는 강도만이 차이가 날 뿐입니다.

방아쇠 구성의 초기일수록 주로 느낌, 사건, 장소, 대상이 주재료가 됩니다. 그러나 뒤로 갈수록 서서히 그 색채와 유사해도 불안의 방아쇠를 언제든지 당길 수 있는 상태가 됩니다. 즉 시간이 지날수록 한 가지 자극은 여러 갈래의 유사한 자극들로 그 수를 늘려나가게 됨을 뜻합니다.

✔ 최초 방아쇠는 특정한 한 가지 자극에 의해서 당겨집니다. 그러나 그 방아쇠를 자주 사용하면 할수록 서서히 애초의 자극과 조금이라도 유사한 모든 자극에서도 당겨지게 됩니다. 그렇게 방아쇠를 당기는 자극의 가짓수는 기하급수적으로 증가하는 특성이 있습니다.

또한 그 자극에 연계된 방아쇠를 당길 때마다, 해당 방아쇠의 민감도와 그 반응의 강렬함은 고정되고 재학습되어 그 총체적 결과는 더욱 심화됩니다. 살짝만 당겨도 곧바로 연결된 모든 반응들을 폭발적으로 끌어내는 아주 민감한 방아쇠로 발

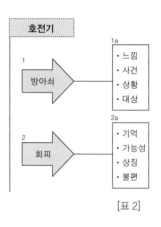

[표 2]

전합니다. 이러한 심화 과정의 정점에 이르면 방아쇠를 당기지 않아도 항상 당겨져 있는 상황이 나타납니다. 이는 마치 방아쇠에 매달린 스프링이 망가져서 항상 당겨진 상태로 고장 난 경우와 같다고 이해하면 됩니다. 상황이 이 정도에 이르면, 종일 불안이 높

은 수준으로 유지되고 지속되는 상황에 빠집니다.

✔ 종일 이어지는 높은 수준의 불안 이유는, 자극에 반응하는 방아쇠를
   내 의식적인 의지와 상관없이 일정 수준 이상 당기는 상태를 유지하
   는 행위에 기인합니다. 이 또한 '내면화된 습관'의 일부입니다.

➕ 더 깊이

문제를 해결하는 데 가장 큰 장애물은 그것이 문제인 줄 알지 못
하는 것입니다. 체감되는 불안을 종일 체크하고 유사한 자극에 민
감하게 반응하는 나의 오류에 조금만 주의를 기울여 생각해보면,
의외로 쉽게 해결할 수 있습니다. 말초적인 통증만 걷어내는 특효
를 찾느라 종일 몰입하고 핵심이 아닌 주변 환경에 에너지를 모두
써버리는 그 습성 역시 개선해야 할 '내면화된 습관'의 일부임을
유념해야 합니다.

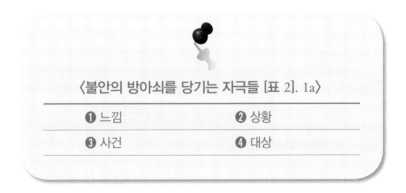

〈불안의 방아쇠를 당기는 자극들 [표 2]. 1a〉

❶ 느낌	❷ 상황
❸ 사건	❹ 대상

위 네 가지 불안의 방아쇠를 당기는 자극들은 모두 기억의 단편

들이며, 그와 연관된 것들이기도 합니다. 뇌는 과거 경험한 강렬한 기억들을 여러 조각으로 나누고 분해하여 각각 고유한 '색인'을 매겨 보관합니다. 그 색인에는 여러 종류의 주소들이 기록되는데, 이는 한 가지 정보를 여러 차원에서 다수의 관계된 정보들과 엮어 둔 것과 같습니다.

예를 들어, '사과'라는 대상을 저장할 때, 사과가 가진 특성인 '빨강', '향', '표면의 매끈함', '시고 달콤함', '둥근 모양' 등 다양한 이미지로 모두 사과에 부여된 같은 색인을 매깁니다. 그렇게 함으로써 이후 사과를 떠올리기만 해도, 같은 색인 값이 매겨진 색깔, 향기, 표면 질감, 맛, 모양까지 사과에 관련된 여러 대표 정보들을 동시에 끌어내기 쉽도록 하기 위함입니다. 이렇게 기억해두면, 이후 '빨강'만 봐도 사과를 떠올리기 쉽고, '시고 달콤한 맛'을 느껴도 쉽게 사과를 떠올릴 수 있습니다. 이러한 뇌의 기억 저장 방식은 사실 뇌의 느린 처리 속도를 나름대로 극복하기 위한 고도의 '직관적인 조합 방식'입니다.

✔ 뇌는 처리 속도가 그리 빠르지 않습니다. 그 핸디캡을 보완하기 위해 '속도'가 아닌 '조합'의 방법으로 방대하게 밀려드는 자극들을 빠르게 분별하고 대응하는 방식을 취합니다.

뇌는 수만 년 전에 비해 물리적으로 발전하지 못했습니다. 그러나 현재 뇌가 처한 세상은 수만 년 전과는 차원이 다르게 발전했을 뿐 아니라, 고도의 집약된 문명에 둘러싸여 종일 감당해야 할 정보의 처리와 판단 양은 방대해졌습니다. 이 복잡하고 빠른 정보들이 대량으로 밀려드는 현대 문명을 뇌가 기꺼이 감당해낼 수 있는 이유는 바로 '직관적인 조합 방식' 때문에 가능합니다.

이러한 뇌의 특성은 '생존을 위한 환경 적응'을 가능하게 했지만, 다른 한편으로는 현대사회에 밀려드는 각종 자극들의 종류와 성질이 너무나 다양하고 방대해져서, 때때로 뇌가 그 자극의 성질을 정확히 분별하기도 전에 모종의 반응을 이끌어내야 할 수밖에 없는 상황도 흔히 빚어지게 되었습니다. 즉, 과거 경험한 불쾌한 느낌과 연관되어 있다고 판단되거나 유사하다고 여겨지는 다른 느낌에 대해서도 뇌는 기존과 동일한 불안을 자동으로 이끌어냅니다. 그 이유는 이들에게 매겨진 애초의 주솟값이 같아서 반응들도 거의 동시에 끌어내고, 그 반응에 같은 주소로 매겨진 각종 '신체와 정서 증상'을 동시에 이끌어 낼 준비를 하기 때문입니다.

✔️ 뇌는 같은 주소(색인)에 등록된 것을 한꺼번에 끌어내어, 느린 속도의 핸디캡을 극복하는 특성이 있습니다. 그 결과 어떤 자극과 어떤 증상이 서로 같은 주소에 등록되어 있으면, 그 자극이 발생함과 동시에 이를 인지한 뇌가 그것에 함께 엮인 불안을 앞뒤 가리지 않고 우선 끌어냅니다. 물론 이는 내 의지만으로 조절하기 어렵습니다.

➕ 더 깊이

뇌가 보유한 이 다중 색인 능력을 좋은 곳에 자주 사용할수록, 직관적이고 창조적인 역량을 발휘할 수 있습니다. 반면 좋지 못한 곳에 자주 사용할수록 공황장애와 같은 질병에 더 잘 걸리게 됩니다. 모든 것은 동전의 양면으로서 잘 사용하면 득이 되지만 잘못 사용하면 독이 되는 이치와 동일합니다.

물론 뇌는 느낌이든, 대상이든, 상황이든 아니면 사건이든 가리지 않습니다. 의식은 사과를 물체로, 소풍을 사건으로 나누어 인식하지만, 내면은 사과와 소풍에 매겨진 같은 주솟값만으로 이 둘을 함께 취급합니다. 소풍에 가져가 맛있게 먹었던 향긋한 사과의 기억은 사과와 소풍을 같은 주소로 매겨두게 되고, 내면의 입장에서는 그 둘을 동일하게 취급하여 같은 범주의 신체와 정서반응을 유발하는 주요 정보로 활용합니다. 바로 이러한 뇌의 특성 때문에 '방아쇠'가 불안을 유발하고 잔존하게 하는 매우 중요한 요소가 됩니다. 어떤 느낌이나 사건, 상황이나 대상이 곧 방아쇠가 되어, 나머지 생각, 염려, 불안, 증상을 같은 범주로 여기고 온갖 비정상적인 불안을 함께 튀어올라오게 하는 요인이 됩니다.

✔ 어떤 느낌이 느껴지자마자 바로 이해할 수 없는 불안과 신체 증상이 나타난다면, 나의 뇌는 그 느낌을 '방아쇠'로, 그 불안과 신체 증상을 '반응'으로 공히 '같은 주소에 색인'을 매겨둔 것입니다.

또한 '2. 회피 [표 2]'는 곧 위험으로부터 도망하고자 하는 일련의 행동을 의미합니다. 이 회피가 호전기에 나타나는 이유는 나의 내면이 위험할 수 있거나 또는 불리할 수 있는 모든 자극들에 노출하는 경우를 예방하기 위해서입니다. 나의 이성이 회피할 이유가 없다고 판단해도, 나의 내면은 지속적인 회피를 촉구합니다. 물론 그 이유는 나의 내면이 다가오는 자극을 아직 불안정하고 불편하다고 느끼기 때문입니다.

✔ 내면은 어떤 자극을 불편하다고 느낄 때 '회피'를 유발하는데, 이는 곧 회피가 내면의 입장에서 가장 쉽고 빠른 대응이라고 본능적으로 여기고 있기 때문입니다.

➕ 더 깊이

불안의 해결방법으로 '회피'를 자주 활용할수록 원인 해결은 요원해짐을 명심해야 합니다. 회피는, 매우 급박하여 도저히 대처할 시간적 여유나 자원이 없을 때 드물게 사용해야 합니다. 그 외 대부분의 경우 회피는 악습으로 이어지게 되고, 더 확대하여 조망해 보면 그 사람의 인생 전반이 그 회피라는 임기응변으로 심각한 비효율에 빠지게 됩니다. 재능이 있더라도, 회피라는 악습으로 가치 있는 행복을 달성하지 못하는 삶으로 이어집니다.

애초 방아쇠를 당길 수 있는 모든 증상, 대상, 조건, 상황은 공히 내면 입장에서 회피해야 할 것들로 판단합니다. 더불어 나의 내면은 불안이 느껴지면 과거 그 불안으로 인해 초래되고 파급되었던 여러 경우를 자동으로 떠올려, 나로 하여금 다시 그 경험을 반복하지 않길 희망합니다. 그 결과 더욱 특징적인 호전기 회피가 나타나고 지속적으로 고정되어 나갑니다.

회피도 역시 '❶ 기억'에 크게 의존하는 경향이 강한 현상으로, 이는 위의 '방아쇠'의 성질과 유사합니다. 우리가 두려운 기억과 연관된 것들에 아주 쉽게 기존 두려움을 경험했던 기억을 떠올리고, 그 두려움에 연관되거나, 연관되어 있다고 여기는 것들을 회피하려 한다는 것은 누구나 쉽게 간파할 수 있습니다. 또한, 이와 연관된 범주를 더 확장하여 '❷ 가능성' 즉, 내가 논리적이거나 직관적으로 그럴 수 있을 것 같다고 추론하고 떠올리는 상상에 대해서도 그 회피를 유발할 수 있습니다.

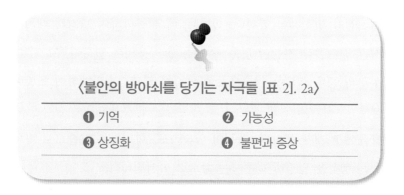

〈불안의 방아쇠를 당기는 자극들 [표 2]. 2a〉

❶ 기억	❷ 가능성
❸ 상징화	❹ 불편과 증상

나아가 애초 겪었던 고통스러운 기억과 색깔이 닮거나 또는 그 기억과 연관된 대표적인 상징들, 예를 들어 최초 공황발작을 겪었

던 병원과 같은 장소나 과거 심한 불안을 느끼게 만들었던 뜨겁고 진한 커피 한 잔 등, 불안과 특별한 관계로 엮여져 '❸ 상징화'된 것들도 흔하게 회피를 유발합니다. 또한, 내가 두려워하는 특정 '❹ 불편과 증상'도 강한 회피를 유발하는 자극이 됩니다.

뇌는 위험하다고 판단하는 것으로부터 우선 거리 측면에서 멀어지려는 경향을 보입니다. 즉, 과거 나를 불안하게 만들었던 그 장소나 약, 음식, 사람, 행동까지 불안으로 함께 묶여져, 기억된 것들에서 우선 멀리 떨어져서 그것들이 함축하거나 내포하고 있을지 모르는 위험에 나를 최대한 덜 노출시키려는 방어를 위한 본능의 결과가 바로 회피인 셈입니다. 즉, 회피의 목적은 나를 지키기 위함임에도 그 결과는 역으로 나를 사회적으로 더욱 위축시키는 불안을 더 강하게 유발합니다.

✔ 회피는 우리로 하여금 오류를 범하도록 만듭니다. 실제로 그것에 직면하는 것이 훨씬 현명한 상황임에도 '회피'하도록 강요하고, 그 회피를 유발하는 자극을 더욱 심화시키기 때문입니다.

➕ 더 깊이

완만한 염려는 불안을 유발합니다. 반면 급격하고 빠른 패턴의 염려는 공포를 유발합니다. 어떤 자극에 대해 회피를 거듭할수록 그 자극은 불안의 동기로부터 공포의 대상으로 거대하게 변모해 갑니다. 이는 뇌가 회피를 반복할수록 그 처리 속도와 효율을 끌어울리기 위해 '조건 반사'라는 기전을 그 자극에 적용하기 때문이고, 조건 반사처럼 매우 짧은 시간 내에 모든 반응을 나타내려면 결국 공포 상태로 나를 몰아붙이는 방법이 가장 효과적이기 때문입니다.

나의 내면은 항상 그 회피를 위해 만반의 준비를 하고 있기 때문에, 자극이 왔을 때 회피의 처리는 거의 동시에 이루어집니다. 아주 사소한 자극에도 나의 내면은 위에 정리된 네 가지 회피유형을 거의 자동으로 연상하고 바로 나의 기분에 불안이라는 채찍질을 하면서 그 회피를 '실행하라!'고 강하게 촉구합니다.

✔ '공황장애는 끝이 없는 병'이라는 토로는, 곧 불안을 유발하는 '방아쇠'와 '회피'를 해결하지 못하고 있는 이들이 하는 가장 흔한 하소연으로, 공황장애 완치를 위해 꼭 해결되어야 하는 요소임이 틀림없습니다.

호전기 불안의 주요 원인인 심화되고 잔존한 '방아쇠'와 '회피'를 해결하고 줄여나갈 수 없다면 나의 호전기는 그 끝을 기약하기 어렵습니다. 호전은 되었으나 여전히 지루하게 이어지는 불안을 반복하여 겪고 있다면 바로 내 안에 자리 잡고 있는 고정된 방아쇠와 회피를 필수적으로 개선해 나가야 함을 기억합시다.

✔ 방아쇠와 회피의 개선 없이 이 고통스러운 불안의 시간이 끝나기

를 기대하는 것은 과욕이자 게으름을 반복하는 악습입니다. 불안을 대하는 소극적인 자세를 바르게 바꾸고, 이 문제 해결에 적극적으로 대처해야 합니다.

소위 '불안해서 불안하다.', '불안할까 봐 불안하다.'의 표현들이 나에게 어떤 고통을 강요해왔는지 잘 공감할 것입니다. 이러한 불편 또한 통증이고, 이 통증으로부터 내가 자유로워지길 소망한다면, 다음 챕터의 내용을 깊게 참고하여 방아쇠와 회피 제거에 활용하시길 바랍니다.

준완치기 예후의 작용 요소

공황장애 증상이 상당 부분 줄어들어 더 이상 공황장애가 일상의 불편을 직접적으로 주지 못하는 상태를 '준완치기'라고 합니다. 일견 이 상태는 공황장애를 이미 마무리 짓고 재발의 걱정이 없는 상태로 여겨집니다. 또한 환우 스스로 다 나았다고 주장해도 이를 반박하기가 결코 쉽지 않은 상태로 보아도 무방합니다. 그러나 완치라는 궁극의 단어 앞에 준(準) 자를 붙일 수밖에 없는 이유는 다름 아닌 공황장애가 유발했거나 또는 공황장애를 유발하는 데 연관된 여러 바탕과 기반들이 아직 광범위한 곳에서 영향을 끼치고 있는 상태이기에 그러합니다.

✔ '준완치기'는 공황장애의 직접적인 사정거리로부터 벗어난 상태지만, 공황장애를 유발한 불안이 아직 나의 바탕과 습관의 사정거리를 벗어나지 못한 상태를 뜻하기도 합니다.

환우 중에서는 주치의로부터 "이제 완치되었습니다."라는 기쁜 선고를 듣는 경우가 있습니다. 그러나 그 환우의 일부는 '내가 과연 완치된 것이 맞을까?' 하는 의구심을 스스로 던지는 경우도 매우 흔합니다. 이는 바꿔 말해 타인이 관찰한 나와 내가 관찰한 나자신이 서로 다른 느낌일 수 있음을 암시합니다.

✔ 의사가 완치되었다고 의학적으로 결론을 내릴지라도, 타인의 관찰이 결코 나의 내면을 꿰뚫어 볼 수 없기에, 의사의 말이 항상 옳을 수 없음을 유념해야 합니다.

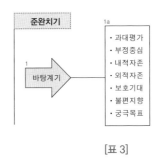

[표 3]

  그러한 환우는 현재 자신 내부에서 뭔가 불편하고 덜 안정된 상태가 진행되고 있음을 명확하게 설명하기 어려워합니다. 이는 곧 표현이 어려운 그 무엇들이 나의 기저에 도사리고 있고, 그 무엇이 정확히 어떤 것들인지 스스로 간파하여 정립하기 쉽지 않음을 의미합니다. 즉, '준완치' 상태는 명료한 공황장애의 경과로부터 크게 벗어나 정상생활의 영위가 가능하지만, '완치'로 보기에는 미흡하고 '내 기저의 무엇인가'가 아직 나를 놓아주지 않고 지속적인 불편과 제약을 느끼도록 만드는 상태를 의미합니다.

✔ 나를 부자연스럽다고 느끼도록 만드는 '내 기저의 무엇'을 '바탕계기'라고 합니다.

  준완치기에 이처럼 표현이 어렵고 해결이 덜 된 느낌을 들게 하는 요인은 매우 방대하고 복잡해서 몇 가지로 규정하기 어렵습니다. 그러나 그 요인들의 범주를 차분히 생각해 보면, 그 기초는 '바탕'이라는 구름과도 같은 거대한 '둥지'로부터 비롯됨을 알 수 있습니다. 그 둥지에서 나의 삶을 영위해왔고 공황장애는 그 둥지에서 일어난 일련의 특징적인 현상입니다.

[표 3]과 같이, 그 바탕을 구성하는 많은 요소 가운데, 공황장애가 남긴 여운을 지루하게 이어가게 하는 요인들의 대푯값이 있습니다. 그 대푯값을 편의상 '대표 요인'이라고 하면, 그 대표 요인들의 시작점은 결코 공황장애 직후부터라고 못 박기는 어렵습니다. 조금 더 고뇌해보면, 바로 그 대표 요인들의 상당 부분이 공황장애 이전부터 이미 습관처럼, 내가 인지하고 생각하고 행동하며 반응하는 일련의 모든 흐름의 방향에 끊임없이 개입해 온 일종의 '틀'이자 '함수'와 같은 역할을 해왔음을 깨닫게 될 것입니다.

✔ '바탕계기'의 대부분은 이 병 이전부터 내게 존재해 온 것으로, 공황장애로 인해 나의 의식이 구체적으로 인지한 것에 불과합니다.

➕ 더 깊이

소위 사랑니(제3대구치)가 잇몸 아래에서 자랄 때 우리는 아무것도 느끼지 못합니다. 사랑니가 정상적으로 나와서 잘 유지되면 문제없지만, 어금니 쪽으로 누워 자라기 시작하면 문제가 시작됩니다. 그렇게 자라는 사랑니의 많은 사례가 앞의 어금니 뿌리와 접촉하면서 결국 염증을 유발하고, 그 염증에 의해 구체적인 통증(치통)이 자각되어야 부랴부랴 치과를 찾아갑니다. 이 경우 환자의 입장에서는 이제 막 문제가 시작된 것으로 체감하겠지만, 실제로 그 문제는 최소 수년 전부터 그의 내부에서 자라났습니다. 바탕계기도 그러합니다. 아주 오래전부터 내 안에서 자라난 그 무엇이 세상을 살면서 자의든 타의든 아니면 주어진 환경에 의하여 그런 모양으로 자라난 것들로 이해하면 됩니다.

'❶ 과대평가'는 곧 일반화 오류를 수반한 놀람이며 과잉 반응입니다. 새롭거나 강렬한 자극에 대하여 실제로 그 자극의 일반적인 위험이나 응급 수위를 과도하게 높이고 과잉 평가를 수행하는 행위를 뜻합니다. 그 과잉 평가는 곧 확률 낮은 경우가 자신에게 도래하고 현실화될까 염려하는 경향이며, 그 염려에 내 몸과 마음을 준비하고 대응하는 모든 오류의 반응들을 의미합니다.

〈바탕계기의 자극 요소 [표 3] 1a〉

❶ 과대평가	❷ 부정중심
❸ 내적자존	❹ 외적자존
❺ 보호기대	❻ 불편지향
❼ 궁극목표(추구 가치)	

공황장애가 유발한 증상들이 이미 꽤 사라졌음에도, 종종 강한 스트레스에 내 기분과 몸이 순식간에 반응하게 되고, 그 현상이

곧 파국적인 과거의 공황발작이나 응급상황을 불러낼까 봐 바짝 긴장하면서 크게 염려하는 행동의 밑바닥에 바로 이 '과대평가'가 배경으로 작용하고 있음을 잘 알아야 합니다.

✔️ '설마'로 시작되는 공황장애의 모든 염려 행위들은 '과대평가'의 오류와 직결됨을 명심해야 합니다.

➕ 더 깊이

'설마'라는 부정적 예측 표현은 곧 '직관'이 작용하고 있다고 볼 수 있습니다. 직관은 어떤 작은 실마리만으로도 최종적인 결론을 곧바로 떠올리는 반응입니다. 물론 그 실마리와 최종 결론 사이에는 매우 큰 근거의 공간이 존재합니다. 즉 근거가 없거나 취약한 상태에서 실마리만으로 결론을 상정해내고 나중이 되어서야 그 비어 있는 근거의 공간을 채울 여러 증거를 수집하고 궁리해야 함을 의미합니다. 이러한 직관은 창의적인 추론에 유익하지만, 합리적인 추론을 할 때는 그리 적합하지 않습니다. 애초 실마리가 된 자극, 조건, 증상이 과연 재앙적인 질병의 전조일까 염려하는 공황장애 환우들이 직관을 끌어내어 이에 적용할수록 결국 그 직관은 '의심'으로 이어집니다. 아무리 조사하고 궁리해도 내가 상정한 재앙적인 결론을 뒷받침할만한 증거가 나오지 않으면, 결국 의심을 거듭하는 무한 오류에 빠집니다.

위의 과대평가를 수행하며 동시에 발동이 걸리는 요소로 ❷ 부정 중심'을 들 수 있습니다. 이는 곧 내가 상상하고 가정할 수 있는 수많은 경우의 수 가운데, 최악이거나 재앙적이고 부정적이며 비극적인 경우를 가장 염두에 두고 나 자신을 그에 준비시키는 일련의 행동 양식을 뜻합니다.

우리가 당면할 수 있는 경우들은 긍정적인 것부터 부정적인 것까지 매우 다양합니다. 그러나 유독 부정적으로 최악의 상황이 나에게 도래할 것이라고 여기는 반응 양식이 위의 과대평가와 결합하여, 매사 모든 사건과 이벤트에 긴장하고 놀라게 되며, 그 결과 '병적인 불안'을 끌어낼 수밖에 없습니다. 이상의 '❶ 과대평가'와 '❷ 부정 중심' 이 두 가지 요소의 결합만으로도 그 환우는 조만간 재발을 통해 다시 공황장애 심화기 단계로 퇴보할 수 있습니다.

✔ '과대평가'와 '부정 중심'은 공황장애의 총체적 재발을 유발하여 다시 힘든 양상으로 회귀하는 환우들의 가장 전형적이자 대표적인 이유로 작용합니다.

우리 내면에는 '자존'이 함께 서식하고 있습니다. 자존은 내면이 나를 평가하고 바라보는 가치의 정도와 수준을 의미합니다. 내면이 나를 높은 자존으로 평가하고 있다면, 어지간한 난관이나 문제에도 '의연함'을 발휘할 수 있습니다. 이러한 자존은 내면의 깊은 곳에서 뿌리내리고 면면이 움직이는 일련의 본능 영역의 현상이므로, 내 의지 영역인 생각이 그 자존 정도를 쉽게 가늠하거나 측정할 수는 없습니다. 그러나 내 자존이 띠는 색채와 그것이 발하는 온도, 느낌, 안정과 불안정까지 다양한 면모들을 뭉뚱그려 마치 '향기로 냄새를 맡듯이' 감지할 수는 있습니다. 실제로 내면의 많은 부분이 그렇게 향기를 음미하듯 감지될 수 있지만, 그 구체적인 형태나 면모를 자세히 관찰하는 것은 결코 허락되지 않는 것이 특징이기도 합니다.

✔ 내면에 깊게 자리 잡은 높은 자존을 '내적 자존'이라 하며, 내적 자존이 높을수록 자신에 대한 의연한 자신감을 삶의 전반에서 발휘할 수 있습니다.

그 자존 중에서 나를 평가하고 신뢰하는 정도를 바로 '❸ 내적 자존'이라고 합니다. 이 내적 자존이 높으면 높을수록 위의 '❶ 과대평가'와 '❷ 부정 중심'은 급격히 감소합니다.

높은 수준의 내적 자존은 곧 신뢰와 직결됩니다. 이는 바꿔 말해 어떤 상황에서도 나는 의연히 잘 대처할 수 있다는 믿음과 일맥상통합니다. 동시에 내가 정한 목표를 잘 이루어 갈 것이라는 믿음과도 연관됩니다. 자신에게 어떤 위기나 응급, 위험과 불리함이 예견되더라도, 내적 자존이 강하면 그 문제 자체에 직면하여 해결과 대처에 더욱 몰입할 수 있습니다. 반면 내적 자존이 낮을수록 문제가 닥쳤을 때 강한 염려와 불안을 유발할 수밖에 없고, 더 힘든 대처 과정을 겪게 되어, 결과적으로 그 과정 중에 야기되는 비효율이 많이 증가하는 원인이 됩니다. 이 경우 결과가 긍정적일 수 없음은 당연합니다. 또한, 자신의 이러한 내적 자존에 문제가 없다고 여겨오던 분들도, 공황장애가 심화되는 시간을 일정 기간 겪고 나면, 그제야 낮은 내적 자존으로 오랜 시간 살아왔음을 인정하게 됩니다.

공황장애의 불편은 삶을 각종 제약으로 묶고 '절망과 좌절'로 그 상황에서 오랜 시간 머물며 내면에 깊은 무기력을 형성하고 내적 자존을 크게 흔들어 놓습니다. 그 결과 깊은 어둠 아래로 추락해 버린 나의 내적 자존 수준은, 공황장애 증상들이 많이 좋아진 이후에도 여전히 그 좋았던 '예전의 수준'을 회복하기 어렵습니다. 따라서 준완치기에 도달했다손 치더라도 언제든지 나를 과거 힘든 시기로 다시 되돌려 놓을 수 있는 '바탕계기의 한 요소'로서 그 역할이 유지되는 경우가 많습니다.

공황장애를 잘 완치했다는 의미는 곧 이러한 내적 자존의 하락 문제 역시 아주 좋은 상태로 원상 복구했다는 의미를 동시에 띨 수밖에 없습니다. 반대로 내적 자존이 복구되지 못한 준완치는 그저 증상이 꽤 사라지고 많이 안정된 호전 과정의 한 양상에 불과할 수 있음을 유념해야 합니다.

✔ 내적 자존은 나의 내면이 나의 사고와 실행 능력을 자연스럽게 믿는 '내면의 신뢰'에 기초하여 복구될 수 있습니다. 그렇게 나의 내적 자

존이 복구되지 않은 이상, 공황장애가 남긴 흉한 얼룩들이 결코 원래의 색으로 깔끔히 표백될 수 없음을 유념해야 합니다.

내적 자존이 나의 내면이 나를 바라본 시선과 그에 엮인 요소라면, '❹ 외적 자존'은 반대로 내가 아닌 타인에 의해 관찰되거나 관찰될 수 있다고 여겨지는 나의 모습과 면모를 통해 형성됩니다. 즉, '이러한 처지의 나를 타인은 이렇게 여길지 몰라.'라고 은연중 생각하거나, '남들은 언제나 나에게 호감을 갖고 있을 뿐 아니라 나를 높게 보는 경향이 있어'라는 식으로 타인이 나를 어떻게 여길 것이라는 나의 기대를 의미합니다. 이를 좀 더 쉽게 표현하자면 '나는 이만큼 잘났어!', '나는 원래 그것을 참 잘해.', '나는 누가 보아도 괜찮은 사람이야.', '나를 보는 사람들은 당연히 나를 예쁘고 잘생겼다고 말하지.' 등의 예처럼, 나를 둘러싼 세계가 나를 이렇게 인식할 것이라고 스스로 믿고 여겨온 확신을 바로 '외적 자존'이라고 할 수 있습니다.

✔ 흔히 말하는 자존심은 외적 자존과 동격입니다. 타인에 의해 평가된 나 자신을 나의 내면이 어떻게 인지하고 있는지에 따라 이러한 외적 자존의 정도가 결정됩니다.

➕ 더 깊이

외적 자존은 '명분'을 유발하지만, 내적 자존은 '안정감과 자신감'을 유발합니다. 이 둘은 상호 보완 관계로 외적 자존으로 기울수록 불안정이 증가하고, 내적 자존으로만 너무 치우쳐도 역시 고루함이나 현실과의 괴리가 발생합니다.

외적 자존이 높은 사람은 사람이 많은 공간에서 갑자기 증상을 만나도 겉으로는 자기 자신을 잘 절제하고 조절합니다. 타인이 나에게 가진 기대에 부응하기 위해 불편이나 약점을 노출하지 않고, 스스로 외적 자존을 사수하려는 의지의 결과이기도 합니다. 어떤 측면에서는 외적 자존이 환우 본인의 생활 범위를 유지하거나 중요한 사회적 기회를 스스로 위축시키지 않는 긍정적인 역할을 하기도 하지만, 반면 공황장애 이후 자신의 나약한 모습을 타인에게 보여주지 않기 위해 '회피'나 '도피' 행동으로 반복 연습해 온 경우에는 그 환우의 고립을 더욱 부채질하고, 우울함과 무기력, 자기 분노를 더욱 확대하는 부정적 재료가 되기도 합니다. 즉 내적 자존 차원에서 매우 무기력한 나 자신으로 인식하고 있음에도, 외적 자존 차원에서는 그러한 나의 무기력한 모습을 타인에게 들키지 않으려 애쓴 결과, 바로 '회피'나 '고립'으로 나타날 수 있음을 잘 간파해야 합니다.

✔ 내적인 무기력과 외적인 자존심이 서로 충돌한 결과 발생하는 '회피'와 '고립'은 결국 내적 자존과 외적 자존 간에 큰 괴리가 발생하고 있음을 의미합니다.

예로부터 '강한 것은 쉽게 부러진다.'는 속담이 있습니다. 이는 외적 자존의 문제에도 무난하게 적용될 수 있는 속담의 하나이기도 합니다. 타인에게 강하게 보여야 한다는 외적 자존의 확신이 공황장애로 인해 그 한계에 부딪혀 큰 상처를 받으면, 바로 이 속담과 같이 강한 면모를 보여 온 사람이 마치 쇠막대가 부러지듯 뚝 꺾여 버리는 모습 또한 공황장애나 불안장애 환우들에게서 매우 흔히 볼 수 있습니다.

외적 자존이 부러지면 결국 그 여파는 그 환우의 내면에까지 충격을 가하기 쉽습니다. 그 결과 기존 외적 자존이 크게 훼손되고 왜곡, 변형되어, 부족한 자신의 모습을 타인이 목격할까 봐 염려하고 스스로를 사회로부터 도피시키는 사회 공포적인 합병 증세를 유발하기도 합니다. 실제로 공황장애 이후 일반적인 광장 공포나 임소공포가 아닌, 그 공포의 대상이 훨씬 더 넓고 포괄적인 사회 공포증을 합병한 환우들도 꽤 많은 이유가 바로 이 '외적 자존'이 불안에 의해 크게 꺾였기 때문입니다. 그 상처에 대한 보상을 위하여 자신을 둘러싼 사회로부터 서둘러 회피시킨 결과가 바로 '사회공포증'인 셈입니다.

✔ 충분히 강할 것이라고 당연히 믿어왔던 자신의 외적 자존이 갑자기 어떤 한계에 부딪혀서 큰 회의를 품으면, 그 여파로 내적 자존에까지 큰 상처를 입게 되고, 더 나아가 이렇게 볼품없는 내 모습을 타인에게 노출하고 싶지 않은 '방어적인 외적 자존'으로 전환되면서, 스스로 '회피'를 통해 '사회 공포'를 강화하는 오류로 작용할 수 있습니다.

또한, '❺ 보호 기대' 역시 준완치기의 바탕계기에 중요한 자극 요소 중 하나입니다. 보호 기대는 말 그대로 타인의 보호를 기대하고 바라는 것입니다.

어린 젖먹이 아기를 키우면서 공황장애를 앓는 엄마 환우들의 경우 각별히 이러한 보호 기대 경향이 뚜렷합니다. 부천에 사는 김 씨는 두 살 아기를 키우는 엄마입니다. 김 씨는 남편의 출장 날짜가 잡히면 그때부터 심한 불안에 시달립니다. 입맛이 떨어지고 뭐라 표현하기 어려운 강한 불안으로 종일 안절부절못합니다. 또한, 남편이 출장을 떠난 직후부터 아기와 단 둘이 있는 시간에는 다른 이에게 말하기 곤란할 정도의 심한 재앙사고를 겪습니다.

재앙사고의 대부분은 아기와 단 둘이 있을 때 자신이 정신을 잃거나 응급 상황에 처하면 큰일이라는 염려이지만, 종종 그녀 본인도 이해할 수 없는 끔찍한 경우를 스스로 떠올리고 실제로 그런 행동을 할까 봐 걱정합니다. 그 끔찍한 경우는 다름 아닌, 자신이 아기를 안고 아파트 높은 베란다에서 뛰어내리거나 또는 집에 불을 지를까 봐 걱정하는 것입니다. 그녀는 이러한 자신의 불안과 재앙적인 상상들이 도저히 현실적이지 않다는 것을 잘 알지만, 스스로의 힘으로 멈추기가 어렵습니다.

하지만 그녀에게 이러한 불안과 재앙사고를 극적으로 줄여줄 존재가 있습니다. 그 존재는 다름 아닌 친정엄마입니다. 친정엄마에게 전화해서 엄마가 전화를 잘 받을 수 있는 곳에 위치하고 있음이 확인되고, 유사시 자신과 아기를 돌봐 줄 수 있다는 확신이 들면, 그때부터 그러한 불안과 재앙적인 상상은 크게 줄어드는 것을 그녀는 잘 알고 있습니다. 그래서 남편의 출장이 잡히자마자 항상 친정엄마에게 미리 연락을 취해 출장기간 동안 자신과의 상시 비상 연락망을 구축해 두는 것에 매우 집착합니다. 그렇게 하지 않으면 정말 조절하기 힘든 이러한 불안과 재앙사고에 짓눌려서 때때로 응급실을 찾기도 합니다.

✔ '보호 기대'는 재앙 사고에 대한 대안을 무의식적으로 마련하는 과정에서 생기는 오류이자 바탕계기의 하나입니다. 보호 기대를 겪고 있는 사람은 결국 그 이전부터 강도 높은 재앙 사고를 반복하여 수행해 온 사람입니다.

위의 경우는 바로 '보호 기대' 때문입니다. 이는 곧 '내가 위험이나 곤란에 처했을 때 유사시 도움을 받을 수 있는 존재가 충분히 가까운 곳에 위치해 있는가?'에 기초합니다. 그 질문에 'YES'라는 긍정의 답을 스스로 할 수 있다면 심한 불안은 급격히 줄어들지만, 'NO'라는 답을 하거나 'YES'를 확신할 수 없다면, 곧바로 극심한 불안이 내면에서부터 강렬하게 솟아납니다.

그러나 문제는 이러한 경우를 겪는 분들이 환우들 중에 매우 많음에도, 정작 본인들은 '보호 기대'를 그저 뭉뚱그려 피상적으로만 인지하여 별다른 저항이나 구체적인 해법을 마련하지 못한다는 점입니다.

만약 김 씨와 같은 경우를 겪고 있는 환우에게 보호 기대가 무엇이며, 나의 어떤 상상과 가정에 의해 나타나는지를 차분하게 설명해주면, 의외로 그 환우는 쉽게 이 사실을 이해할 뿐 아니라, 자신이 그에 해당된다고 바로 인정합니다. 이러한 '이해'와 '수긍'은 환우로 하여금 그와 같은 보호 기대의 상황에서 스스로 의식적인 견제력을 발휘하도록 만드는 효과가 있습니다. 내가 범하는 착각과 오류를 명료하게 이해하고 인정하면, 이미 그것만으로도 어지간한 약보다 훨씬 효과적인 불안 견제 효과를 낼 수 있습니다. 하지만 대부분의 환우들은 이러한 보호 기대에 해당되는 불안을 숨기고 혼자 끙끙 앓는 경우가 일반적이기 때문에, 이 불편에 대한 구체적인 윤곽 파악과 현명한 대처를 수행하지 못하고 중증으로 악화되는 상황에 처하게 됩니다.

또한, 이러한 보호 기대는 '❶ 과대평가', '❷ 부정 중심' 및 '❸ 내적 자존'의 문제가 또 하나의 '가지치기를 한 결과'이기도 합니다. 자신의 문제를 오직 자신의 힘과 역량으로 의연히 대처할 수 있다는 확신이 취약하거나 심한 회의에 부딪혔을 때, 그로 인해 파급된 자존의 상처가 역시 나의 내면에 깊게 각인되고 거듭 반복을 통해 학습되어, 결국 바탕계기에 해당되는 불안을 무게감 있게 유발한 결과입니다. 공황장애 자체는 거의 다 나았음에도 여전히 여러 '의존'이나 '광장 공포', '임소공포' 등이 선택적으로 잔존하고 있는 환우들의 경우가 바로 이에 해당되는 바탕계기가 유발한 불안을 겪고 있습니다.

✔ '보호 기대'는 결국 나 자신이 각종 문제에 의연히 대처할 수 있다는 강한 확신과 자신감으로 해결해야 하는 바탕계기입니다. 그것들을 바로 세우지 않고서는 긍정적으로 개선할 방도는 결코 없습니다.

➕ 더 깊이

보호 기대는 곧 백그라운드가 됩니다. 그러나 이는 객(Guest)으로, 결코 주(Host)가 될 수는 없습니다. 일상에서의 주는 나 자신의 주도력과 역량입니다. 나의 내면이 나에 대해 여기고 있는 주도력과 역량의 정도가 배경이 되는 보호 기대의 수준보다 월등히 높아야 우리의 내면은 안정적이 될 수 있습니다. 즉 배경은 유사시 뒤에서 든든하게 도움을 줄 수 있어야 하는데, 이 둘의 관계가 역전되어 내가 믿는 구석인 배경이 나 자신의 주도력, 역량을 크게 추월해 버렸을 때, 보호 기대는 그 자체가 문제의 시발점으로 변모하게 됩니다.

우리에게 어떤 불편이 있다면 그 불편을 해결하여 더 나은 삶을 살기 위해 노력하는 것이 정상으로, 정도의 차이만 있을 뿐 우리는 누구나 당면한 불편을 해결하기 원합니다. 그러나 불편에 대하여 위와 같은 정상적인 반응을 하지 않는 환우들도 의외로 많습니다.

이미 공황장애가 꽤 호전되어 거의 불편 없이 사는 것 같은 환우일지라도, 그들의 삶에 가까이 밀착하여 관찰해보면 의외로 한두 가지 불편이 아직 잔존해 있는 경우를 확인할 수 있습니다. 그 잔존한 불편의 범주는 매우 다양한데, 주로 '광장 공포', '임소공포', '특정 공포' 등의 행동 증상을 비롯하여, 신체 증상으로서는 '기력 저하', '저혈당 증상', '간헐적인 두통이나 감기 증상', '열감' 등을 예로 들 수 있습니다. 이러한 불편의 특징은 그 환우의 삶 전반을 붕괴시키지는 않지만, 분명히 의미 있는 수준의 제약을 가하는 것들입니다.

일반적인 상식대로 라면, 이런 제약과 불편을 겪는 환우는 잔존한 불편들을 적극적으로 해결하려 노력해야 정상이지만, 의외로 그 불편을 감수하며 살아가는 것을 선택하고 이를 도무지 벗어나려고 하지 않는 경향을 보이기도 합니다. 바로 이러한 경우를 통틀어 바탕계기 자극 요소의 하나로서 '❻ 불편 지향'이라고 부릅니다. 이러한 불편 지향은 곧 불편한 증상이나 제약을 보유하고 있는 나 자신을 그대로 방치하면서도, 그 불편에 익숙해져 인정하고 수용하는 수동적인 태도를 보이는 양상이라고 규정할 수 있습니다.

✔ 명료한 불편과 제약을 가함에도 그것을 벗어나려 시도하지 않는 '안주'의 양상을 '불편 지향'이라고 합니다. 쾌적한 것을 지향하는 것이 정상임을 알면서도, 불편한 것을 지향하는 행동을 보이는 사람은 바

로 이 불편 지향의 바탕계기를 강하게 보유하고 있는 경우입니다.

우리 내면은 '익숙한 것'을 '안전하다'고 착각하는 경향이 있습니다. '익숙하다' 함은 비교적 장시간 그 상황이나 대상을 겪었으며, 앞으로 그것을 계속 접하는 것을 그리 어려워하지 않는 양상으로, 내가 그 양상과 함께 하는 것을 오히려 자연스럽게 여기는 상태를 의미합니다. 불편을 오래 겪으면, 우리 의식의 입장에서는 이 불편을 거추장스러워하고 힘들다고 여기지만, 반대로 의식이 제어하기 어려운 내면에서는 그 불편을 오히려 위험하지 않다고 생각하며, 거듭된 경험과 검증의 결과 매우 익숙한 상태로 받아들일 수 있습니다. 즉, 위험하지 않다고 검증된 익숙한 불편은 이와 같이 '불편 지향'이라는 오류를 발생시킬 수 있습니다.

✔ 아무리 불편해도 거듭 경험한 결과에 익숙해지면, 나의 내면은 그 상태를 검증되었다고 판단하면서 매우 역설적인 반응을 보이게 되는데, 그 결과 나타나는 내면에서의 반응 중 하나가 바로 '불편 지향'입니다.

'불편 지향'을 겪는 환우는 증상이 힘들다고 거듭 토로하면서도, 그 증상을 해결하고 탈출하려는 구체적인 시도를 하지 않습니다. 더욱이 '공황장애는 원래 끝이 없는 병이야.' 또는 '남아 있는 이런 불편을 잘 받아들이고 조절하며 평생 사는 것이 바로 공황장애야.'라는 식으로 스스로의 불편을 합리화 하는 경향을 보이기도 합니다. 나의 의식은 진실로 이 불편을 벗어나고 싶은데 반하여, 나의 내면은 내가 성공적으로 이를 벗어나게 될 것을 기대하고 있지 않으므로, 나의 의식과 내면 간에는 큰 이격이 발생하고, 그로 인해 내가 겪게 되는 고통스러운 무기력과 자기 갈등을 어떻게든 줄이고 완화해 보려는 '내적인 시도'로서, 바로 이러한 '불편 지향'이 나타난다는 것을 잘 간파해야 합니다.

✔ '불편 지향'을 겪는 환우는 스스로를 합리화하며 자신의 내적 자존이 받을 충격을 줄이려는 경향을 보입니다. 이러한 합리화는 '인정과 직면'의 반대 개념으로, 이를 해결하기 전에는 결코 완치를 꿈꿀 수 없습니다.

➕ 더 깊이

불편 지향을 추구하는 환우들이 종종 보이는 특징이 있습니다. 그것은 '공황장애는 원래 완치가 없는 병이며, 평생 더불어 살아가는 병입니다.'라는 무기력을 곳곳에 퍼뜨리며 그 동조자를 형성하려는 행위입니다. 이 병을 나 혼자 겪으면 정말 힘들고 외로울 것이기에, 비슷한 처지의 사람들을 통해 자신의 외로움을 달래는 행위를 반복하는 것입니다. 물론 지극히 무기력하며 불순한 동기라고 볼 수밖에 없습니다.

준완치기는 완치를 바라볼 수 있는 긍정적인 예후의 단계입니다. 준완치기에 현명한 노력을 잘 유지하고 자신의 여러 면모들을 꾸준히 개선해나간다면, 완치 단계의 도달은 오로지 인내의 시간에 달려있다고 여겨도 무리가 없습니다. 그러나 종종 그 희망적인 준완치기에서 다시 심화기로 되돌아가 재차 퇴행을 반복하는 환우들의 경우도 목격할 수 있습니다. 병적인 불안이 없고 증상도 거의 해결된 상태로, 자신보다 더 힘든 환우들에게 넉넉하게 조언까지 해주던 환우가, 어느 날 갑자기 심한 재발을 겪으면서 공황장애의 총체적 재발 단계로 다시 퇴보하는 모습을 보이는 것은 그 과정을 옆에서 바라보는 다른 환우들에게는 큰 충격이 됩니다.

정말 운이 좋게도, 불안 극복의 필수요소인 탄탄한 조절력 없이도 불안이 저절로 약화되어 소실된 분이라면, '조절력의 부재'가 곧 '총체적 재발'의 주된 이유라고 치부할 수 있습니다. 그러나 이미 조절력을 꽤 보유하고 있다고 여겨지던 환우가 그러한 재발에 휘말려 붕괴되는 모습을 보이는 것은 그 자체만으로도 정말 큰 충격이고 납득하기 어려운 일입니다. 따라서 그것을 지켜보는 나도 그렇게 될까 봐 염려하지 않을 수 없습니다. 바로 이런 재앙적인 경우를 유발하는 원인이자 동기에서 '❼ 궁극 목표'가 무시할 수 없는 비중으로 작용하고 있음을 유념해야 합니다.

'❼ 궁극 목표'는 그 사람이 추구해온 가치이자 취향이며, 심지어 이 병과 불안을 나은 이후 그가 가장 우선으로 추구하게 될 것들을 의미합니다. 주말마다 밤새워 즐겼던 술자리와 클럽, 일주일에 서너 번씩 PC방에서 친구들과 밤샘 게임을 하던 그 달콤한 시간들, 퇴근 후 새벽까지 TV나 영화를 즐기고 짧은 잠을 자고 출근

해도 끄떡없던 과거 시절의 체력과 건강, 회사에서 매일 이어지는 밤샘 근무와 과로, 강도 높은 스트레스에도 불구하고 성공을 향해 쉼 없이 내달리던 그 건강과 혈기. 바로 이런 것들을 다시 되찾기 위해서 자신의 불안을 해결하려는 사람은, 바로 '❼ 궁극 목표'라는 덫에 걸려 이후 큰 재발의 함정에 빠지게 될 것이라고 간주하면 거의 예외가 없습니다.

✔ 나에게 불안을 야기한 과거의 악습이 여전히 달콤하게 여겨지고, 하루라도 빨리 원래의 쾌락으로 되돌아가고 싶거나 그리워하는 마음이 내 안에 있다면, 조만간 나는 재발이라는 고배를 마시게 될 것을 명심하십시오.

궁극 목표는 더 좋은 목표로 대체되어야 합니다. 새롭게 대체된 좋은 목표가 나의 내면에 깊은 소망과 추구로 자리 잡도록 나 자신을 재구성해나가야 합니다. 그 재구성 작업을 유보해 둔 채, 이 병이 생기기 전의 왜곡된 욕구와 욕심을 내 스스로 되살린다면, 당연히 지긋지긋한 병적인 불안은 조만간 내 안에서 고개를 들 것입니다.

✔ 올바르게 개편된 궁극 목표가 없거나 취약할수록, 향후 준완치기에서 심화기로 퇴행할 확률이 높습니다. 이를 의학적인 용어로는 재발이라고 합니다. 외적인 노력을 무던히 해왔더라도 내적인 개선이 제대로 이루어지지 못하면, 그 상태에서의 호전은 일시적인 현상에 불

과함을 유념해야 합니다.

이상과 같은 여러 자극 요소들이 이 병의 준완치기에 바탕계기에 의미 있는 영향을 줍니다. 그 영향의 결과 내가 겪게 될 준완치기의 기간과 양상이 결정됩니다.

혹자는 이렇게 복잡한 것들을 생각해야 한다는 것에 쉽게 짜증을 냅니다. 그러나 이 요소들을 차분히 이해하고 내가 그것들과 어떤 연관이 있는지 나의 현주소를 잘 특정해내지 못하면, 결국 앞이 보이지 않는 캄캄한 숲 속에서 발을 내딛는 것과 다를 바 없습니다. 내가 내딛는 한발 앞이 낭떠러지인지, 아니면 평탄한 풀밭인지를 구분할 수 없는 이상, 현재 내가 겪고 있는 불안과의 사투는 그 끝을 기약할 수 없습니다. 공황장애를 막 이해한 시기에는 앞으로 해야 할 것이 너무 많고 부담스럽게 느껴질 수 있지만, 차분히 조금씩 실행하다보면 내 안에 이러한 불안이 설 자리가 더욱 좁아지는 날이 오게 될 것임을 기억하십시오.

알 수 없는 나의 내면. 그러나 그 내면에는 이와 같은 여러 바탕계기의 요소들이 강하게 결합하고 뒤섞여 서로 간에 묘한 연관을 갖고 함께 움직여 나가고 있음을 읽으십시오. 바탕계기를 구성하는 자극 요소들은 서로를 지지하고 상호간 촉매 역할을 하면서, 마치 거대한 함수와 같이 움직여 나갑니다. 함수는 공식이므로 어떤 수를 대입해도 답은 정해져 있습니다. 바탕계기가 좋게 개선되어야 좋은 답을 내는 함수가 만들어질 수 있습니다. 반면 바탕계기가 좋지 못한 자극 요소들이 왕성하게 영향을 주고 있는 부정적인 상태라면 어떤 값을 넣어도 결과는 부정적인 답을 예정하는 것이 당연합니다.

✔ 나의 내면은 바탕계기를 참조하여 그에 합당한 반응을 합니다. 부정적인 바탕계기는 내면이 부정적이고 불안정하게 동작하도록 만들며, 이것은 바탕계기 개선의 중요성을 반증하는 결과입니다.

동서고금을 막론하고 현자들은 "바른 생각에서 바른 행동이 난다."고 말해왔습니다. 그들이 말하는 바른 생각은 바로 나의 내면에 구축된 그 함수들을 의미하며, 그 함수를 좋게 개선하는 방법들을 이번 챕터에서 다루게 됩니다. 이 책과 함께 그 실행의 계기를 만들어 가시기 바랍니다.

예후의 작용 요소, 방아쇠

해결되지 않은 공황장애는 그 불안의 잔뿌리들을 방아쇠라는 형식으로 우리의 삶 곳곳에 매복시켜 놓습니다. 어느 순간 나도 모르게 그 방아쇠를 당기면 어김없이 강한 불안이 치밀어 올라오고, 그로 인해 평소 불안도 더불어 강화됩니다. 이 방아쇠들을 그대로 남겨둔 채 준완치기로 진입해도, 그렇게 달성된 것은 마치 모래 위에 쌓은 모래성에 불과해서, 다시금 호전기로 퇴행하는 것은 시간문제입니다. 또한 개선없는 그 시행착오를 반복하면 할수록, 무기력이 쌓여 우울을 강화할 수 있음을 유념해야 합니다.

✔ 불안을 유발하는 요인들이 내게 있다면 그것이 무엇인지 차분하게 나열할 수 있어야 합니다. 그 인지 정립을 하지 못하면 모든 두려움은 그저 뭉뚱그려진 불쾌감으로 영원히 잔존합니다. 뭉뚱그려진 것은 결코 해결되지 않습니다.

다음의 '❶ 느낌', '❸ 사건', '❺ 상황', '❼ 대상'은 방아쇠를 당기는 가장 핵심적인 소재들입니다. 이 소재들을 정확히 인지해두지 못하면, 이 소재에 당면했을 때 나도 모르는 사이 자동으로 당겨지는 방아쇠를 멈출 수 없습니다. 환우들은 그저 불안하다는 말초적 불편만을 나열하기 급급하지만, 원인이 아닌 결과만 진술한 것이기에 사실상 그 환우를 치료하는 주치의 입장에서 별달리 가이

드해 줄 방법이 없습니다. 물론 그 의사가 담당하는 환자 수가 그나마 환자에게 그 원인을 진술하도록 질문을 통해 거듭 꾸준히 유도할 수 있지만, 대부분 병원은 몰려드는 아픈 환자들로 인해 그럴만한 시간을 허락할 수 없는 것이 불편한 진실이기도 합니다.

✔ '불안하다'는 호소는 '아프다'고 외치는 것과 같습니다. 왜 아픈지 그 이유를 알기 위해 누군가 내 상처를 들여다봐야 하는데, '불안'이라는 것은 눈으로 보거나 검사된 수치로 볼 수 있는 것이 아니므로, 결국 아픔의 원인을 스스로 분리하고 정제해서 파악해야만 합니다.

서울에 사는 임 씨(43, 여)는 '식은땀'을 두려워합니다. 식은땀이 나고 있다는 것을 어느 순간 자각하면, 그때부터 묘한 불안감이 엄습해옵니다. 여성의 경우 호르몬이 급변하는 시기가 있고, 호르몬이 변화함에 따라 별다른 이상 없이 식은땀이 나는 경우가 흔함에도, 임 씨는 식은땀이 자신의 몸에 뭔가 치명적인 질병의 전조일까 걱정하여 두려워합니다. 식은땀이 흐르는 것을 느끼면 뒤이어 불안감을 느껴 왔기 때문에, 그 불안을 더 느끼지 않기 위해서라도 식은땀을 흘리는 상황을 매우 두려워하고 회피하려 합니다. 그녀는 지금도 식은땀을 덜 나게 하는데 좋다는 각종 탕약과 대체 요법, 기호식품에 대한 정보를 인터넷을 통해 검색하며, 매일 그것을 먹기도 하지만 그다지 좋은 효과를 얻지 못해왔고, 요즘도 여전히 그런 증상을 자주 겪고 있습니다. 공황장애가 유발한 불편 중에서 그녀에게 남은 것은 바로 이 식은땀에 대한 불안 문제입니다.

〈나의 '방아쇠' 발견과 정립을 위한 자기 질문〉

❶ 내가 두려워하는 특정한 '느낌'(기분, 신체 증상)이 있다. (Yes/No)

❷ 위의 ❶에 'Yes'로 답했다면, 그 '느낌'(들)은 무엇인지 차분히 열거해보자.

❸ 과거 내가 겪었던 특정한 '사건'을 떠올리면 지금도 종종 매우 불안해지거나 신체 증상이 올라올 때가 있다. (Yes/No)

❹ 위의 ❸에 'Yes'로 답했다면, 그 '사건'이 무엇인지 차분히 기록해보자.

❺ 지금도 직면하거나 연관되고 싶지 않은 어떤 상황이 있고, 그 상황을 떠올리면 불안해지거나 증상이 나타나기도 한다. (Yes/No)

❻ 위의 ❺에 'Yes'로 답했다면, 그 상황은 어떤 '상황'인지 차분히 기록해보자.

❼ 마주하면 많이 불안해지거나 증상이 나타날 것 같은 '대상'이 있다.(Yes/No)

❽ 위의 ❼에 'Yes'로 답했다면, 그 '대상'은 무엇인지 차분히 기록해보자.

이 같은 임 씨의 불안을 유발하는 것은 위의 자기 질문 중에서 '❶ 느낌'에 해당되는 내용입니다. 이러한 느낌은 사람에 따라 한 가지만 해당될 수도 있고, 여러 가지를 보유하기도 합니다. 만약 나의 답변이 여러 가지인 경우라면, 하나하나 차분하고 간결하게 답으로 나열하면 됩니다. 그 답의 나열이 바로 자기 질문의 ❷ 항목에 대한 진술입니다.

✔ 어떤 느낌을 느끼는 것과 불안이 서로 연동하여 움직인다고 인정되면, 나는 느낌이 유발하는 불안의 방아쇠를 보유하고 있는 것입니다.

하남의 최 씨(32, 남)는 최초 공황발작을 응급실에서 경험한 사례입니다. 회사 동료가 다쳐서 근처 병원 응급실에 함께 갔다가 그곳에서 강한 공황발작을 경험한 경우인데, 당시 그는 자신이 친구의 부상에 너무 놀라 심장발작이 온 것으로 믿었습니다. 차디찬 각종 의료 기구를 급히 자신의 몸에 붙이는 그 느낌과 병원 특유의 소독약 냄새 그리고 발작으로 인해 체온이 오르면서 당시 너무나 춥게 느껴졌던 응급실의 공기를 생생하게 기억하고 있습니다. 그는 이후 공황장애의 전형적인 경과를 겪었지만, 최근 들어 많이 호전되어 이전의 정상적인 생활로 잘 복귀한 상태입니다. 그러나 종종 당시 상황을 가만히 떠올리기만 하면 지금도 여전히 매우 불안해지고 몸이 떨리며 가슴이 두근거리는 느낌을 느낀다고 고백합니다.

최 씨 사례는 자기 질문의 '❸ 사건' 항목에 해당하는 내용입니다. 물론 그는 여전히 불안으로 기억하고 있는 그 사건이 결과적으로 위험한 것이 아니었다는 것을 의식적으로는 알고 있습니다. 그러나 내면의 깊은 아래에서 당시 응급실에서의 사건 기억은 불안과 강한 연결을 이루고 있기에, 그 기억을 떠올리면 바로 불안이 함께 연동되어 나타나는 것입니다. 그의 방아쇠를 이루는 주요인은 바로 '❸ 사건'이며, 이를 더 세부적으로 묘사할 경우 위의 자기 질문 ❹의 답변 항목에 대한 간결한 서술이 될 수 있습니다.

✔ 과거 경험했던 사건도 내면에 각인되면 불안의 '방아쇠'로 형성될 수 있습니다. 이는 곧 과거 경험한 충격적인 사건을 올바르게 정립하여 내 안에서 녹여내지 못할 경우, 언제든지 불안의 방아쇠로 작동할 수 있음을 의미합니다.

위 사례는 공황발작을 겪었던 순간의 사건이지만, 반드시 공황장애의 발생과 과정에 얽힌 사건이 아니더라도 이러한 불안과 연계된 사건 기억을 보유할 수 있습니다. 그 예로써 '밤에 갑자기 정전이 되어 장시간 캄캄한 어둠 속에서 불안에 떨었던 기억', '늦은 밤 야근 중 화장실 문이 밖에서 잠겨 많이 당황했던 기억', '학교 계단을 뛰어내려오다 주르륵 미끄러져 심하게 넘어질 뻔했던 기억'에 이르기까지, 반드시 이 병과 직접 관련된 것이 아니더라도 그 기억을 떠올리면 비정상적인 불안이 강하게 느껴지는 모든 것들은 바로 '❸ 사건'에 해당될 수 있습니다. 또한, 공황장애 이전에는 그 사건에 대해 강한 불안까지는 느끼지 않았음에도, 공황장애 이후부터 그 불안이 더 심해졌거나 그것을 떠올리는 것 자체가 두려워졌다고 느끼는 경우라면 **❸ 사건**' 항목에 해당됩니다.

✔ 불안과 연계된 사건 기억은 반드시 공황장애와 연결된 것만 있는 것
은 아닙니다. 단순히 '기억'으로만 존재해왔으나, 공황장애 이후 '불
안과 연계된 기억'으로 활성화되어, 평소 불안을 강화하는 주요한 요
소로 작용하는 때도 많습니다.

서울에 사는 강 씨(35, 여)는 갓난아기를 키우는 엄마입니다. 그녀
는 공황장애 이후 외출에 어려움을 겪어 왔는데, 그 상황들은 모
두 화장실과 연관됩니다. 그녀는 몇 년 전에 급한 변의를 느껴 화
장실에 가고 싶었지만, 아기와 단둘이 차 안에 있는 상황이라서
당장 차에서 내려 일을 해결하기가 매우 난처한 상황을 겪었습니
다. 그 이후부터 용변을 해결하지 못한 상태로 외출하면 배가 살
살 아프면서 뒤이어 심한 불안을 겪기 시작했습니다.

그녀는 지금도 외출을 힘들어할 때가 있지만, 만약 화장실을 다
녀온 지 얼마 되지 않은 시간대라면 아무 문제 없이 외출하기도
합니다. 그녀의 주치의는 그녀가 '광장 공포증'을 겪고 있다고 진
단을 내렸으나, 그녀는 내심 그 진단에 공감하지 못합니다. 실제로
그녀는 화장실 문제만 해결될 수 있다면 어떤 상황도 전혀 불안하
지 않다고 생각하기 때문입니다. 그러나 실제로, 그녀가 집에 있을
때라도 시부모님의 방문으로 식사를 대접해야 하는 상황이라 쉽
게 화장실을 갈 수 없는 경우라면 그 역시 강한 불안을 느낍니다.

이상 강 씨의 사례를 정리해보면 그녀가 두려워하는 것은 언제든지 화장실을 쉽게 갈 수 없는 모든 상황이라 볼 수 있습니다. 결국, 그녀의 불안 방아쇠를 강하게 잡아당기는 요인은 '❺ 상황'인 것입니다. '외출해야 하는데, 화장실을 다녀온 지 시간이 많이 지난 상황'이나 '언제 어디든 화장실 접근이 곤란한 상황' 등이 바로 그녀의 불안을 크게 자극하는 것들입니다.

물론 강 씨는 외출과 변의가 불안 유발의 주요인이겠지만, 불안을 촉발하는 이러한 상황은 사람마다 매우 다양합니다. 모 여성 환우는 '남자와 단둘이 있는 상황'일 수도 있고, 모 회사원 환우는 '사무실에 해야 할 일이 많음에도 외부 손님과 미팅을 해야만 하는 상황'일 수도 있으며, 또 모 대학생 환우는 '수업 시간에 늦어 어쩔 수 없이 맨 앞자리에 앉아서 교수와 가까운 거리에서 시선을 마주쳐야 하는 상황'일 수도 있습니다.

✔ 일상에서 불안과 연계된 상황은 흔히 겪을 수 있습니다. 그러나 유독 비정상적인 불안이 그 상황과 연결되어 나타나며, 공황장애 등 불안 신경증을 앓게 된 이후 그 정도가 강해졌거나, 구체적인 불편으로 느껴졌다고 인정되는 경우가 바로 '❺ 상황' 요인에 해당합니다.

또한 ❺ 항목의 올바른 답을 하기 위해서는, 반복하여 그 상황과 불안의 연관을 거듭 경험해 왔는지 아닌지가 그 판단의 중요한 기준이 됩니다. 만약 위의 강 씨가 오로지 단 한번의 불편만을 겪었다면 이 항목의 답으로 쓰기에는 부적절합니다. 그러나 그녀는 매번 화장실을 맘대로 갈 수 없는 상황에서 거듭 강한 불안을 경험해 왔기 때문에, 바로 상황과 불안이라는 이 두 가지 요소가 서로 긴밀히 연동되어 있음을 인정할 수 있는 것이며, 그 결과 이 질문 항목의 답으로 쓰기에 적절한 예가 됩니다.

✔ 어떤 불안의 요인이 '❺ 상황'으로 판단되려면, 반드시 반복해서 그 상황이나 그 상황이 예견되는 경우에 거듭 비정상적인 불안을 느껴 왔어야 합니다. 이러한 상황의 반복은 내면에 깊게 뿌리를 내리고 자리를 잡기 때문에, 종일 이해하거나 조절하기 어려운 불안이 나타나게 됩니다.

김해에 사는 이 씨(53, 남)는 '혈압계'만 보면 심한 불안을 느낍니다. 그에게 혈압계는 불안과 두려움을 야기하는 가장 핵심적인 '❼ 대상'으로 작용해 왔습니다. 그는 공황장애가 아닌 불안장애를 앓아온 분이고, 한때 매우 심한 건강염려증을 겪기도 했습니다. 현재는 그 불편들이 많이 좋아져서 일상에서 특별한 불편을 느끼지 못하지만, 매년 건강검진 시기가 되면 그 불안의 '혈압계'를 마주해야 하기에, 날이 가까워져 올수록 스멀스멀 불안이 몰려오는 경험을 반복하고 있습니다. 그가 이러한 불편을 겪게 된 계기는, 과거 건강염려증이 심할 때 높게 나왔던 혈압 측정 결과 때문으로, 그후 유독 혈압계라는 물건이 강한 불안을 유발하는 불편의 원흉이 되어버린 상황입니다. 이 경우가 바로 위의 자기 질문 '❼ 대상'에

'Yes'로 답해야 할 경우입니다. 그에 대해 자세한 내용은 ❽ 항목에 간결하게 기록하면 됩니다.

위의 경우는 불안의 대상이 혈압계지만, 또 다른 경우는 '의사'가 그 대상이 될 수 있습니다. 어떤 여성 환우는 '시어머니'가 대상이 되기도 하는데, 이유인즉슨 결혼 직후 시댁과의 관계가 나빠져서 꽤 곤욕스러운 시간을 겪은 적이 있기 때문입니다. 이처럼 '❼ 대상'은 이를 겪는 사람마다 그 소재가 다를 수 있으며, 동일한 범주의 불안 '대상'을 겪는 환우들끼리는 서로를 잘 공감하지만, 서로 다른 범주의 불안 대상을 겪는 경우라면 그 어려움을 잘 이해하지 못할 수도 있습니다. 그만큼 대상의 종류와 범주는 넓고 다양합니다.

일상의 정상적인 불안이 아니라 구체적이고 예리한 비정상적인 불안은, 그 유발 요인이 사람마다 다르며 대상의 범위도 매우 방대합니다. 그러나 그 소재와 종류가 무엇이든 간에, 우리 내면에서는 거의 동일한 흐름을 따라 그 불안의 방아쇠를 당기게 됩니다. 즉, 위의 자기 질문에서 서로 다른 종류의 방아쇠 요인을 진술한 환우들일지라도, 실제로 그 대처와 개선 방법은 같다는 것을 의미합니다.

✔ 불안을 유발하는 '❼ 대상'은 천차만별이지만, 그 대상의 위력을 낮추기 위한 해결 방법은 같습니다. 내가 생각하기에 타인의 대상이 매

우 우스꽝스럽게 여겨질 수 있지만, 반대로 타인도 나의 대상을 우스꽝스럽게 여길 수 있음을 잘 유념해야 합니다. 나의 대상이건 타인의 대상이건 그것들이 불안과 연계된 내적인 이유는 결국 동일합니다.

위의 자기 질문을 통해 스스로 답을 내보아야 하는 이유는 '나의 문제를 더 또렷하고 구체적으로 인지하기 위함'입니다. 종종 "떠올릴수록 불안해지는 이 질문들을 거듭 상기시켜 자기 답변이라는 작업을 해야 하나요?"라고 반문하는 분도 있습니다. 그러나 누차 강조한 대로 뭉뚱그려진 불편은, 이러한 고통스러운 불안을 해결하는 데 조금도 도움이 되지 않습니다. 문제의 원인은 그 범위와 범주를 좁힐수록 그 흐름의 핵심을 파악할 수 있고, 반드시 그 핵심을 알아내야 훨씬 잘 해결될 수 있다는 것을 기억하십시오.

✔ 방아쇠를 당기는 요인의 종류와 범주는 사람마다 다를 수 있지만, 내면에서의 진행 흐름은 거의 동일합니다. 정확하게 이해하면 부지불식간에 당겨지는 불안의 방아쇠를 내 의지대로 조절하여 멈출 수 있는 계기를 만나게 됩니다.

[표 4]는 방아쇠를 당긴 결과 우리 내면과 의식에서 어떤 흐름을 거쳐 그 불안이 활성화되는지를 보여주는 그림입니다. 먼저, 그림의 각 내용을 눈에 익히십시오.

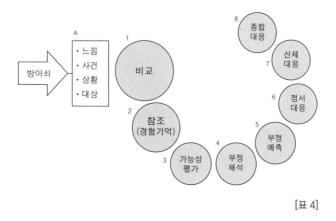

[표 4]

    자기 질문에서 답한 '느낌', '사건', '상황', '대상'은 방아쇠를 잡아 당기는 가장 주된 요인입니다. 그것들이 일순간 강하게 또는 종일 어느 정도의 강도로 방아쇠에 압력을 가하면, 우리 내면과 의식은 가장 먼저 '1. 비교'를 합니다.

    이 흐름의 각 단계는 '찰나의 순간'에 끌려서 빠르게 진행되는 경향이 강합니다. [표 4]의 각 부분을 이해할 때는 반드시 차분하고 여유로운 마음으로 시간을 길게 허락해야 합니다.

✔   기분에 휩쓸려 뭉뚱그려 이해하면 핵심을 놓치게 됩니다. 반면 차분하고 느리게 전체를 아울러 내려다보는 자세로 생각하면 흐름이라는 중요한 핵심을 잘 포착할 수 있습니다. 불안의 문제들을 간파할 때는 반드시 그러한 자세로 흐름을 바라보아야 합니다.

➕ 더 깊이

우리 뇌는 본능적으로 '찰나의 순간'에 빠르게 예측하여 결과를 끌어내는 행위'를 '스스로 참 잘했다'고 여깁니다. 물론 이는 기민한 대응으로, 일상에서 잘 활용하면 내게 득이 될 수 있지만, 공황장애 이후 형성된 방아쇠를 더 민감하게 작동하는 데 활용하면 '불안'에 영향을 받아 부정적인 손해를 끼칩니다. 방아쇠를 사용하면 할수록 민감도는 높아지고, 의식 없이 오류 된 패턴을 자동 수행하게 됩니다.

'1. 비교'는 곧 "현재의 이것이, 과거의 그것과 유사한가?"라고 짧은 순간에 견주는 흐름의 단계입니다. "지금 이 느낌이 과거 그 불쾌한 느낌이 맞는가?", "현재 내 앞의 이 사건이 당시 그 사건과 같은 것인가?", "내게 다가오는 이 상황이 그때 그 난감하고 고통스러웠던 상황일까?", "이 대상이 과거 그 대상이 맞겠지?". 이 모든 질문은 사실상 '느낌', '사건', '상황', '대상' 등 각기 하나의 개념 외에는 별반 차이가 없는, 결국 같은 맥락으로 해석할 수 있습니다.

우리의 내면은 외부 세상에 그다지 관심이 없어서, 외부 세계에서 일어나는 자극의 크기나 강도에 상관없이, 모두 같거나 비슷한 종류로 인지합니다. 우리가 체감하는 자극들은 우리 의식에 의해 물리적인 대상인지 아니면 기억이나 추억처럼 물리적이지 않은 소재인지 분별하는 과정을 거치지만, 그 자극이 우리 내면에 도달하면 막상 내면은 그 자극이 '어떤 테마인가?'만을 구분하고 그 테마에 맞는 흐름으로 처리하고 반응할 뿐입니다. 내면의 이런 성향에 따라 '느낌', '사건', '상황', '대상'이라는 각자 다른 자극 요소들도 내면에 전달되면 '이것이 과거 불쾌감을 느꼈던 그 테마와 같은 종류가 맞는가?'만 따질 뿐입니다. 그 결과 내면이 '과거 그것이 맞다'라는 직관적인 해석을 하면 곧바로 그 자극에 대하여 다음 단계로 빠르게 넘어갑니다.

✔ 방아쇠에 해당하는 자극이 가해지면, 나의 내면이 가장 먼저 수행하는 과정은 '1. 비교'입니다. 그 비교는 매우 빠르게 이뤄지며, 그 답으로써 '그렇다.' 또는 '그럴 수 있다.'는 직관적인 답을 내리면 바로 다음 단계인 '2. 참조'를 수행합니다.

'2. 참조'는 뇌의 본능과 의식 영역에 골고루 분산 저장되어있는 각종 기억의 조각들을 끌어내, 접수된 자극과의 '공통점을 찾는 과정'입니다. 앞서 '1. 비교'에서 이미 'YES'라는 답을 내렸기 때문에, '2. 참조'는 그 답과 조금이라도 연결된 과거의 모든 기억을 순식간에 끌어올립니다.

여기서 모든 기억은 단순히 과거 상황이나 사건만을 끌어내는 것이 아니라, 과거 내가 경험했거나 그와 연관된 모든 불쾌감, 느낌, 기분, 시간, 조건, 컨디션, 냄새, 색깔 등 끌어낼 수 있는 모든 것이 그 대상에 포함될 수 있습니다.

시리즈의 2편(공황장애II 극복의 길 위에서, p.168)에서 잠시 설명한 대로, 뇌는 최적의 처리 속도를 보장하기 위해 기억의 단편마다 '색인'을 매겨두고, 그 색인으로 연관된 것들끼리 새롭게 색인을 매겨 서로 연결 지어 둡니다. 그 색인이 아무리 복잡하고 방대해도, 종류나 번지수가 하나라도 같다면 그 기억들은 같은 범주로 간주됩니다.

그 결과, '1. 비교' 단계에서 'YES'라는 결론을 내리는 즉시, 뇌의 본능 영역에 저장된 수많은 기억의 단편들이 '2. 참조'에 의해 활성되어, 바로 끌어내 사용할 수 있는 영역에 준비되는 것입니다. '2. 참조' 과정은 그렇게 떠올릴 수 있는 모든 기억 중에서 각별히 연관이 있거나 유의미한 것들을 추려, 그렇게 분별된 것들을 의식 영역으로 전달함으로써, 내 의식 영역이 그 기억을 자각하고 인지할 수 있도록 준비하는 단계입니다.

✔ 방아쇠를 당기도록 만드는 느낌, 대상, 사건, 상황이 내게 있다면, 나의 본능 영역에서 이미 그것들과 불안 사이에 공통으로 맺어져 있는 '색인'이 존재한다는 것을 뜻합니다. 그 주솟값을 지워나가는 것이 곧 향후 불안의 방아쇠를 해결하는 중요한 핵심이 됩니다.

➕ 더 깊이
뇌에서 맺어져 있는 그 색인들은 활용 가치가 높을수록 더 많은 정보를 서로 엮어 연관된 색인을 그룹화합니다. 그 결과 같은 그

룹에 속한 한 가지 정보를 끌어내기만 해도 마치 고구마가 줄기에 엮여 나오듯 여러 정보가 함께 매달려 올라오는 효과를 냅니다. 반면 활용 가치가 낮아진 정보일수록 색인의 배열이 단순해지고 연결 그룹이 분리됩니다. 이 사실은 방아쇠 문제가 해결될수록 방아쇠가 끼치는 영향력이 미미해지는 증거가 됩니다.

울산에 사는 김 씨(39, 여)는 공황장애가 매우 심했을 때 혼자 집에 있는 상황을 힘들어했습니다. 당시 그녀는 이유를 알 수 없는 축축하고 눅눅하며 마치 내가 밟고 서 있는 바닥이 없는 것 같은 불쾌하게 처지는 기분 속에서 수개월을 보냈는데, 뒤늦게야 자신에게 우울증이 합병된 것임을 알게 됐습니다. 그녀는 아침에 일어난 후 불과 몇 분쯤 지나 서서히 몰려오는 심한 우울의 냄새(그녀는 불쾌함을 냄새라는 단어로 표현합니다.)가 그날 하루 그녀가 겪게 될 지루한 고통의 시작을 알리는 신호탄이라고 여겼습니다. 그래서 기상 후 자신도 모르게 여러 느낌과 냄새에 유독 민감해져서, 자기 안에서 일어나는 여러 변화를 불안한 마음으로 면밀하게 관찰하는 행동을 오랫동안 반복해왔습니다. 그러던 어느 날 그녀는 당시 상황과 전혀 관련이 없는 과거의 기억이 하나 떠올랐습니다. 그 기억은 다름 아닌 초등학생 시절 소풍에서의 경험이었습니다.

초등학생 당시 그녀 집안은 형편이 매우 어려웠습니다. 그녀의 어머니는 어려운 살림에도 불구하고, 소풍날을 위해 조금씩 아껴둔 돈으로 근처 구멍가게에서 몇 가지 과자와 음료수를 사서 소풍

가방에 소중히 넣어주시곤 했습니다. 나이가 어려 철이 없었던 그녀는 엄마가 준비해주신 과자와 음료수 생각에 소풍날을 가슴 설레며 기다렸고, 가방에 든 과자와 음료수는 마치 세상의 모든 것을 그녀 손에 넣은 것 같은 뿌듯한 만족감을 느끼도록 해주는 존재였습니다. 바로 이 기억이 그녀의 머리에 매우 오랜만에 뜬금없이 떠오른 것입니다.

이후 그녀는 자신에게 왜 갑자기 이 기억이 되살아났을까 곰곰이 생각해보았습니다. 틈나는 대로 일기를 쓰면서 그 이유에 대해 가장 설득력 있는 결론을 내릴 수 있었는데 그 결론인즉슨, 당시는 비록 그녀가 천진난만한 어린아이였지만, 어려운 가정 형편을 잘 알고 있었고 그럼에도 어렵사리 소풍을 위해 과자와 음료수를 싸주셨던 어머니의 마음과 그 상황이 어린 그녀의 내면에 매우 서글픈 기억으로 인식된 결과라고 생각했습니다. 즉, 어린아이의 외적인 의식은 당시 상황을 소풍에 들떠있던 즐거움으로 느꼈지만, 내적인 의식은 이러한 상황이 매우 서글픈 현실이고, 자신이 이로부터 벗어날 수 있을까 하는 무기력을 동시에 '각인'한 순간이었음을 알아차린 것입니다.

공황장애가 유발한 우울의 늪에 빠져 하루하루 힘들게 버티던 그녀는, 현재 자신의 처지를 매우 서글프고 무기력하게 인식했고, 그 순간 그녀의 내면은 '2. 참조'를 위한 처리 과정에서 '서글픔과 무기력'이라는 동일한 범주의 과거 기억을 의식과는 상관없이 무작위로 끌어내어 결론을 내린 것입니다. 그녀의 내면에는 무기력과 소풍 사이에 공통적인 색인이 맺어져 있었고, '2. 참조'를 수행하는 과정에서 동일한 색인인 과거의 소풍 기억을 끌어낸 것입니다.

✔ '2. 참조'는 과거 경험했던 기억을 직관적으로 즉각 처리합니다. 내면에서의 '참조' 과정은 무작위적이며 조건반사적으로 일어나는 현상이기 때문에 그 소재와 범주도 쉽게 예측할 수 없습니다.

➕ 더 깊이

뇌의 본능 영역 중 매우 깊은 곳에 저장된 기억일수록 내가 도대체 왜 그것을 떠올렸는지를 알 수 없습니다. 심지어 기억을 참조했다는 사실조차 모르는 사이에 몸과 마음에서는 당시 그 참조된 사건의 정서와 신체 반응들을 느끼게 될 수도 있습니다. 즉 영문도 모르고 몸과 마음에서 증상을 느끼는 경우를 뜻합니다. 반면 덜 깊은 곳에 저장된 기억이 참조될수록 내가 겪었던 과거 특정 사건이 이 증상과 연관되어 있음을 가늠할 수 있습니다. 물론 매우 얕은 곳에 저장된 기억이라면 곧바로 참조된 사건을 구체적으로 분별할 수 있기도 합니다.

위의 김 씨는 과거 '소풍이라는 일련의 사건'을 참조 단계에서 자각했지만, 사람에 따라 단편적인 냄새나 장소, 색깔만을 자각하기도 하고, 기분이나 증상을 끌어내기도 합니다.

이러한 '2. 참조' 과정을 통해 내면은 우리 의식에 전달할 여러 정보를 준비해 놓게 되고, 우리 의식은 그 정보를 근거로 이후 단계들을 마치 번개 치듯 매우 짧은 시간 내에 수행합니다. 물론 모든 정보가 당장 의식에 의해 활용되지는 않습니다. 그 상당 부분은 우리 의식에서 걸러지고 일축되며, 폐기됩니다. 그러나 과거 반복해서 활용했던 참조 정보들은 그러한 걸러내기 과정을 쉽게 통과하여 이후 단계인 '3. 가능성 평가'에 활용합니다.

✔ 의식은 내면에서 끌어올린 정보들을 여과하고 제거하여 현재 상황에서 유효한 정보만을 추려냅니다. 그러나 이러한 의식의 필터링 과정을 반복하여 통과한 정보들은 이후에도 더 쉽게 의식의 견제를 받지 않고 다음 단계에 절대적인 영향을 주게 됩니다. 이 또한 반복으로 학습되어 갈 수 있음을 유념해야 합니다.

'3. 가능성 평가'는 쉽게 표현하면 "내가 그렇게 될 확률이 높은가?"라는 질문에 답을 하는 단계입니다. 이 단계에서는 비로소 나의 의식이 주체가 되어 대부분의 판단과 의사 결정을 주도합니다. 이는 바꿔 말해, 나의 의식적인 의지, 지향, 확신이 크게 작용하게 됨을 의미합니다. 이전 단계까지는 대부분 우리 내면이 신속하게 그 처리를 수행하고 거의 일방적으로 그 결과와 명령을 의식에 전달하지만, 지금부터는 우리의 이성과 논리의 역할과 비중이 매우 커지게 됩니다.

이성은 곧 자각과 평가를 내리는 기능이라고 할 수 있으며, 또한 논리는 근거를 통해 단계적 타당성을 처리하는 기능입니다. 우리의 이성은 논리라는 무기를 활용하여 자각과 평가 과정의 신뢰성을 극대화할 수 있습니다. 속된 말로 '이성이 마비된 자'는 곧 '자각과 평가의 결과를 전혀 신뢰할 수 없는 자'를 의미하기도 합니다.

공황장애로 인한 제약과 고통을 장시간 겪을수록, '비이성적'인 판단과 결정을 반복하기 쉬우며, 그 결과 더 큰 고통을 얻는 경우가 많습니다. 또한, 비이성적인 생각을 하는 나 자신에 대하여, 나의 내면은 큰 염려를 느끼게 되고, 결국 내면이 나의 이성을 신뢰하지 않는 양상으로 되어 갑니다. 바로 이러한 상태가 심화되어 자존감을 하락시킵니다. 즉, 가능성 평가에서 반복적으로 실패를 거듭하고 이 과정을 숙달해나가면, 그 대가는 심각한 자존감 하락과 자기 신뢰 하락으로 이어집니다.

✔ 나의 판단과 추론의 결과가 정확하지 않다고 여기게 될 경우, 나의 자존감은 크게 하락합니다. 자존감 하락은 추후 자신감 결여, 염려 증가, 무기력 강화 등 여러 심리적인 문제들의 배경이 됩니다.

➕ 더 깊이

자존감이 떨어지면 내면은 이 상황을 대처하고 타계하기 위한 촉구를 나의 의식 영역에 표현합니다. 그 결과 가장 상식적인 반응은 무기력과 우울입니다. 하지만 그에 못지않은 경우에서 불안을 끌어내거나 염려라는 사고 행동 증상을 끌어냅니다. 이는 불안감을 느껴서 뭔가 해결할 것이 남아있다는 강한 시사를 통증으로 나에게 체감시킨 결과이고, 때로는 내 의지와 상관없이 거듭 생각하고 확신하며 미래를 예측시키는 염려를 통해 구체적인 대안 행동으로 유도한 결과입니다. 후자인 염려가 유독 강한 환우일수록 강박적인 불편을 체감합니다.

영덕에 사는 안 씨(28, 남)는 매우 건장한 체격이라서 자신의 심장 상태를 매우 소심하게 염려해 왔다는 사실을 남들은 눈치 채지 못할 정도입니다. 그는 두근거림을 조금만 느껴도 혹시 심장마비가 올까 봐 크게 염려하고 불안해합니다. 병원에서 온갖 검사를 여러 차례 받으며 이상 없다는 결과로 위안을 삼지만, 그것도 잠시일 뿐 검사 후 불과 일주일만 지나면 다시 심장 상태를 염려하기 시작합니다.

그가 이렇게 심장을 염려하는 이유는 과거 그가 본 신문기사 내용 때문입니다. 소위 심장병이 올 확률이 거의 없는 젊은 청년 중 극히 드물게 보고되는 돌연사증후군(Sudden Death Syndrome)이 바로 문제의 내용이었습니다. 확률적으로 본다면 일 년간 수백만 명 중 한 명이 있을까 말까 한 그 희소한 질병이 자신에게 일어날까 봐 걱정하는 염려가 바로 그 기사를 읽고 난 직후부터 그에게 시작되었습니다.

그 정도로 미미한 확률이라면 아마도 길 가다 교통사고가 날 확률이 월등히 높고, 그가 회사에서 일 하다가 사고로 사망할 확률이 훨씬 높겠지만, 그래도 그는 자신의 두근거림을 돌연사증후군의 미미한 확률에 대입하는 오류를 자신의 의지로는 멈출 수가 없습니다.

이 같은 경우를 바로 '일반화 오류'라고 합니다. 이는 지극히 미미할 정도로 확률이 낮은 경우가 마치 자신에게 당장 발생할지 모른다고 확대 가정하는 것으로, 그 근거가 매우 취약하거나 없는 경우에 해당되는 개념입니다. 즉, 그가 거듭 범하고 있는 이 오류는, 비현실적이고 비이성적인 상상을 자신의 두근거림 증상과 동일시하는 행위로써 반복하는 것입니다.

불안은 '1. 비교'와 '2. 참조' 단계를 지나면, 곧바로 '3. 가능성 평가' 단계를 거칩니다. 바로 이 단계에서 현실성과 타당성, 그리고 근거성 등에서 그 확률이 객관적으로 높은 것들만 잘 분별하여 처리해야만 이후 단계에서 불안이 확대 재생산되는 오류를 차단할 수 있습니다. 반면 그는 이 '3. 가능성 평가' 단계에서 '일반화 오류'를 계속 반복하기 때문에, 불안이 걷잡을 수 없이 구체화되고 그 염려가 확정되고 고정되면서 이후 단계인 '4. 부정 해석'으로 진행하는 것입니다.

✔ 방아쇠가 당긴 작은 불안은 앞서 수행한 비교와 참조로 끌어낸 근거

에 기초하여 '3. 가능성 평가' 단계를 거친 후, 그 가능성을 과대평가하여 본격적인 불안으로 구체화됩니다.

방아쇠가 당긴 불안이 이 단계를 거쳐 구체화되고 고정되면, 이후부터는 매우 강하고 노골적인 불안으로 변합니다. 즉, 이 단계 이전까지의 불안은 마치 "어?"라는 단말마의 감탄사로 대표될 만큼 아주 짧은 시간 동안 함축적이고 뭉뚱그려진 양상으로 느껴진다면, 이 단계 이후인 '4. 부정 해석'과 '5. 부정 예측'부터는 아주 생생한 불안이 때로는 예리하고 묵직하게 치고 올라오는 양상으로 구체화합니다.

✔ '3. 가능성 평가'는 '모호한 불안과 명료한 불안의 경계'를 구성합니다. 과대평가가 노골적일수록, 이후 불안도 매우 뚜렷한 모양이 됩니다. 즉, 과대평가를 멈추고 조절하는 역량은 내가 느끼게 될 불안의 질과 양을 결정한다는 것을 명심하십시오.

'4. 부정 해석'은 말 그대로 최악의 부정적 상황이 자신에게 발생했다고 확신하는 반응입니다. '이 두근거림은 항상 겪어온 것이고 그때마다 문제가 없었으니 오늘도 문제가 없을 거야.'라고 충분히 현실적이고 긍정적으로 생각하는 방법도 있습니다. 그럼에도 불구하고 '오늘 이 두근거림은 진짜 심장마비의 전조일지 몰라.'라는 식으로 최악의 상황이 당장 내게 발생한 것으로 해석하는 것이 바로 이러한 '4. 부정 해석'의 전형적인 모습입니다. 한편, 부정 해석과 거의 동시에 수행되는 행동 반응으로써 '5. 부정 예측'이 있습니다. 이는 '아! 이 두근거림이 잠시 후 강한 심장마비로 확대될 것 같아.'라는 식으로 수행하는 일종의 미래를 예측하는 행위입니다.

이전의 '4. 부정 해석'은 지금 현재까지 내가 확신한 결과만큼의 불안을 일으키지만, '5. 부정 예측'은 앞으로 내가 겪게 될 만큼의 불안의 총량과 강도를 결정합니다. 이는 곧 '4. 부정 해석'에 의해 정해진 구체적인 불안을 '5. 부정 예측'이 폭발적으로 더 확대하고 키워낼 수 있음을 뜻합니다. 대부분 공황장애 환우들은 이 '5. 부정 예측'을 통해 작은 느낌을 예기불안으로 확대시키고, 예기불안을 공황발작으로 확대시키며, 더 나아가 한 가지 신체 증상을 여러 가지 증상들로 입체화하는 오류를 범합니다.

✔ 염려와 상상력이 연합하면 강력한 '5. 부정 예측'이 가능하도록 하는데, 불안신경증을 앓는 환우들은 보통 염려가 높고, 직관이 뛰어나며 매우 영리합니다. 염려, 상상력, 영리함 이 세 가지를 잘못 활용하면, 내가 겪을 불안은 그 정도와 기간이 대폭 상승하고 연장된다는 것을 유념해야 합니다.

➕ 더 깊이

공황장애 이전 매우 오래전부터 부정 예측을 수시로 수행해온 분들도 많습니다. 이는 부정적 상황이 갑자기 도래할 때의 충격을 미리 완충해두려는 준비 행동의 일환입니다. 갑자기 부정적 상황에 맞닥뜨리면 크게 놀라면서 동시에 강한 내적 통증을 겪게 되는데, 그 통증의 종류는 실망, 좌절, 두려움, 무기력까지 매우 방대한 심리적 불편이며 짧은 시간 동안 강렬하게 확산되는 경향을 보입니다. 그러한 통증을 또 겪고 싶지 않은 심리는 부정 예측을 통해 미리부터 그런 최악의 경우를 가정해둠으로써 향후 입을지도 모르는 충격을 사전에 분산해두기 위함입니다.

이 두 가지 부정 반응들은 결코 우리 내면에서만 수행되는 것은 아닙니다. 그 대부분은 나의 의식 영역에서 진행되며, 내가 한 문장의 말로 충분히 진술할 수 있는 내용이 됩니다. 우리 내면에서 진행되는 흐름은 몇 마디 단어로 쉽게 표현될 수 없기에, 애초 방아쇠가 당긴 불안이 이 단계까지 도달했다면 이미 그 바통은 나의 의식이자 의지에 넘어온 것임을 잘 간파해야 합니다. 이 단계에서, 경험과 이성을 차분히 끌어내어 불안의 추가 진행을 막지 못한다면, 이후부터는 매우 구체적이고 물리적인 신체와 정서 증상을 심하게 겪을 수밖에 없습니다. 이는 바꿔 말해, 이 단계 이후부터는 내 몸이 내 생각에 연동하여 실시간으로 불편으로 반응할 수 있음을 의미합니다.

✔ '4. 부정 해석'과 '5. 부정 예측'의 단계를 거치면서, 나의 기분과 몸은 구체적으로 불쾌감을 느끼기 시작합니다. 방아쇠를 당긴 이후 최초 느낌보다 확연하게 더 강한 불안과 불쾌감을 느끼고 있다면, 이미 나는 '4. 부정 해석'과 '5. 부정 예측'까지 수행했다고 여기면 됩니다.

이후 단계로는 '6. 정서 대응' 즉, 구체적인 불안, 우울, 무기력, 조급, 안절부절, 공포까지 이루 열거할 수 없는 다양한 기분 증상이나 힘든 기분들의 혼합된 결과를 신체와 정신으로 느끼는 상황을 만나게 됩니다. 더불어 '7. 신체 대응'으로서, 각종 신체 증상들을 때로는 강도 높게, 때로는 종일 지루하고 묵직하게 느낍니다. 물론 이 두 가지 대응들을 애써 순서로 배열한다면 애초 '6. 정서 대응'이 '7. 신체 대응'보다 조금 더 앞서 수행되고 있다고 볼 수 있지만, 이 두 대응이 매우 짧은 간격을 두고 거의 동시에 나타난다고 느끼기 쉽기 때문에 이것들의 순서를 매기는 것 자체가 별 의미가 없기도 합니다.

또한, 대부분의 경우 위 [표 4]에 있는 맨 마지막 단계인 '종합 대응', 즉 정서와 신체 증상들이 서로 뒤섞이고, 환우 본인도 힘든 상황을 해소하거나 회피하기 위해 다양한 생각과 행동 반응을 두서없이 보이는 매우 혼란스러운 상황에 접어듭니다.

이번 챕터에서 함께 이해한 방아쇠는 위의 흐름에 따라 진행되는 것이 일반입니다. 물론 사람에 따라 "난 결코 그렇지 않아!" 또는 "그 흐름을 도무지 분간할 수 없어."라고 주장하는 분들이 계실 수 있겠지만, 그분들의 절대다수는 아직 충분히 진지해질 준비가 되지 못한 경우라고 간주해도 큰 무리는 없습니다.

이 병은 반드시 차분하게 이해하고, 그 이해를 기초로 나도 모르게 수행해 버리는 각종 오류의 흐름에 대하여 내 의지로 강하게 개입해서 조절할 수 있는 능력을 갖추어야 제대로 해결할 수 있습니다. 그러한 진지한 극복의 자세 없이 불안을 해결하려는 시도들은 성공 확률이 지극히 미미하다는 것을 유념해야 합니다.

✔ 흐름을 이해하면 시간을 늦춰 개입할 틈새를 쉽게 만들 수 있습니다. 우리가 살아가면서 당면하는 대부분의 문제들은 그렇게 진지한 자세로 차분히 임해야 할 것들입니다. 즉 불안의 문제를 해결한 사람은 그 진지함과 차분함의 미덕을 아울러 갖추어, 이후 자신의 삶 전반을 현명하게 일궈나갈 수 있는 사람들이라고 볼 수 있습니다.

내가 보유한 방아쇠는 어떤 양상으로 나타나고 진행될까요? 그에 대한 진지하고 차분한 답을 스스로 찾아보길 바랍니다. 그 흐름을 간파하고 공감할 수 있어야 다음 챕터에서 이 방아쇠 문제를 함께 해결하고 개선해 나갈 수 있습니다.

예후의 작용 요소, 방아쇠 개선

　　방아쇠를 개선해야 하는 이유는 그 방아쇠가 당기는 불안을 해결하기 위함입니다. 특정한 느낌, 상황, 사건, 대상이 등장하거나 그것이 다가옴을 감지하면 나도 모르게 순간적으로 당기게 되는 그 '방아쇠'를 자신의 의지대로 조절하지 못하는 환우는 불안의 사정거리 내에서 평생을 살아가게 될 확률이 높습니다. 즉 방아쇠는 반드시 깔끔하게 해결해야만 합니다.

　　앞서 내용을 이해하는 과정에서 평소 나도 모르게 잡아당기던 방아쇠가 실제로는 일정한 '흐름'과 '단계'를 거쳐 진행된다는 것을 이해했을 것입니다. 그 흐름은 곧 방향이고 단계는 곧 개입할 수 있는 틈새를 의미합니다.

✔ 흐름을 알면 어떤 양상으로 발전하고 전개될지를 미리 예견할 수 있습니다. 또한, 단계를 알면 각 발전 단계마다 틈새가 존재함도 알 수 있고, 그 틈새에 파고들어 내 의지로 개입할 수 있다는 것도 알 수 있습니다. 제대로 간파하지 못한 방아쇠는 자극으로부터 불안까지 그저 한 덩어리로 느껴지므로 도저히 그 대응이 어려워지지만, 잘 간파된 방아쇠는 불안을 야기하는 최종 단계에 도달할 때까지 존재하는 단계의 틈새를 알아챌 수 있으므로 대응이 가능해집니다.

만약 내 의지로 그 '개입 가능한 틈새'에 날카롭게 파고들어서 다음 단계로의 진행을 강하게 차단한다면, 최소한 그다음 단계에서 불안은 명료한 윤곽과 색채를 띨 수 없게 됩니다. 또한, 그 개입과 차단의 연습량이 거듭 깊게 쌓여갈수록, 이 요령들 위에 자신감이 서서히 결합되고, 그 결합의 시너지 효과는 마치 거대한 바위처럼, 모든 방아쇠가 진행되는 흐름의 길목을 단호하게 막아섭니다. 우리의 내면은 무효한 것을 천천히 망각해가는 경향이 있습니다. 그 결과 서서히 기존의 방아쇠들이 무효해지면 방아쇠와 연동된 불안도 흐려지게 됩니다. 내면에서 활성되어 생생하게 살아 움직이는 '유효'한 것들은 그와 연관된 수많은 '동반' 정보들과 함께 처리됩니다.

내가 만약 '어지럼증'에 강한 방아쇠를 형성하고 있다면, 나의 내면은 그 어지럼증에 연결하여 '쓰러짐', '증상 확대', '응급실', '뇌졸중', '약', '119'까지 매우 다양하게 연관된 이미지와 심상 그리고 정보들을 서로 함께 연동하여 처리합니다. 더욱이 그 방아쇠를 장시간 반복하여 당겨왔다면, 그 방아쇠와 연관된 정보들은 다양해지고 그 결합 또한 견고해집니다.

✔ 방아쇠와 연관된 파국적인 이미지와 강하게 결합된 연결고리를 천천히 지워나가는 것이 바로 방아쇠를 개선하는 노력의 핵심입니다.

반면, 방아쇠가 부단한 개선 노력으로 충분히 약화되면 연관된 것들의 결합력도 크게 떨어집니다. 그 결과 오랫동안 지겹도록 들러붙어 있었던 것들이 서서히 방아쇠로부터 이탈되어 나갑니다. 그 과정에서 내면은, 충분히 약화된 방아쇠는 이제 쓸모없으리라 판단하면서, 종국에는 그 방아쇠마저도 내면에 따로 지정해둔 '망각의 영역'에 던져 넣게 됩니다.

망각의 영역에 던져져 아래로 더 깊이 가라앉은 방아쇠일수록 더이상 애초의 자극을 받아도 불쾌한 기분이나 불안을 끌어내지 못합니다. 이는 곧 기존의 큰 의미를 가졌던 방아쇠가 단순히 일반적인 기억으로 그 수준이 낮아진 것이라 할 수 있습니다. 즉, 약화된 방아쇠는 일상적인 기억으로 전환되어 이후 아무리 내가 과거 그러했음을 떠올려도 더는 불안이 느껴지지 않습니다.

"운동을 하다가 숨이 차오르면 갑자기 심하게 불안해집니다. 공황장애가 더 많이 나으면 이런 증상도 사라지나요?"
"다이어트 약을 먹고 심한 불안이 시작되었는데, 이제는 다른 약들도 불안해서 잘 먹지 못합니다. 감기라도 걸리면 약을 먹어야 할 걱정에 불안해서 더욱 견디기가 어렵습니다. 이 병이 다 낫고 나면 약을 먹는 일에 더는 불안하지 않을까요?"

위 질문들은 필자가 공황장애 완치 카페에서 자주 받는 질문 중한 유형이기도 합니다. 위의 질문을 한 환우들은 각자 불안을 끌어내는 방아쇠를 언급하고 있습니다. 또한 그 방아쇠가 당겨지면 어김없이 불안이 솟구쳐 오르는 불편을 겪고 있습니다. 물론 해당 환우들의 방아쇠와 불안 사이에는 강한 연결고리가 형성되어 있기 때문에, 지금 시점에서는 아무리 의지로 노력해도 그 둘 사이의 연결을 스스로의 의지만으로 끊어내기는 쉽지 않습니다. 당연히 이번 챕터의 내용대로 잘 노력해서, 그 둘 사이의 관계를 천천히 지워나가야 이에 연동된 불안도 해결될 수 있습니다.

✔ 개선된 방아쇠는 결국 망각됩니다. 그렇게 망각된 방아쇠는 과거 한때 경험했던 일상처럼 자연스러운 기억이 되며, 때로는 그 기억에 상념을 얹어 종종 추억이라고 일컫기도 합니다. 또한 방아쇠와 연결고리가 단절된 '느낌, 상황, 사건, 대상' 등의 자극 요인들도 역시 '망각의 방'에 던져져서 천천히 일반 기억으로 전환됩니다.

➕ 더 깊이

자주 사용하지 않는 물건은 서랍 속에 넣어두었다가, 사용빈도가 줄어들면 서랍에서 다시 창고의 깊은 곳에 보관하는 것이 일반적입니다. 이 원리는 우리 뇌에서도 똑같이 적용됩니다. 사용하지 않거나 유용하지 않은 방아쇠들을 항시 주머니에 넣고 다닐 이유가 없듯이, 결국 망각된 방아쇠는 쉽게 꺼내 쓸 수 없는 곳으로 이동하게 됩니다. 그렇다고 기억에서 사라진 것이 아니라, 기억은 하되 그 기억 행위가 다른 문제나 불편을 파급하지 못하는 상태가 바로 '방아쇠의 망각' 상태라 할 수 있습니다.

이상의 내용처럼 기억으로 전환된 모든 것들은 더이상 불안과 연동되지 못합니다. 망각 이전에는 그 느낌만 마주쳐도 곧바로 불안이 솟구쳐 오르곤 했지만, 망각 이후부터는 그 느낌을 아무리 마주하고 떠올려도 불안을 전혀 느끼지 않게 됩니다. 이렇게 평탄해진 것들은 기억의 단편으로 나눠지고 그 위력과 의미는 위축되어 소멸하게 됩니다. 바로 이 상태가 호전기 불안의 방아쇠를 개선하기 위해 꼭 성취해야 할 목표임을 잘 기억하길 바랍니다.

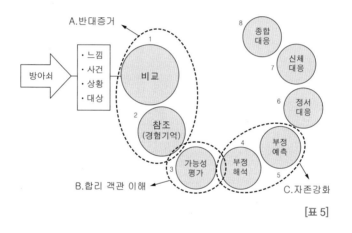

[표 5]

[표 5]는 앞쪽의 [표 4]를 기반으로 작성된 방아쇠 개선을 위한 핵심 흐름을 나타냅니다. 각 핵심은 점선으로 묶인 A, B, C 그룹으로 나눌 수 있는데, 각 그룹을 해결하기 위해 반드시 수행해야 할 것들이 지정되어 있습니다.

'A. 반대증거'는 '1. 비교'와 '2. 참조(경험 기억)'를 견제할 중요한 핵심입니다. 자극 요소(느낌, 사건, 상황, 대상 등)에 의해 방아쇠가 당

겨지자마자, 이를 포착한 내가 가장 먼저 머리에 떠올려 대응해야
할 것이 바로 'A. 반대증거'입니다.

내가 잡아당기는 불안의 대표적인 방아쇠가 '두근거림(느낌)'이라
고 가정해 본다면, 그 두근거림이 느껴지자마자 '1. 비교('이게 바로
그 증상이 맞나?')'와 '2. 참조('나를 고통스럽게 만든 그 증상과 닮아있구나.')'
를 조건반사적으로 수행해 온 것이 기존의 나였습니다. 하지만 지
금 이 순간부터는 반대증거에 해당되는 'A1. 반대 질문(아래)'을 스
스로에게 던지고, 'A2. 반대 행동(아래)'을 지체 없이 실행합니다.

✔ 기존 방아쇠에 대한 나의 조건 반사가 '1. 비교'와 '2. 참조'였다면, 이
   제부터는 그 조건 반사를 'A1. 반대증거'와 'A2. 반대 행동'으로 대체
   시켜 나갑니다.

〈A1. 반대 질문의 예〉

– 이 느낌은 전에 내가 겪어본 것인가?
– 지금까지 이 느낌을 겪고 염려하고 있는 병(예: 심장마비, 뇌
  졸중)으로 판명난 적이 있었는가?
– 현재 이 느낌을 내가 그 병의 전조라는 증거로 믿는 것이 과연
  타당한 반응인가?

앞의 반대 질문들을 그대로 수행하면서 나의 '반대 확신'을 이성적이고 합리적으로 재정립하십시오. 또한, 그 후 지체 없이 'A2. 반대 행동'을 몸을 일으켜 바로 수행하십시오.

✔ 'A1. 반대 질문'과 'A2. 반대 행동' 사이에 시간 지체를 조금도 허락하지 말아야 합니다. 지체하는 시간이 짧을수록 실행이 효과를 발휘하기 때문입니다.

〈A2. 반대 행동의 예〉 (두근거림으로 심장마비를 염려하는 경우)

(실행)　즉시 50미터를 달린다.

(관찰)　내가 쓰러졌는가? 내가 의식을 잃었는가? 내 심장이 멈추었는가?

(평가)　내가 쓰러지거나 의식을 잃지도 않았고, 내 심장은 여전히 뛰고 있다. 그렇다면 내가 심장마비가 맞는가?

(재정립)　이 두근거림은 심장마비의 전조가 아니다. 이에 동의하는가?

(다짐)　앞으로 두근거림 직후 불안이 올라온다고 인정되면, 나는 변함없이 또 50미터를 달리겠다.

위의 'A1. 반대 질문'과 'A2. 반대 행동'은 어색하게 느껴질 수 있지만, 이를 거듭하면 할수록 의식하며 질문과 답변을 하는 것이 아니라, 거의 조건반사적으로 질문하면서 바로 행동을 취할 수 있게 됩니다. 또한, 방아쇠가 당겨진 직후 불안이 포착되자마자 곧바로 나 자신에게 던지는 이 질문을 통해 불안의 주재료가 되는 염려를 제대로 견제하고 제동 걸 수 있게 됨을 명심합시다.

이러한 반대 행동을 거듭 실행하는 과정에서 내가 잡아당긴 불안의 방아쇠가 얼마나 어이없고 근거 없는 염려들이었는지, 온몸으로 깊이 체득해나가야 합니다. 이는 앞선 시리즈 책에서도 이미 수없이 강조한 내용이니 거듭 명심하길 바랍니다.

✔ 머리로 알게 된 것은 이해의 수준에 머물지만, 온몸으로 부딪혀 겪은 것은 '체득'의 경지에 이르게 합니다. 체득된 것은 머리뿐 아니라 온몸이 기억하고, 그 과정이 반복될수록 머리와 몸은 서로 연동합니다.

➕ 더 깊이

긍정적인 이해가 온몸으로 체득되듯이, 부정적인 오해도 온몸으로 체득됩니다. 공황장애는 그 오해의 체득이 초기에 급격히 진행되는 질환입니다. 그 부정적 체득을 긍정적인 체득으로 대체하려면 노력이라는 대가를 지불하는 것은 당연합니다.

이 'A. 반대증거' 획득 과정을 거듭 반복하여 내 안에 충분히 연습량이 쌓여나갈수록, 'A1. 반대 질문'을 실행하자마자 이미 내 몸에서 불쾌한 느낌이 곧바로 멈추게 될 것입니다. 이는 곧 내 생각이 내 몸을 완전히 장악하고 주도하고 있다는 의미입니다. 따라서 'A. 반대증거'는 반드시 질문과 행동을 연이어 반복 실행하고, 이를 차분히 겪고 쌓아나가야 함을 명심하십시오.

✓ 연습하면 할수록 'A1. 반대 질문'을 강하게 실행하는 것만으로도, 불안은 급격히 차단되고 사라질 수 있습니다. 이는 곧 내 명령에 내 몸과 기분이 복종하게 되는 것을 의미합니다.

2002년 초봄은 필자가 이 반대증거 확립을 위해 무던히 노력하던 시절이었습니다. 당시 필자를 자주 불안하게 만들던 증상 중 하나가 바로 '다리에 힘이 빠지는 느낌'(지금도 공황장애 완치 카페에서 여러 환우들에 의해 자주 호소 되는 불편이기도 합니다.)이었습니다. 그 느낌은 참으로 불쾌해서, 필자도 '근육병'을 비롯하여 각종 재앙적인 질병들을 의심했습니다. 필자는 느낌이 강한 불안을 끌어내는 악순환의 반복을 끊어내기 위해 'A. 반대증거' 기법을 활용하기 시작했고 그로부터 불과 석 달도 지나지 않아서 '하체에 힘이 빠지는 느낌'을 일으키는 문제로부터 완전히 자유로울 수 있었습니다.

당시 필자가 행한 'A1 반대 질문'은 위의 예시와 동일합니다. (염려하는 질병만 다름)

1. 힘이 빠지는 느낌은 기존 겪어본 것인가?
2. 지금까지 이 느낌으로 내가 염려하는 질병인 루게릭으로 판

명 받은 적이 있는가?

3. 그렇다면 다리에 힘이 빠지는 증상만으로 루게릭이라고 믿는 것이 과연 합리적인가? 였습니다.

또한 'A2. 반대 행동'으로서 하체 힘 빠짐에 대한 염려를 불식시킬 수 있는 가장 효과적인 방법으로 운동을 선택했습니다. 그 운동은 다름 아닌 '앉았다 일어서기'였습니다.

하체에 힘이 빠지는 느낌이 들면서 뒤이어 불안이 스멀스멀 느껴지면, 즉시 위의 질문을 스스로에게 했고 지체 없이 자리에서 일어나 앉았다 일어서는 동작을 50번씩 반복했습니다. 처음에는 다리 근육이 폭발할 것 같은 강도 높은 통증에 매우 힘들었지만, 점차 다리 근육이 단련됨에 따라 아주 수월해질 수 있었고, 서서히 그 횟수도 늘려갈 수 있었습니다.

이 과정이 하루 이틀 쌓이면서 더는 스스로에게 'A. 반대 질문' 조차 할 필요가 없어졌습니다. 그 질문이 무엇이고 답이 무엇인지를 머리로 떠올릴 필요도 없이, 온몸이 필자의 내면에게 '내 근육들은 문제가 없어!'라고 강하게 대신 외쳐주었기 때문입니다. 온몸이 나의 내면에 던져주는 그 외침은 곧 확신으로 굳어졌고, 그 확신이 반복하여 쌓여갈수록 당연한 사실로 고정되어감을 깨달을 수 있었습니다.

✔ 스스로 애써 믿으려고 노력하는 것보다 온몸이 그것을 체득하도록

만드는 것이 훨씬 효과적이고 영속적이라는 사실을 명심하십시오.

우리는 당연한 것을 염려하거나 의심하지 않습니다. 'A. 반대증거'를 거듭 체험할수록 온몸은 내가 체득한 경험을 믿습니다. 반대증거를 실행하기 전에는 아무리 암시하고 외치고 믿으라고 말해도, 내 몸은 그 사실을 도통 믿으려 하지 않습니다. 이는 곧 내 생각이 내 몸을 제대로 통제하지 못함을 의미합니다. 생각은 몸을 통제할 수 없지만, 적어도 몸으로 체득된 내용은 느낌만으로 의심에게 자리를 내어주지 않습니다. 바로 그 확신을 내 머리와 몸에 배어들도록 해주는 개선 작업이 바로 이 '반대증거'입니다.

✔ 체득의 과정을 거치지 않은 대상에 대하여 생각은 더욱 염려와 의심으로 반응할 확률이 높습니다. 반대로 몸으로 체득된 것은 염려로 반응하지 않습니다. 즉, 염려의 의심을 없애는 가장 우선적이고 효과적인 노력 방법은 몸으로 체험하여 의심하는 것이 사실이 아님을 거듭 경험하는 것입니다.

➕ 더 깊이

머리로 하는 노력은 언젠가 한계에 도달합니다. 머리로 이해한 것을 직접 그리고 거듭 연습하여 내가 내린 명령에 내 온몸이 반응하고 순응하도록 반복해나가야 합니다. 그렇게 체득될수록 반대증거 또한 공황장애 전반에 있어 매우 즉각적인 견제 장치의 한 축으로 발전해갑니다.

방아쇠의 개선 과정 중 전반에 걸쳐서 위의 'A. 반대증거'가 가장 중요한 단계입니다. 반대증거가 확고하게 쌓이고 정립되면, 불안은 '비교', '참조' 단계 이후로 넘어가지 못하고 즉시 꺾여버리게 됩니다. 즉 불안을 의미 있는 수준 이상으로 제대로 느껴보기도 전에 그 기세는 약화되고 차단됩니다.

병원에서 처방되는 가장 효과 좋은 항불안제의 약효가 발현되려면 최소 20분 이상 기다려야 하지만, 이 'A. **반대증거**'의 약효는 실행 즉시 발휘되고, 약과 달리 단계적인 감량 과정조차도 필요 없습니다. **거듭 실행하고 거듭 연습하십시오.** 그럴수록 나의 방아쇠는 불안과의 연결고리를 잃어가고, 영원히 망각의 영역으로 버려집니다.

[표 5]의 'B. 합리 객관 이해'는 철저히 증거주의에 입각한 대처 단계입니다. 이 단계를 지배하는 주요 테마는 '확률과 수치'이며 '경험'입니다. 확률적으로 발생 가능성이 미미한 경우, 수치가 낮아 의미가 없거나 문제 될 것이 없는 경우, 장시간 반복하여 거듭 경험하였음에도 내가 한 우려가 현실이 되지 않은 것들은, 결코 우리 생각의 대부분을 차지할 자격이 없는 것들임을 먼저 명심하고 이 단계를 함께 이해하도록 합니다.

✔ 증거가 없음에도 거듭 확인하며 염려를 반복하고, 그 염려를 하지 않으면 불안해지는 증후를 바로 '강박'이라고 합니다. 강박장애는 바로

그 염려의 반복을 내 의지로 멈출 수 없는 신경증의 일환입니다.

⊕ 더 깊이

정신과의 진단명으로서 강박장애는 실제로 그 유발 동기와 과정이 매우 다양하게 분기됩니다. 어떤 이는 미래 도래할 재앙적인 그 무엇에 대한 염려가 유발한 강박이지만, 또 다른 이는 자신의 사고와 행위가 불완전하여 그로 인해 내적 자존이 상처를 입을까 걱정하는 동기가 결국 강박장애로 이어집니다. 즉 진단명은 한 가지라도 그 동기에 따라 환우가 해결하기 위해 걸어가야 할 길은 매우 다를 수 있습니다.

부산에 사는 이 씨(26, 남)는 아주 강력하고도 고질적인 불안의 방아쇠를 보유하고 있습니다. 그 방아쇠가 당겨지면 그는 온종일 고혈압을 걱정합니다. 그리고 심하게 걱정한 날에는 실제로 혈압이 올라갑니다. 그는 수시로 가정용 혈압계를 이용하여 혈압을 측정하지만, 평소 그의 혈압은 대부분 정상입니다. 하지만, '뒷목이 뻣뻣해지는' 느낌을 느끼는 즉시, 매우 심한 수준의 불안을 겪습니다. 그렇게 불안한 상태에서 혈압을 측정하면 고혈압으로 나오게 됨은 당연합니다. 이처럼 혈압이 높게 나온 날에는 잠도 못 잘 정도로 심한 불안과 더불어 여러 신체 증상을 겪습니다. 결국, 그가 보유한 방아쇠는 '뒷목 뻣뻣한 느낌'과 '고혈압'인 셈입니다. 물론 이와 같은 방아쇠를 지닌 분들은 공황장애를 꽤 많이 호전한 환우들 중에서 그리 드물지 않게 찾아볼 수 있습니다.

그렇다면 이 씨가 이 악순환을 반복하도록 만드는 핵심 요소는 무엇일까요? 그것은 다름 아닌 '속설'입니다. 우리나라 사람들은 전통적으로 뒷목이 뻣뻣해지면 혈압이 높은 것이라고 믿습니다. 그 속설은 TV 드라마에 등장하는 배우들의 연기 장면에서도 볼 수 있고, 이는 우리 부모님 세대에서도 지극히 당연하게 여기는 사실입니다. 갑자기 높은 스트레스를 받으면 뒷목을 부여잡으며 자리에 주저앉는 모습으로 상징되는 그 장면들을, 우리는 가상과 현실에서 수시로 보고 들으며 자라왔습니다. 이와 반대로 북미나 유럽인들은 고혈압의 대표 증상으로 뒷목이 뻣뻣해진다는 속설을 잘 모릅니다. 그래서 그들은 목덜미가 뻣뻣해지는 증상으로 고혈압을 떠올리지 않습니다.

실제로 뒷목이 뻣뻣해지는 가장 주된 의학적인 이유는 긴장 때문입니다. 이 현상은 의학적으로도 고혈압과 직접 관련이 없음이 엄연히 밝혀진 사실임에도, 이 씨 본인은 이러한 의학적 사실을 모른 채 한낱 속설에 사로잡혀 스스로 방아쇠를 당겨온 꼴입니다.

✔ 사실이 아닌 속설을 믿고 그 영향 아래에서 살아나가는 한, 합리적이고 객관적인 이해로 증상을 견제할 기회는 사라져 버립니다.

우리는 더 큰 행복을 누리기 위해 '감성'과 '직관'을 활용할 필요가 있습니다. 드라마나 영화를 논리와 근거로만 시청하면 별다른 재미를 느낄 수 없듯이, 우리 생활 곳곳에서는 의학적 사실, 논리,

합리와 객관적인 추론에만 기대어 대하지 말아야 할 것들도 산재해 있습니다. 그러나 그 반대의 것들이 더 많음도 유념하고 분별해야 합니다.

위의 이 씨가 뒷목이 뻣뻣해짐을 느꼈을 때, 스스로 그 불편을 인지하고 평가해야 할 도구는 감성과 직관이 아닌, '사실'과 '근거', '합리'와 '객관'입니다. 즉, [표 5]의 '가능성 평가'와 '부정 해석' 단계를 올바르게 개선하는 기반은 반드시 사실과 근거, 합리와 객관이어야만 합니다. 그 기반이 잘못 설정되면 결국 의미 없는 근거를 기초로 엉뚱한 불안을 불러내고 증폭시키는 우매한 결과를 야기할 수 있음을 명심해야 합니다.

✔ 합리적으로 생각할 문제를 감성적으로 생각하면, 결국 염려와 불안이 강화될 수 있습니다. 우리 생활에서 마주치는 보다 많은 경우들은 합리적인 생각이 필요합니다. 감성은 그에 적절한 것들에 한하여 발휘하고 누려야 할 미덕입니다.

시흥에 사는 강 씨(34. 여)는 공황장애를 약 4년간 앓았고 지금은 많이 호전된 상태입니다. 그러나 유달리 잘 호전되지 않는 불편이 있는데, 그것은 다름 아닌 '재앙 사고'입니다. 그녀는 높은 건물의 창가나 베란다에 가까이 다가서면 왠지 자신이 그리로 뛰어내리게 될까 봐 염려를 하고, 과도로 과일을 깎다가도 불현듯 그 과도로 자신을 찌르게 될 것 같은 상상을 하곤 합니다. 그녀는 이러한 상상하는 자기 자신이 매우 어이없고 황당해서 누구에게도 이 고민을 공유해본 적이 없고, 그래서 스스로 높은 곳이나 날카로운 물건 가까이 가려 하지 않습니다. 실제로 이와 동일하거나 유사한 불편을 겪고 있는 공황장애, 불안장애 환우들은 매우 많습니다. 만약 그녀가 위의 질문에 답을 한다면, 다음과 같이 기록할 수 있을 것입니다.

실제로 다음과 동일한 경우를 겪는 환우들은 이상의 자기 질문을 통해 상당 부분 스스로를 '객관' 위에 위치시켜 나갈 수 있습니다. 합리적이란 곧 나 자신을 객관이라는 잣대 위에 놓고, 마치 내가 제삼자가 된 듯 불안의 방아쇠에 맞닥뜨리고 대처하는 나 자신을 가만히 관찰하는 효과를 냅니다. 그 결과 객관적이지 않거나 비이성적인 경로로 기우는 그 순간에, 스스로 지체 없이 그 사실을 간파하고 자신을 다시 객관적인 반응의 경로로 재 위치시키는 효과를 거둡니다.

✔ 부정적인 생각과 재앙적인 상상이 나를 불안의 늪으로 빠져들게 하지 않도록, 스스로 질문을 던져서 생각에 제동을 걸어야 합니다.

〈B. 합리 객관 이해 개선을 위한 자기 질문 사례(BQ1)〉

❶ 내가 염려하는 것이 정확한 정보에 기초한 것인가? 또한 정확한 정보(지식)는 무엇인가?

이러한 염려가 현실화될 리 없음을 잘 알고 있다. 내가 이런 행동을 실제로 할 것이라는 증거는 전혀 찾아볼 수 없다. 다만 이런 염려를 하는 내가 불안할 뿐이다.

❷ 내가 염려하는 것이 실현될 확률은 높은가?

없다. 절대로 행동으로 옮길 리도 없고 그러고 싶지 않다. 지금까지 수백 번도 더 염려했지만, 행동으로 옮긴 적이 없다.

❸ 위의 ❶과 ❷의 결과 나의 염려는 타당하고 현실적이라고 보는가?

결국 내가 불안해하는 것은 그 염려가 현실화될 것이라는 것 때문이 아니라, 그런 염려를 또 반복하는 나 자신 때문에 불안한 것이다. 전혀 현실의 문제가 아니라 생각의 문제이다.

❹ 향후 이번과 동일한 경우를 만나면, 내가 어떻게 생각(행동)해야 상식적으로 옳을까?

높은 곳이나 날카로운 것을 무작정 두려워하지 말고, 차분하게 강한 마음으로 그것들을 생각에서 쫓아내고 억제하는 연습을 해야 한다.

❺ 앞으로 나는 (높거나 위험한 물건)이 나타나면, (마음을 강하게 먹고 나를 믿으며 불안을 쫓아내는 연습)을 강한 자세로 수행할 것이다! [괄호 채우기]

➕ 더 깊이

극장에서 영화를 볼 때, 주변에서 휴대폰 화면을 자주 켜면 영화에 몰입하기 곤란해집니다. 그러한 방해는 뇌가 어느 한 방향으로 흘러가는 경로에 심각한 지장을 초래하여 뇌가 원했던 목적대로 달성할 수 없도록 만들기 때문입니다. 이처럼 불안한 생각을 떠올리기 위해 부정적 추론에 몰두한 나의 뇌에, 근거를 묻는 질문을 강하게 던져 뇌의 생각을 방해하는 작업이 바로 '질문법'입니다.

자기 질문을 활용하기 전에는 그저 뭉뚱그려진 두려움으로 각종 자극을 부풀리고 내 안 깊은 곳까지 그 뿌리를 내리도록 방치해 왔지만, 강한 마음과 적극적인 자세로 자기 질문을 수행하게 되면, 최소한 그 양상들이 더 심화되는 것을 막을 수 있습니다. 또한, 장기적으로 질문을 반복할수록, '안전의 재확신'을 통해 그 자극에 대해 '안전하다'라고 수용하게 됩니다.

✔ 합리적인 시점에서 나 자신에게 강한 마음 자세로 수행하는 '자기 질문'은, 내 의식이 지금 당장 정서적 불안에 휩쓸려 재앙적인 방향으로 키를 잘못 잡는 오류 행위를 줄이도록 견제합니다. 더 나아가 넘지 말아야 할 '상상의 한계선'을 명료하게 정하여, 내 생각이 무의미하고 과도한 재앙의 방향으로 흐르는 것을 막아줍니다.

최초 느낌이건, 대상이건, 아니면 상황이건 그 무엇이건, 나에게 불안의 방아쇠를 당기게 하는 그 자극 요소들은 앞서 'A. 반대

증거'에서 강력한 저항에 부딪힌 후, 다시 재차 'BQ1. 자기 질문'
에 의해 차단당합니다. 이렇게 견제 받고 차단된 불안은 그 위력
이 급감할 수밖에 없고, 이를 반복할수록 나의 내면이 그 방아쇠
에 반응하는 빈도와 정도를 크게 낮춰 감을 기억해야 합니다. 만
약 나의 방아쇠가 어떤 느낌이라면 그 느낌이 불안을 불러낼 때마
다 매우 진지하고 합리적인 자기 질문을 성실히 수행하십시오. 느
낌과 방아쇠를 서로 연결하고 있는 그 고리를 거듭 지워나가야 합
니다.

이 과정에서 자연스럽게 얻을 수 있는 또 하나의 큰 소득은 '일
반화 오류'를 크게 견제할 수 있다는 점입니다. 앞서 말씀드린 대
로 무의미할 정도로 낮은 확률의 경우가 내게 현실화될까 염려하
는 사고 행위를 곧 '일반화 오류'라고 합니다.

어떤 환우의 경우, 거주하는 지역 상공으로 유난히 비행기들이
자주 비행하는데, 그 비행기가 자신의 집 가까이 추락하는 사고
가 날까 봐 불안해합니다. 또한, 어떤 환우는 희귀질환인 근육병이
자신에게 생길까 봐 종일 불안에 떱니다. 물론 지나가는 비행기가
하필 내 집 가까이 추락할 확률은 사실상 거의 0에 가깝고, 설사
내 다리 근육이 조금 경련을 보이더라도 그 원인이 근육병일 확률
또한 거의 0에 가깝다는 것은 누구나 아는 사실입니다. 그럼에도
그 미미한 재앙적인 확률이 내게 실현될까 봐 불안에 떠는 것은
바로 그 환우가 '일반화 오류'를 범하고 있기 때문입니다.

✔ '일반화 오류'는 일상적인 염려를 거대한 '재앙 사고'로 확대하는 데 결정적인 요소로 작용합니다.

➕ 더 깊이

심장병은 누구나 두려워하고 염려합니다. 하지만 일반화 오류에 빠져 있지 않은 사람은 그저 일상의 두려움이자 염려일 뿐으로, 그 염려하는 자신으로부터 통증을 체감하지는 않습니다. 반면 일반화 오류에 빠진 사람은 전자와 똑같이 염려하는 과정에서 심한 통증을 체감합니다. 즉 전자는 아프지 않은 염려를 하는 것이고, 후자는 매우 아프게 염려하는 것을 뜻합니다.

'A. 반대증거'와 'BQ1. 자기 질문'은 그 불안의 사건이 과거 내게 단 한 번도 발생하지 않았고, 지금 이 순간도 역시나 그 사건이 현실화되지 않고 있으니, 앞으로도 일어날 리가 없다는 강한 확신을 나의 내면에 심고 또 심는 과정이기도 합니다. 무던히 실행하고 또 연습해서 나의 내면이 '지겨워서 질려버릴 때까지' 실행을 반복해 나가야 함을 명심하십시오.

✔ 지긋지긋할 정도로 반복하고 체득하면, 나의 내면도 똑같이 그 자극 요소에 질려버립니다. 그렇게 질릴 때까지 'A. 반대증거'와 'BQ1. 자기 질문'을 반복해야 합니다. 그 인내의 과정에 쏟는 나의 땀과 노고는 그보다 더 큰 대가로 돌아옵니다.

나의 내면은 반대 증거와 자기 질문을 성실하게 수행한 자신을 대견하게 여깁니다. 그럼에도 우리 대부분이 자신을 불성실하다고 여기는 이유는, '끈기와 인내'를 나의 내면이 흡족히 여길 때까지 과시하지 못했기 때문입니다. 끈기와 인내는 내가 물려받은 모든 생물학적인 핸디캡을 상쇄하는 가장 효과적인 '자존' 증진의 특효약입니다. 그 끈기와 인내를 매번 불안의 방아쇠가 당겨질 때마다 수없이 실행해온 나 자신에게 나의 내면은 깊은 신뢰를 강화합니다. 그렇게 거듭 쌓이는 신뢰는 거대한 내적 자존을 밑바닥에서부터 의연하게 떠받치고 지지하는 가장 중요한 자양분이 됩니다.

어떤 두려운 것, 어려운 것에 직면하여, 의연함을 발휘하는 경우, 그 사람을 우리는 "용기가 있다."고 칭찬합니다. 그러나 그 용기는 외부의 제삼자가 보았을 때 용기이지, 그에 직면하고 있는 당사자에게는 용기가 아닐 수도 있습니다. 그 당사자가 직면한 그 순간에 내적으로 발휘한 그 무엇은,

❶ '나는 당연히 이것을 이길 수 있어.'(자신감)일 수도 있고
❷ '지난번에도 잘했으니 이번에도 잘할 거야.'(안심)일 수도 있으며
❸ '두렵지만 힘내자.'(자기 지지)일 수도 있습니다.

제삼자들이 본 그 사람은 이 중 '❸ 자기 지지'이겠지만, 실제로 어려움에 직면하여 강한 대처를 반복해서 잘 수행하는 사람들의 공통점은 이 중 '❶ 자신감'과 '❷ 안심'이 많은 경우에서 압도적이었음을 간파해야 합니다. 또한 '❸ 자기 지지'마저도 지금까지 그

것을 자주 발휘해본 사람이 더 잘 끌어내는 경향이 강합니다. 물론 이 세 가지 유형은 모두 끈기와 인내라는 반복의 경향에 의해 더욱 향상되고 촉진된다는 점도 아울러 유념해야 합니다.

✔ '끈기와 인내'의 '반복'은 내면에 '자신감'과 '안심' 그리고 '용기'를 구축합니다. 그렇게 구축된 힘은 강한 자존의 핵심적인 자양분이 되고, 그 자존이 높을수록 불안은 설 자리를 잃어갑니다.

➕ 더 깊이

억지로 끌어낸 인내는 억압을 유발합니다. 즉 매우 큰 고통을 감내하면서 어려운 상황을 참아내고 있다는 반증입니다. 이러한 억압의 인내는 힘든 시간을 넘기는 데 유용할지 몰라도, 그 시간이 다하면 그동안 억압한 것들이 나에게 그 대가를 요구합니다. 가장 이상적인 인내는 그 상황과 과정에 몰입하는 것입니다. 품질 높은 몰입은 억지로 하지 않아도 높은 수준의 인내를 끌어냅니다. 그렇게 끌어낸 인내는 억압을 유발하지 않습니다.

[표 5]에서의 '4. 부정 해석'과 '5. 부정 예측'은 바로 내 자존의 취약함에 기인하는 반응입니다. 스스로 이겨낼 수 없을 거라는 부정적인 생각, 지난번에도 불안했으니 이번에도 불안해질 것 같다는 부정적 재확인은 용기를 급격하게 위축시킵니다.

부정적인 흐름을 매일 반복하면, 그만큼 자존은 낮아질 수밖에 없습니다. 낮은 자존 상태에서 긍정 해석과 긍정 예측을 기대한다는 것은 무리입니다. 무리하게 끌어내는 용기는 결국 그 자체가 고통이고 불안과 긴장임은 물론, 또 반복하고 싶지 않은 '부정적 경험의 축적'과 다를 바 없습니다.

그러나 앞서 'A. 반대증거'와 'B. 합리 객관 이해'를 꾸준히 반복 숙달하는 과정에서 획득되는 '자신감'과 '안심'은 내 안에 '자연스러운 용기'를 형성하고, 그 용기는 나 자신을 억지로 쥐어짜서 무엇인가를 끌어내 보려 노력하는 상태가 아니라, 그냥 물 흐르듯 편하게 행동하고 대처하는 상태로 발휘되는 바로 '색채가 다른 용기'가 됩니다. 이 용기야말로 가장 올바르고 이상적인 용기임을 기억합시다.

✔ 반복하고 숙달되어서 이제는 별로 힘들이지 않게 그 역량을 발휘하는 상태를 '용기'라고 합니다. 억지로 끌어낸 용기는 단지 순간을 넘기는 극약 처방일 뿐이지만, 반복 숙달로 만들어진 '자연스러운 용기'는 내 인생에 제대로 도움이 되는 보약입니다.

우리는 종종 "불안을 이겨내고 나니, 삶이 달라졌어요."라는 부러운 고백을 듣곤 합니다. 이 고백이 진실이라면, 그 안에는 자기 극복과 재정립이 반드시 담겨 있음을 알아야 합니다. 자기 극복은, 곧 예전의 내가 거듭 반복하여 당연하게 범해온 많은 오류를 바로잡은 상태를 의미하며, 재정립은 그 바로잡은 여러 미덕과 습관이 이제는 내 삶에서 자연스럽게 발휘되어 새로운 느낌의 일상을 누리고 있다는 것을 의미합니다.

방아쇠 개선 노력 과정에서는, 자기 극복과 재정립이 다양하게 생성되고 그것이 내 안에 굳게 자리 잡을수록, 거대한 내적 자존이 형성됩니다. 그 탄탄한 자존 위에서 누리는 삶은 물리적 조건의 변화 없이도 이전보다 훨씬 쾌적한 냄새와 색채를 띠며 삶이 역동적으로 진보해나갑니다.

✔ 불안의 방아쇠를 극복한 사람은 삶의 다른 부분에서 발생하는 역경도 해결해 나갈 수 있습니다. 반대로 극복하지 못하는 사람은 삶의 다른 부분에서도 각종 제약과 문제들을 그대로 방치하고 유보해 나가게 됩니다. 결국, 이들 간 행복의 질 차이는 매우 클 수밖에 없습니다.

방아쇠를 깊게 개선해 나가십시오. 방아쇠 개선을 위한 최고의 미덕은 끈기와 인내이고 반복과 숙달입니다. 내 주변 곳곳에서 불안에 연결되어 살아 숨 쉬는 방아쇠를 찾고 정립하십시오. 그 정립된 것들은 이 챕터의 개선 요령으로 하나씩 꺾고 지워나가십시오. 그 방아쇠가 살아있는 한 이 지루한 불안은 결코 쉽게 줄어들지 않고, 나의 자존도 결코 좋은 방향으로 성장하지 못합니다.

문제를 해결해 나가는 과정에서 더불어 나의 거대한 내적 자존을 형성해 가십시오. 그렇게 형성된 자존은 오만이나 교만의 색채를 띠지 않기 때문에, 뭇 사람들도 당신이 발휘하는 그 자존감을 흠모하게 됩니다. 그렇게 잃어버리고 제약된 나의 행복들을 다시 하나씩 되찾아 나가길 기원합니다.

예후의 작용 요소, 회피

동물들은 자기를 위협하거나 위험하다고 판단되는 것들을 '회피'하는데, 이는 세상 모든 동물의 공통된 본능입니다. 자신을 공격할 수도 있는 압도적으로 위험한 대상이 나타났을 때, 무모하게 맞서는 행위보다 일단 먼저 회피하는 것이 '생존'에 훨씬 더 유리하기 때문입니다. 그래서 아무리 강한 호랑이라 할지라도 여러 사람들이 손에 횃불을 들고 자신을 쫓아오면, 일단 호랑이의 용맹함은 접어두고 만의 하나 위험에 빠질 수 있는 상황을 모면하기 위해 회피를 선택합니다.

회피는 곧 생존을 위한 본능의 하나이기 때문에, 위험에도 불구하고 회피하지 않는 종은 사실상 이 지구상에 남아있지 않고 진화 과정에서 모두 멸종해 버렸습니다. 강한 맹수들도 위험을 느끼면 일단 회피하게 하는 것은 바로 동물 뇌의 본능 영역에 기록되어 있는 '공포 기전' 때문입니다.

과거 어떤 대상으로 인해 크게 놀랐거나, 당황했거나 물리적인 위협을 받은 적이 있었다면, 그 대상과 다시 마주쳤을 때 어김없이 본능 영역에서 강한 공포의 기분을 느끼도록 만듭니다. 그 공포를 느끼면 소위 본능에 충실한 동물일수록 반드시 회피할 수밖에 없고, 공포 앞에서의 회피라는 비굴함의 대가로서 결국 생존을 보장받는 것입니다. 그러한 공포 기전이 없는 동물은 이 세상에 존재하지 않습니다.

✔ 공포는 나 자신을 위험으로부터 보호하기 위해서 회피를 유발하는 본능의 하나입니다.

인간도 역시 동물의 한 종입니다. 맹수들과 똑같이 위험하거나 그럴 수 있다고 판단되는 대상과 마주치면 어김없이 강한 공포를 느낍니다. 또한, 어린아이일수록 더욱 동물적으로 공포를 느끼고 회피하지만, 뇌가 충분히 발달한 성인이 되면 그 공포는 여러 필터(filter)를 거쳐 조절되고 차단될 수 있습니다. 즉, 성인들은 자신의 기존 성장 과정에서 습득된 '후천적인 경험과 학습'에 의해 공포를 의식적으로 걸러내어 그 공포를 상당 부분 조절하고 줄일 수 있음을 의미합니다. 그 결과 인간은 다른 어떤 동물들보다 공포를 더 잘 감내하는 종이 될 수 있었고, 그 공포를 억누름으로써 자기가 노리는 목표와 사냥물들을 획득할 수 있게 되었습니다. 그러나 과도하게 발달한 영리함으로 인하여 종종 위험한 대상으로부터가 아닌, 자기가 만들어낸 허상에 대한 공포와 회피를 수행하는, 전혀 엉뚱한 착오를 유발하기도 합니다.

✔ 인간 특유의 생각 능력을 영리함이라고 한다면, 그 영리함은 종종 회
피할 이유가 없는 대상으로부터 공포를 느끼고, 그것을 회피하는 오
류를 범하도록 만들기도 합니다.

➕ 더 깊이

지혜는 영리함보다 훨씬 더 많은 연관된 요소들을 아울러 통합
하여 사안을 판단하고 대처하는 방식을 뜻합니다. 당장 시급한 요
소 또는 욕구만을 고려할수록 그 판단 대처는 영리함에 가까워지
고, 더 멀리 넓게 길게 명분과 관계까지 고려하는 판단 대처는 지
혜에 가까워집니다. 둘 중 어느 것을 더 자주 수행해왔느냐에 따
라 삶의 쾌적함이 달라집니다.

〈대상을 공포로 확대시키는 주요 요인〉

❶ 상상	❷ 외면

인간의 상상력은 워낙 방대하고 풍부해서 이를 따라올 그 어떤
동물도 찾아보기 어렵습니다. 그 상상력이 바로 만물의 영장으로
서의 인간을 구축해 온 가장 핵심 중 하나임에는 어떤 학자들도

이의를 제기하지 않습니다. 보지 못하고 경험하지 못한 것도 마음껏 상상할 수 있는 그 상상력을 통해 우리는 '아직 도래하지 않은 미래의 여러 시나리오'를 추론하고, 그 추론이 '현실화될 수 있는 확률'도 직관적으로 가늠할 수 있습니다.

다만, 이러한 추론에 사용되는 주요 방식은 이성과 논리인 경우가 대부분입니다. 예술적인 상상이 아닌 이상, 자신의 눈앞에 갑자기 나타난 어떤 느낌, 자극, 대상, 상황에 대한 추론 행위는 이성과 논리를 통해 수행해야 그 추론의 결과가 대부분 현실적일 수 있음을 의미합니다. 그러나 예술적이지 않은 대상임에도 이를 감성과 비논리로 수행할 경우, 그 상상은 종종 매우 파국적인 괴물을 창조해내기도 하며, 그렇게 창조된 것들은 공포와 망상으로 흐르기 쉽습니다.

✔ 그 용도가 예술이나 지극히 감성을 요하는 분야가 아닐 경우, '이성'과 '논리'로 '상상'을 수행한다면, 대부분 긍정적인 결과를 가져옵니다.

또한, 그렇게 공포를 가득 담은 어떤 대상과 마주쳤을 때, 그 대상을 똑바로 바라보지 않고 고개를 돌려 뒤돌아 도망치면, 뇌는 그 대상의 모양을 더욱 큰 공포로 확대하여 그려냅니다. 그렇게 확대된 공포의 대상은 최초로 도망치기 시작한 이전 시점보다 월등히 가공할만한 크기로 상상하는데, 우리 뇌가 이를 마치 조건반사적으로 수행하는 이유 또한 더욱 빨리 회피하기 위해서입니다.

이처럼 대상을 똑바로 직시하지 않고 회피를 수행하거나 회피의 정서를 유발하는 행위를 바로 외면이라고 합니다.

✔ 외면할수록 기존의 공포는 내 머릿속에서 그 크기를 더 부풀려갑니다.

이상의 상상과 외면은 결국 공포를 확대하는 주요 요인임을 잘 명심해야 합니다. 이를 반대로 말하면, 두려운 대상과 마주칠 때는 상상과 외면 행위를 멈추고, 오히려 그 두려운 대상의 각 모양을 직시해야 합니다. 즉, 나의 호전기에 발생하는 모든 종류의 회피는 바로 공포 때문이며, 이 공포는 곧 나의 상상과 외면 때문에 시간이 지나면서 더욱 확대되거나 고정되어온 결과물임을 유념해야 합니다.

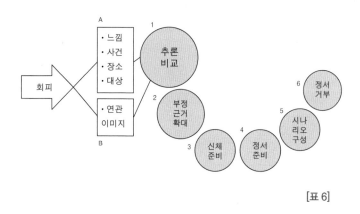

[표 6]

[표 6]에서 회피의 대상이 되는 자극 요소는 'A. 느낌, 사건, 장소, 대상' 등 매우 다양합니다. 그러나 이 자극 요소들은 앞선 챕터의 방아쇠의 경우처럼 그 형상만 바뀌었을 뿐, 결국 동일한 범주의

개념들로 여기면 됩니다. 다만, 불안의 방아쇠를 당기는 것으로 불안을 확대하느냐, 아니면 불안의 회피를 활성하여 공포를 강화하고 그에 대한 회피를 더욱 고정해 나가느냐에 따라 각각 방아쇠와 회피로 분류할 뿐입니다.

✔ 방아쇠는 불안을 유발하고, 회피는 공포를 고정하는 주범임을 유념해야 합니다.

이러한 'A. 자극 요소(느낌, 사건, 장소, 대상)'들은 그에 수반된 'B. 연관 이미지'와 연동되어 있습니다. 어떤 환우가 최초 '두근거림'을 강하게 느끼고 그 느낌을 서서히 공포로 해석하게 되면, 이후 그 느낌은 바로 '심장발작'이나 '부정맥' 등의 'B. 연관된 이미지'와 서로 합쳐져 나갑니다. 만약 '두근거림'이 '5' 정도의 공포를 유발한다면, 대부분 사람들에게 '심장발작'은 '10'의 공포를 유발합니다. 이는 바꿔 말해, 최초 회피의 'A. 자극 요소(느낌, 사건, 장소, 대상)'가 거듭 반복되어감에 따라 서서히 'B. 연관 이미지(심장발작, 부정맥 등)'와 연동되고, 그 결과 최초의 두려움은 더욱 강력하고 거대한 공포로 확대되어 간다는 의미입니다. 바로 이 연관 이미지를 떠올리는 행위를 곧 '1. 추론 비교'라고 합니다.

✔ '1. 추론 비교'를 통해 기존 자극에 재앙적인 이미지가 밀접하게 엮일수록 기존 자극은 내면으로부터 강렬한 공포를 폭발적으로 끌어냅니다.

의정부의 최 씨(38, 여)는 공황장애를 꽤 많이 호전하였음에도, 여전히 미용실 가는 것을 두려워합니다. 그녀가 공황장애를 앓게 된 지 약 2개월이 지난 시점에 미용실에서 펌을 하다가 예전 공황발작 때 겪었던 답답한 증상을 느꼈고, 그 결과 파마 도중에 강한 예기불안을 경험하게 된 것을 시초로 하여, 그 이후로는 미용실에 갈 때마다 심한 예기불안을 반복 경험하면서 결국 미용실을 피하게 된 것입니다.

미용실 간판이 보이는 길을 걷기만 해도 심장이 두근거리고, 컨디션이 아무리 좋은 날이라도 미용실 옆을 지나갈 때면, 그 방향을 제대로 바라볼 수 없을 정도로 그녀에게 미용실은 강한 공포의 대상이 되었습니다.

위의 경우는 장소, 즉 '미용실'이 '공포의 대상'이자 '회피 대상'이된 경우입니다. 분명히 그녀가 애초 경험한 것은 느낌 즉, 답답함이었고 그 답답함이 좀 더 확장된 예기불안이었습니다. 상식적으로 그녀에게 공포의 대상은 예기불안이 되어야 하지만, 엉뚱하게도 가장 두려운 공포의 대상은 바로 '미용실'이라는 장소로 전환되었습니다. 그녀가 공황장애를 꽤 호전한 시점에서 평소 불안을 거의 겪지 않을 정도로 좋아졌지만, 미용실이라는 장소에 직면할 때마다 어김없이 강한 불안을 바로 그 공포의 결과로서 계속 겪고 있는 것입니다. 이는 곧 그녀가 기존의 예기불안이라는 공포의 대상을 '1. 추론 비교'를 통해서 '미용실'이라는 'B. 연관 이미지'와 동일화한 결과입니다.

동해시에 사는 박 씨(48, 남)는 높은 다리를 건너지 못합니다. 그러나 그는 과거 단 한 번도 높은 다리 위에서 공황발작이나 강한 증상을 겪어본 적이 없습니다. 그런데도 높은 다리를 무서워하게 된 이유는, 우연히 운전을 하다가 도중에 듣게 된 뉴스 때문입니다.

그 뉴스인즉슨, 어떤 운전자가 운전을 하며 다리를 건너다가 갑자기 정신을 잃고 마주 오던 차를 들이받는 큰 사고를 내게 되었는데, 마주오던 차가 교량 난간을 뚫고 아래로 떨어져 안에 타고 있던 운전자가 사망했다는 내용이었습니다. 사실 그가 공황장애 이후 가장 두려워해 온 증상은 바로 어지럼증이었습니다. 즉, 자신이 운전을 하다가 어지럼증으로 인해 균형을 잃거나 정신을 잃는 상황을 상상한 것이었고, 그 상상의 결과가 너무나 파국적이므로 그의 내면에 강한 공포를 각인한 셈입니다. 그 결과 그는 높은 다리, 즉 자신이 사고를 내서 큰 인명 사고로 이어지는 상상에 의한 가정을 통해 '높은 다리'를 공포의 '연관 이미지'화 해버린 것입니다.

✔ 회피를 일으키는 최초의 요소는 '1. 추론 비교'를 거쳐 'B. 연관 이미지'로 진화할 수 있으며, 그 결과 더욱 강한 공포를 끌어냅니다. 즉, '1. 추론 비교'는 기존 자극 요소를 더욱 '확장된 공포'로 구체화하는 회피의 가장 첫 단계입니다.

대부분의 환우는 자신이 추론 비교를 하고 있다는 사실조차 제대로 인지하지 못한 채, 기존의 회피를 심화시킵니다. 자신의 회피가 용납 가능한 수준을 상당 부분 넘어 심한 불편을 느끼기 시작한 후에서야, 자신이 이러한 추론 비교를 통해 애초 자극을 스스로 키워왔음을 알게 될 수도 있습니다. 그러나 이미 그때는 회피의 공포가 생활 곳곳에서 강한 제약들로 뿌리를 내린 상태로, 쉽게 바로잡기가 어려운 상황인 경우가 많습니다. '합리'와 '근거' 위에서 진행된다면 쓸모없는 연관 이미지들을 창조해낼 리가 없겠지만, 앞서 언급한 '상상'과 '외면' 위에서라면 긍정적 취지의 회피가 아닌 강한 공포로서의 회피로 부정적인 양상으로 변모하게 됩니다.

✔ 추론 비교를 '상상'과 '외면'으로 반복할수록, 공포는 심화되고 회피는 깊게 고착되어 갑니다.

'2. 부정 근거 확대'는 기존의 경험으로 각인된 두려움과 모호한 염려를 더욱 구체화하기 위한 일종의 '증거 모으기' 작업입니다. 기존에는 '그럴지도 몰라'라는 가능성에 대한 의심스러운 공포가, '그게 맞는 것 같아'라는 확신에 가까운 공포로 구체화하고 고정하는 단계에 이르도록 만드는 독소로 작용합니다.

✔ 내가 염려해온 그것이 아니라는 반대 증거 대신, 내가 염려해온 바로 그것이 맞을 것이라는 증거를 찾는 오류가 바로 '2. 부정 근거 확대'입니다.

➕ 더 깊이

공황장애에서 가장 흔히 수반되는 건강염려는 부정 근거 확대의 산물이기도 합니다. 여러 검사 결과 건강에 문제가 없다는 것을 확인하고도, 몇 가지 증상을 근거로 특정 질병을 떠올리고 거듭 염려하는 행위가 건강염려의 핵심입니다.

필자가 공황장애라는 것을 여전히 모르던 시절, 가슴에서 종종 느껴지는 불쾌함을 회사에서도 아주 심하게 느낀 적이 있습니다. 그 순간 필자는 '협심증'이라는 병명을 머리에 떠올렸고, 매우 어설픈 상식 수준의 지식에 기초하여 가슴속 불쾌함의 진행을 매우 염려하며 관찰했습니다. 왠지 목과 팔 쪽까지 뻐근해지는 느낌이 들자마자, 필자의 가슴은 심하게 요동쳤습니다. 그 회의 자리에서 벗어나고 싶은 기분에 휘말렸지만, 그 기분을 억누르며 공포 속에서 끙끙 앓으며 줄다리기 했습니다. 그 날 이후부터 회사의 각종 회의 자리가 부담스러워졌고, 한동안 온갖 핑계를 만들어 회피하게 되었습니다.

필자는 '1. 추론 비교'를 통해 '협심증이 아닐까'라는 부정적인 증거를 찾는 오류를 범했고, 바로 그 부정적인 증거 찾기의 결과로 '협심증의 전조일지 모른다'는 '2. 부정 근거 확대'의 단계에 이르렀습니다.

이는 상상으로 정해놓은 재앙적인 이미지를 염려로 관찰하고,

뒷받침할 증거를 찾는 행동 반응입니다. 만약 필자가 '가슴 불쾌감'에 대하여 단순히 '잠시 후면 사라지겠거니' 하고 여겼다면, 이와 같은 '2. 부정 근거 확대'가 수반될 확률과 정도는 줄어들었을 것입니다. 그러나 필자는 안타깝게도 '이것이 정말 협심증이 아닐까?' 하는 염려 속 의문을 떠올렸고 그에 대한 증거 찾기를 충실히 수행했기에 결국 기존보다 훨씬 강한 공포와 이후 이어지는 신체 증상을 스스로 불러냈습니다.

✔ '1. 추론 비교'로 가장 재앙적이고 파국적인 것을 상상하고, '2. 부정 근거 확대'를 통해 그것과 내가 느낀 느낌 간의 공통점을 찾아 증거로 제시하는 행위는 불안 신경증 환우들에게서 쉽게 찾을 수 있습니다.

문제는 공황장애 환우의 각종 회피 단계에서 이러한 '2. 부정 근거 확대'가 아주 빈번히 발생한다는 점입니다. 또한, 부정 근거 확대를 특정한 회피의 발동 순간에만 끌어내는 환우들도 있지만, '온종일' 자신이 의식하든 그렇지 않든 간에 지속해서 자신의 느낌이나 몸, 상황과 대상들을 끊임없이 관찰하는 분들도 매우 흔합니다. 이런 경우 종일 그 환우의 정신과 몸은 오로지 부정 근거 확대 상태에 놓이게 되고, 그에 수반되는 공포와 불안에 압도된 채로 하루하루 지내는 결과를 야기합니다.

✔ '부정 근거 확대'는 애초 자신이 떠올린 '재앙의 가능성'을 확신할만한 증거를 더욱 구체적으로 찾는 단계입니다. 이로 인해 공포의 색깔

은 더욱 원색적으로 짙어지며, 행위를 수행하는 시간의 길이에 따라 그 환우가 겪게 될 불안의 특징과 규모가 달라집니다.

이상의 단계를 거치면, 그때부터 나의 몸과 기분도 이와 연동되어 그에 합당한 반응을 보이게 됩니다. 즉, 나의 내면에서도 가장 최악의 재앙적인 상황을 상정하고 확신하게 되면서 본격적인 회피를 위하여 내 몸에 신호를 보내 촉구합니다. 그 촉구란 다름 아닌 '몸을 괴롭혀서라도 나의 의식이 최대한 빨리 회피를 실행하라는 명령'의 채찍질입니다. 바로 이 촉구의 결과 각종 신체 증상들이 급격히 나타나고 폭발적으로 강화됩니다. 이로부터 유발되는 신체 증상들은 글로 다 서술할 수 없을 정도로 다양하고 방대합니다.

종종 이러한 공포에 압도된 공황장애 환우나, 또는 갑자기 강도 높은 불안에 직면한 불안장애 환우들의 경우, 자신의 상태를 호소하며 '어찌 방법이 없겠느냐?'고 안타깝게 절규하기도 합니다. 그러나 그분들의 공통점은 그 절규 속에서 오로지 결과로서 나타난 각종 괴로운 신체 증상을 길게 나열할 뿐, 이 결과를 야기한 '1. 추론 비교'와 '2. 부정 근거 확대'를 제대로 인지하지 못한 경우가 대부분이라는 것입니다. 바로 이 불편한 증상들을 불러냈던 그 오류의 단계를 올바르게 인지하고 파악하는 계기를 만나지 못하는 이상, 그분들의 안타까운 절규는 공허한 메아리와 같습니다. 괴로운 순간을 약으로만 해결하려는 환우의 장기적인 예후는 매우 부정적일 수밖에 없음을 잘 명심해야 합니다.

✔️ '1. 추론 비교'와 '2. 부정 근거 확대'의 진행을 차단하는데 실패하면, 결국 강도 높은 신체 증상과 불안을 불러내게 됩니다. 이는 나의 내면이 강한 공포에 압도되어 내 의식에 회피할 것을 촉구한 결과입니다.

필자의 아내도 1998년 즈음 만원 전철 안에서 공황발작을 겪었습니다. 아내는 갑자기 심한 땀과 숨이 넘어갈 듯한 호흡 불편을 느꼈고, 가슴이 죄어드는 심한 두근거림을 느끼면서 곧 쓰러질 것 같았습니다. 그로부터 약 십 분여 정도 후, 전철이 두세 정거장을 통과할 무렵 다행히도 아내의 증상은 자연스럽게 가라앉았고, 그날의 경험은 아내에게 그저 과거에 잠시 경험했던 기억으로만 남아 있을 뿐입니다. 이 사건 이후 아내에게 전철 타기를 회피하거나 만원 전철을 두려워하는 모습은 전혀 나타나지 않았습니다.

아내는 명백한 공황발작을 경험했고, 그 장소는 광장 공포증이나 임소공포증의 대표 장소인 만원 전철 안이었습니다. 그런데도 아내가 본격적인 공포나 불안을 겪지 않은 이유는(필자와 달리) 바로 '1. 추론 비교'와 '2. 부정 근거 확대'를 전혀 수행하지 않았기 때문입니다. 즉, "아! 힘들어. 잠시 후면 나아지겠지."라는 지극히 상식적이고 단순한 아내의 대처가 바로 필자와 아내 간의 거대한 예후 차이를 만들어냈다고 볼 수 있습니다.

✔️ '1. 추론 비교'와 '2. 부정 근거 확대'를 수행하지 않으면 공황발작은 공황장애로 발전할 수 없고, 일부 신체 증상도 예기불안으로 발전할

수 없습니다. 이를 수행하지 않는 이상 불안은 내 안에 머무를 수 없습니다.

추론 비교와 부정 근거 확대라는 오류를 범하면, 그 첫 대가로 본능 영역의 촉구인 '3. 신체 준비'를 겪게 됩니다. 신체 준비는 매우 강렬한 불편으로, 초보 환우일수록, 이 단계부터 진술하는 경향을 보입니다. 즉, 신체 증상을 본격적으로 느끼기 이전에 자신이 생각이나 염려, 기분의 자세한 진술은 생략한 채, 자신이 느꼈던 강렬한 신체 증상과 불안감부터 언급하는 경향이 강하다는 의미입니다.

이로써 알 수 있는 사실은, 공포에 압도된 우리 내면이 만들어 내는 강한 신체 증상은 내 의식의 시선을 끌기 위해 할 수 있는 가장 강력한 물리적 수단이라는 점입니다. 강한 채찍질이 말을 달리도록 만들듯이, 강한 신체 증상이 있어야만 우리의 의식은 그제야 허겁지겁 대응하는 것을 의미합니다.

✔ 우리의 의식은 고통스럽지 않으면 노력하지 않는 경향이 있기 때문에, 내면은 공포가 강할수록 강렬한 신체증상으로 표현하고, 괴로울수록 대안 마련에 신속하게 집중합니다.

'3. 신체 준비'의 단계에서는 두근거림, 어지럼증, 메스꺼움, 식은 땀, 열감, 추위, 떨림, 지엽적인 경련, 힘 빠짐까지 이루 열거하기 불가능할 정도의 증상들이 본격적으로 나타납니다. 각 증상이 확대 발전되면, 심지어 구토, 설사, 과호흡, 동공 변화, 안면 창백, 사지의 특발성 마비, 구음 곤란, 연하 곤란까지 발생하고 그 증상만 보면 응급질환으로 오인할 수 있을 정도입니다.

또한, 겁에 질려 증상을 예의 주시하고 더욱 강한 공포와 불안을 증폭시키며 확대 재생산하는 단계를 바로 '4. 정서 준비'라고 합니다. '3. 신체 준비'는 본능 영역인 내면에서 명령을 내리기 때문에, '4. 정서 준비'보다 먼저 발생하지만, '정서 준비'는 '신체 준비'를 느낀 의식이 내면과 함께 연합하여 발생한 결과입니다.

최초 '1. 추론 비교'와 '2. 부정 근거 확대' 단계를 거쳐 본격적인 '3. 신체 준비'와 '4. 정서 준비'까지 도달하면, 우리 의식은 회피를 더욱 구체적으로 준비하게 됩니다. 어떤 경로를 어떤 방식으로 수행하여 이 상황을 모면하거나 이 상황에서 '어떻게 타인의 도움을 받을까?' 등의 지극히 의식적인 미래 회피를 위한 설계 행위를 생각으로 추론하는 단계에 이르게 됩니다.

✔ 내가 느낀 불쾌감이 치명적인 어떤 것의 전조일지 모른다는 전제와 그 전제가 정말로 사실인 것 같다는 강한 부정적 근거를 확신하면, 이 둘의 강한 결합은 폭발적인 공포를 발생시킵니다. 그 공포는 곧바로 지체 없이 '회피 심리'를 나의 중심에 유발합니다.

만원 전철 안에서 불쾌감을 느끼고, 그 불쾌감으로 강한 염려와 불안, 신체 증상을 느끼는 상황에 놓인 대다수의 환우는 그 후 '빠져나가거나 구조받거나 도움이나 배려를 받거나, 휴식을 취하기 더 용이한 시나리오'를 매우 기민하게 구성합니다.

인천의 김 씨(26, 여)는 느낌이 좋지 않은 날이면, 항상 출근길 전철 안 출구 옆에 바짝 붙어 섭니다. 인파에 휩쓸리는 불편에도 아랑곳 없이, 출구 옆 기둥을 붙들고 계속 그 자리를 고수합니다. 그녀가 이런 행동을 하는 이유는 유사시 가능한 한 빨리 전철에서 내리기 위한 대비 행동으로서 회피를 계산했기 때문입니다.

또한, 강화에 사는 강 씨(33, 여)는 혼자 아기를 돌보는 시간에 일부 불쾌한 느낌을 느끼면, 곧바로 옆집 아주머니가 집에 있는지를 확인해 둡니다. 만약 아주머니가 없는 것 같으면, 경비실에 경비 아저씨가 있는지를 확인합니다. 물론 단 한 번도 그들에게 도움을 요청해본 일은 없지만, 증상이 더 심하게 느껴지거나 강한 스트레스를 받고 있다고 여겨지는 날이면 어김없이 그 행동을 반복합니다.

위 사례들은 이 병을 잘 모르는 제삼자가 보았을 때, 그들이 왜 그런 행동을 하는지 잘 이해하기 어려울 수 있습니다. 그러나 공황장애나 불안장애로 이러한 [표 6]의 회피 행동을 해본 사람이라면, 그들의 행동을 쉽게 공감할 뿐 아니라, 그 이유도 잘 알 수 있습니다. 필자 또한 이러한 회피 행위를 영문도 모르고 반복했기에 그들이 처한 어려움을 충분히 공감합니다.

✔ '5. 시나리오 구성'은 이제 회피가 본격적으로 내 의식에서 작동하고 활발하게 실행되는 단계입니다. 공포의 세기가 강해지고, 공포에 대한 회피를 자주 반복해 왔을수록, 이러한 '5. 시나리오 구성'은 더욱 치밀해지고 구체적인 모양새를 띱니다.

만약 시나리오 구성 단계가 지나고 충분한 시간이 경과하여 공포감이 많이 줄어들었다고 가정하더라도, 이러한 회피 행동을 수행했다면, '6. 정서 거부'가 짙게 드리워집니다. 이는 곧 '이런 내 상태가 정말 싫어.', '언제까지 이런 상황을 반복하면서 살아야 하나.', '나는 대체 왜 이럴까?', '내가 부끄럽고 한심해.' 등 무기력이 깊게 배어든 각종 생각과 기분, 컨디션들이 마치 여진처럼 가슴 속에서부터 불거집니다. 이 무기력이 자주 반복되고 서서히 일상을 지배해가면, 결국 그 자체가 그대로 우울증으로 합병되어 갑니다.

✔ '6. 정서 거부'는 곧 '무기력한 나 자신'이라는 이미지를 내면에 더욱 각인합니다. 그 결과 우울증이 강하게 나타납니다.

소위 불안과 우울은 어찌 보면 상반된 개념으로 이해될 수 있습니다. 그러나 이는 매우 표면적인 이해에 불과하고, 실제로 불안은 우리 마음속에서 '염려의 결과'로 축약됩니다. 또한 우울은 '무기력의 결과'로 축약됩니다.

염려는 쉽게 불안을 형성하는 나에 대한 확신의 부재와 미래 불안에 기초하는 경향이 강하며, 무기력은 '이 제약과 고통에서 내 의지대로 반복해서 빠져나올 수 없다'고 느끼면서 그 기초가 고착되는 경향이 강합니다. 또한, 이 둘은 서로를 지지하고 강화할 수 있기 때문에, 자신이 불안장애 환자임에도 동시에 우울증 환자가 될 수 있습니다.

매일 이어지는 불안감, 이 불안감으로부터 빠져나올 활로가 도저히 없음을 내면에서 인정할 때 무기력은 서서히 강화되고 그 결과 불안장애와 우울증은 합병될 수 있습니다.

이전 챕터에서의 '방아쇠'도, 이번 챕터의 '회피'와 결합하여 더 거대한 공포를 빚어낼 수 있습니다. 세상의 모든 것이 그러하듯이, 신경증에 수반되는 모든 불편은 서로서로 엮고 지지해가면서 더욱 복합적인 불편을 만들어가는 것을 유념해야 합니다.

해결이 쉽지 않은 혼합된 불편은 내면에 우울과 미래 불안을 형성하고 그렇게 형성된 우울과 미래 불안은 다시 뭉뚱그려져서 복합된 정서로 종일 체감되며 불안을 고정하게 됩니다.

✔ 내 의지로 이 불편에서 벗어날 수 없다는 미래 불안과 나를 종일 지
배하는 묵직한 불안은 '평소 불안'의 원인이 됩니다.

다음 챕터에서는, 함께 이해한 회피의 흐름을 토대로 '회피를 개
선하는 방법'을 나누도록 하겠습니다. 무엇이든 차분히 쌓아나가
고 천천히 파악된 실체에 스스로를 직면하는 것이 불안 해결의 지
름길임을 유념하길 바랍니다.

예후의 작용 요소, 회피 개선

회피 개선을 위한 가장 강력한 방법은 그 흐름의 각 요소 사이로 파고들어 틈새를 강하게 단절하는 것이 가장 유효합니다. 파고들어 차단하고 잘라내는 개선 연습은 초기일수록 익숙하지 못한 관계로 다소 어색하게 느껴질 수 있지만, 이 역시 반복 숙달할수록 실질적인 효과를 체감하게 됩니다.

'부정적인 각인'은 매우 단시간에 형성되는 경향이 있습니다. 깜짝 놀람 또는 강렬한 두려움과 같이, 매우 짧은 시간에 폭발적으로 각인되는 것들은 대부분 부정적인 것들이라고 여겨도 무방합니다. 반대로 이렇게 각인된 부정적인 것들을 지우거나 다른 긍정적인 것으로 대체하는 과정에 소요되는 시간은 이와 달리 매우 장시간 소요됩니다. 따라서 대체할 긍정적인 것을 거듭 반복해야만 비로소 기존의 부정적인 것의 위력을 낮추거나 긍정적인 것으로 교정하기 쉬워집니다.

✔ 기존에 각인된 '부정'을 '긍정'으로 재교정하려면, 기존의 부정을 형성한 시간과 경험 횟수보다 월등히 긴 시간과 경험을 반복해야 합니다.

[표 7]에 설명한 회피의 가장 첫 수행 단계인 '1. 추론 비교'와 '2.

부정 근거 확대'를 확고하게 견제하여 그 진행을 멈추는 도구는, 'A. 긍정기억'과 'B. 반대증거'입니다. 'A. 긍정기억'은 기존에 내가 경험한 것처럼 이번 상황에서도 이전과 같이 '별 문제가 없을 것임이 자명하다.'는 확신을 떠올리는 기법입니다.

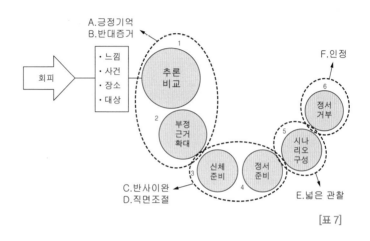

[표 7]

어린 시절 달리기를 하다가 넘어져 본 경험이 많을 것입니다. 처음 넘어져 본 아이는 그 통증에 매우 놀라 자지러지게 웁니다. 그러나 넘어지기를 반복할수록 아이들은 누가 알려주지 않아도 넘어져서 생긴 통증이 일정 시간 지나면 자연히 사라지게 될 것을 알게 되고, 스스로 지금의 이 재미난 놀이를 계속해야겠다고 마음먹게 됩니다. 즉, 똑같은 통증이라도 그 통증이 시간에 따라 자연히 해결될 것이라는 '긍정의 확신'이 그 아이의 내면에 형성되었기 때문에, 넘어지더라도 그 통증에 덜 반응함은 물론 하던 놀이를 계속 유지하게 됩니다. 'A. 긍정기억'은 바로 이 원리를 '회피'에 적절히 응용하고 실행하여 차단하는 방법입니다.

✔ 이 자극이 결과적으로 나에게 큰 문제를 야기한 적이 없다는 사실을
자신에게 거듭 환기해서, 스스로 이 자극에 큰 주의를 기울이지 않도
록 하는 기법이 바로 'A. 긍정기억'입니다.

'회피'의 대상이 되는 강한 자극 요소가 발생하거나 고개를 쳐들
때, 지체 없이 'A. 긍정기억'을 강하게 떠올리십시오. 또한 나에게
'A. 긍정기억'을 유발할 수 있는 다음과 같은 질문들을 미리 준비
해두고 강하게 질문하십시오.

〈'A. 긍정기억'과 'B. 반대증거' 실행 시 할 질문들〉

❶ 이 느낌(사건, 장소, 대상)의 결론이 과거에 항상 어떤 결과로
끝났는가?

❷ 그 결과 내게 어떤 파국적이고 재앙적인 장애나 위험을 야기
한 적이 있는가?'

❸ 그렇다면 이 느낌에 휘둘리고 당황하는 반응을 보이는 것이
적절한가?

❹ 과거의 경험상 시간이 흐르면 이 느낌은 어떻게 되었나?

❺ 지금 나는 위험을 겪고 있는 것인가? 아니면 잠시 불편을 겪
고 있는 것인가?

앞의 질문들은 '과거 거듭 경험되고 확증된 결과'를 기준으로 삼아, 지금 내가 범할 수 있는 순간적인 '판단 오류'를 차단하는 효과를 발휘합니다. 이 질문을 강한 눈빛과 표정으로 내 중심을 표적 삼아 날카롭게 던질수록, 질문의 효과는 더욱 즉각적이고 확실하게 나타납니다.

질문을 던지는 자세는, 의연하고 차분하며 냉정하되 바위처럼 굳건하고 당당하게 나의 내면에 질문하십시오. 그리고 대답을 이미 경험해 본 사실을 기반으로 단호하게 외치십시오. 그 대답 결과에 따라 나의 내면은 과거로부터 지금까지의 기억 경험을 참조하여 이후 흐름을 계속 진행할 의미나 가치가 있는지를 판단하고 결정합니다.

✔ 얼떨결에 당황하여 기분이 휩쓸리면 우매한 회피 흐름을 반복하게 됩니다. 의연하고 강하게 'A. 긍정기억'에 해당하는 질문을 던지고 그에 합당한 답을 냄으로써 회피 흐름의 맥을 끊어야 합니다.

다음 질문들을 지체 없이 이어서 실행하십시오.

〈'B. 반대증거' 실행 시 해야 할 질문들〉

❻ 내가 이 자극을 기존에 얼마나 겪어 보았나?

❼ 나는 이 자극을 가장 최근 언제 겪어 보았나?

❽ 위의 ❼에서 나에게 치명적이거나 재앙적인 결과가 발생했는가?

❾ 위의 ❽의 답을 근거로, 앞으로 나는 이 자극을 어떻게 여기고 받아들여야 합리적인가?

❿ 나는 이 자극을 대수롭지 않게 여길 만큼 충분히 경험해 왔는가?

⓫ 위의 ❿의 답을 근거로, 앞으로 이 자극에 대해 내 생각과 몸을 어떻게 유지하고 조절해야 타당한가?

위 질문들은 이전 질문의 답을 더 구체적으로 고정하고 나의 생각과 몸의 태도를 확정 짓기 위한 것들입니다.

질문은 뇌의 주의를 환기시키는 강한 효과를 발휘합니다. 적절한 질문을 던지면, 뇌는 그 질문에 합당하고 설득력 있는 답을 찾기 위해 잠시 과부하에 걸립니다. 그 결과, 이미 그 과부하는 뇌가 불안으로 수행하던 흐름에, 직접적으로 단절 효과를 발휘하게 됩니다.

뇌는 한 가지 작업에 몰입되어 있을 때 가장 효율적으로 작동합니다. 그러나 무엇인가에 몰입해 있던 뇌에 갑자기 의미 있는 질문을 던져서 새로운 작업을 시도하면, 그 효율이 급격히 저하되면서 기존에 하던 작업은 방해받을 확률이 높아지고 처리 속도도 현저히 떨어지게 됩니다.

위의 질문들은 결국 뇌가 불안에 몰입하지 못하도록 주의를 분산시키고, 모든 주의를 'B. 반대증거'로 집중하도록 강요하는 방법입니다. 이로 인해 뇌는 기존에 수행하던 문제 처리 능력의 취약함을 본능적으로 인지하고, 새로운 작업 전환을 촉구합니다. 그 효과를 노리는 기법이 바로 'A. 긍정기억'과 'B. 반대증거'에 기초한 '질문기법'입니다.

✔ 뇌가 불안에 집중하고 그것을 처리하는 흐름을 멈추게 할 만한 질문을 던져야 합니다. 그로 인해 뇌는 기존 작업을 멈추고 새롭게 던져진 질문의 답을 구하는 데 모든 역량을 쏟아 주의를 환기시킵니다. 기존의 흐름으로는 결국 '불안'만이 기다리고 있기에, 발전적이고 타당한 결론이 날 수밖에 없는 합리적이고 근거 있는 질문을 강하게 던져야 합니다.

김포의 김 씨(41, 남)는 주로 운전을 할 때 불안을 느낍니다. 경미한 불쾌감이 잠시라도 느껴지면 곧 강한 증상으로 확대될까 봐 전전긍긍하면서 스스로 그 확대 추이를 두려움으로 관찰해왔습니다.

그러한 그가 위의 질문 항목('B. 반대증거' 실행 시 해야 할 질문들)을 스스로 하면서 기존에 확대되어만 가던 불안을 잠재우는 연습을 하기 시작했고, 그로부터 불과 한 달도 되지 않아 그의 운전 불안은 크게 줄었습니다. 다음은 그가 스스로 질문하고 답한 내용의 예를 들어 봅니다.

〈김 씨의 '긍정기억', '반대증거' 질문 답신 사례〉

❶ 이 느낌(사건, 장소, 대상)의 결론이 과거에 항상 어떤 결과로 맺었는가?

항상 불안을 느껴왔지만, 결과적으로 그 불안은 시간이 흐르면 사라졌다.

❷ 그 결과 내게 어떤 파국적이고 재앙적인 장애나 위험을 야기한 적이 있는가?'

한 번도 파국이나 재앙이 아니었다.

❸ 그렇다면 이 느낌에 휘둘리고 당황하는 반응을 나타내는 것이 적절한가?

휘둘려야 할 이유가 없다는 것을 잘 알고 있고, 충분히 경험해 왔다.

❹ 과거의 경험상 시간이 흐르면 이 느낌은 어떻게 되었나?

사라진다, 없어진다, 가라앉는다.

〈김 씨의 '긍정기억', '반대증거' 질문 답신 사례〉

❺ 지금 나는 위험을 겪고 있는 것인가? 아니면 잠시 불편을 겪고 있는 것인가?

그렇다. 이것은 결국 불안이 아니라 불편이다. 불편을 두려워하고 불안하게 생각해 온 것이다.

❻ 내가 이 자극을 기존에 얼마나 겪어 보았나?

지난 근 삼 년간 겪어왔다.

❼ 나는 이 자극을 가장 최근 언제 겪어 보았나?

이틀 전이다.

❽ 위의 ❼에서 나에게 치명적이거나 재앙적인 결과가 발생했는가?

아니다. 항상 그렇지만 불편은 잠시 이어지다가 20분 이내에 사라진다.

❾ 위의 ❽의 답을 근거로, 앞으로 나는 이 자극을 어떻게 여기고 받아들여야 합리적인가?

지나가는 불쾌감일 뿐이다. 내가 이것에 몰두해서 스스로 불안으로 키울 이유가 없다.

❿ 나는 이 자극을 대수롭지 않게 여길 만큼 충분히 경험해 왔는가?

그렇다. 나는 지겹도록 경험했고 불편을 불안으로 느껴왔다. 이제 이걸 해결하고 싶다.

<김 씨의 '긍정기억', '반대증거' 질문 답신 사례>

⑪ 위의 ⑩의 답을 근거로, 앞으로 이 자극에 대한 반응으로서 내 생각과 몸을 유지하고 조절해야 타당한가?

무시하자. 자꾸만 거듭 무시해서 불안을 미미한 불편으로 바꾸다 보면 다 사라지게 될 것을 알고 있다.

김 씨는 단지, 다음 질문들을 반복하고 진중한 자세로 그 답을 한 것뿐입니다. 그럼에도 그의 지난 삼 년간의 운전 불안에 대한 반복 양상이 1개월 만에 급감하고, 영원히 해결될 것 같지 않았던 운전 불안이 차츰 해결되는 모습에 그 자신도 큰 용기를 얻었습니다. 운전대를 잡기만 하면 스멀거리며 올라오던 불안 때문에 지난 삼 년간 온갖 좋다는 약과 탕약, 침, 뜸까지 안 해본 것이 없었는데, 이렇게 간단한 몇 가지 질문과 답을 반복하는 과정에서 해결될 것이라고는 스스로도 기대하지 않았다고 합니다.

뇌가 자극 요소를 불안으로 키우고 '공포를 가미한 회피'로 추론하여 몰입할 때, '긍정기억'과 '반대증거'라는 질문으로 강하게 개입하면, 회피로 무작정 치닫던 뇌의 흐름에 직접적인 제동을 걸게 합니다.

✔ 재앙과 부정으로 몰입되어 흐르는 나의 조건반사적인 반응에 강한 제동을 걸 수 있어야 합니다. 최초 자극이 불안과 공포의 회피로 점점 거대하게 몸집을 키울 때, 강한 질문으로 그 흐름을 끊어낼 수 있어야 합니다.

하지만 미리 유념해두어야 할 것이 있습니다. 'A. 긍정기억'과 'B. 반대증거'는 회피의 불안 흐름을 정지시키고 효과적으로 차단하지만, 오랜 시간 습관처럼 반복해온 회피 흐름은 그 자체로 가속과 탄성을 띠고 있기 때문에, '긍정 기억'과 '반대 증거' 수행의 성공에도 일부 신체증상과 불안감이 뒤이어 나타날 수 있음을 유념해두어야 합니다.

나의 내면은 불안 반응이 시작되면, 몸에서도 그에 보조를 맞춰 '긴장'을 시작합니다. 따라서 나의 '긍정기억'과 '반대증거'가 충분한 반복을 통해 내면에 체득되어야 비로소 이러한 긴장도 사라지게 됩니다. 그렇게 자동으로 뒤따라오는 긴장에 대하여 내 몸에 맞대응해서 차단해내는 기법이 바로 'C. 반사이완'입니다.

✔ 내면은 나의 의지에 따른 노력들에 반드시 '후속'하는 경향을 보입니다. 내가 특정한 의지를 거듭 반복하면 할수록 나의 내면이 그에 뒤따라 반응하게 되며, 그 결과 그 의지의 반복 초기에 여전히 나타났던 각종 후속된 불편들도 그 정도와 길이가 약해집니다. 즉, 노력의 대가는 시차를 두고 천천히 나타납니다.

'C. 반사이완'은 온몸의 구석구석 뺄 힘을 반사적으로 모두 빼는 방법입니다. 마치 어시장 좌판에 놓여있는 낙지나 문어처럼, 길게 늘어져서 힘이 들어가거나 긴장된 곳이라고는 조금도 찾아볼 수 없는 모습을 상상하면 가장 적절합니다. 갑자기 훅 치고 올라오는 불안감이나 기분 나쁜 느낌이 포착되면, 가장 먼저 이전의 '긍정기억'과 '반대질문'을 수행한 후, 지체 없이 온몸의 힘을 완전히 빼고, 불안을 지지할만한 신체적인 긴장 조건을 허락하지 않는 것이 그 요령입니다.

✔ '불안'은 '긴장'에 의해 지지됩니다. 긴장이 수반되지 않는 지지는 오래 지속될 수 없으며, 내 생각으로 불안을 떼어놓으려 해도 내 몸이 긴장하면 조절력은 크게 효과를 내지 못합니다.

여기서 유의할 것은, 몸의 힘을 뺄 때 '내 마음과 생각의 중심까지 그 힘을 완전히 빼버린다'라고 이미지를 그리며 실행해야 합니다. 몸은 이완했지만, 마음은 조바심에 바짝 긴장하고 내 상태 변화를 염려하며 관찰하고 있다면, 당연히 이완의 효과가 크게 반감되거나 무효해질 수밖에 없습니다. 몸의 힘을 완전히 빼되, 내 생각도 '에라! 모르겠다.' 하는 식으로 그 중심에 들어간 모든 긴장의 나사마저 푸는 것이 중요합니다. 이렇게 몸의 힘을 빼는 이완은 '불안의 신체적 지지'를 직접 차단하는 효과를 발휘합니다.

또한, 'D. 직면조절'도 상황에 따라 이완 직후에 수행하면 더욱 좋습니다. 직면은, 어떤 두려움의 대상을 피하지 않고 있는 그대로를 직시하며 마주하는 행위를 말합니다. 위의 이완을 수행하고 일정 시간이 지나서 초기의 당황과 혼란의 색채를 띤 강렬함이 어느 정도 누그러졌다고 여겨지면, 그때가 바로 'D. 직면조절'을 시작할 좋은 타이밍입니다. 지금 내 몸에서 아직 완전히 사라지지 않고 잔류하는 현재의 불안 진행 흐름을 '객관적으로 바라보는' 직면은, 스스로 불안을 거대하게 여기고 외면하며 회피하려는 온갖 종류의 '과장된 상상의 공포들'을 분별하고 걷어낼 중요한 기회가 됩니다.

물론, 아무런 준비와 이해, 연습도 없이 강도 높은 두려움의 대상에 무모하게 직면하는 것은 그에 상응하는 부작용을 유발할 수 있습니다. 그 부작용은 곧 '아! 역시 굉장히 무섭구나. 나는 아직 직면할 용기가 없는 사람이야.' 하는 무기력한 자기 자신을 재확인하는 우매함을 반복하게 합니다.

반면, 회피 흐름의 전반적인 양상과 각 요소들의 특징들을 잘 이해한 후 한 단계씩 연습하며 전진하는 '점진적인 직면'은 무모함에 기초한 부작용을 줄이거나 일소하는 효과를 냅니다. 즉, 직면의 수위와 정도를 꾸준히 쌓는 과정에서 확립되는 '준비된 직면'을 천천히 실행해 나가는 것이 중요한 미덕임을 유념하십시오.

✔ '직면'은 그 정도와 깊이를 단계적으로 늘려가며 얻어지는 자신감을 토대로 천천히 강도를 높여가십시오. 아직 그 자신감이 충분하지 않

음에도 거대한 두려움의 대상에 무작정 부딪히는 직면은, 그에 상응하는 '경솔과 교만의 대가'로서 부작용을 경험할 수 있습니다.

앞에서 잠시 언급한 대로, 두려운 대상을 언뜻 곁눈질로 바라보면 뇌는 아직 정확하게 판별되거나 분석되지 않은 나머지 부분들을 '상상'으로 채워넣습니다. 실제로 눈으로 전달되는 시각 정보는 그 용량이 매우 커서 뇌가 그 모든 '컷'을 매초 빠짐없이 처리하는 것이 불가능합니다. 그래서 뇌는 자극의 정보를 반복해서 경험하고 처리해야 할 때, 이미 경험했던 부분의 특징만 간단히 비교한 후 나머지는 대략 상상으로 채워서 그 대상을 이해하여 처리합니다. 대상을 마주할 때마다 '아! 이것은 그것이겠구나!' 하고 대략 윤곽이나 특징만 비교한 후 재빨리 다음 작업으로 넘어갑니다.

✔ 두려운 대상을 힐끗 쳐다보면, 뇌는 그것과 기존 기억에 저장된 공포의 대상 간 특징만을 비교한 후, '이 대상이 바로 공포의 그것이다!'라고 간주해 버립니다. 즉, 특징만 일치하면 나머지는 상상을 통해 확신해버립니다.

이와 같은 뇌의 특성상, 특정한 공포 대상에 대해 두려움의 각인을 여러 번 겪고 나면, 이후에는 그 대상의 색깔, 윤곽, 느낌 등 특징의 일부만 포착되어도 나머지 부분은 기존 '그 공포가 맞다'고 '상상의 확신'을 하면서, 그 공포와 연관된 여러 불편을 조건반사적인 증상으로 빠르게 끌어냅니다. 뇌는 자신을 효율적으로 잘 보호하기 위한 자동 반응이겠지만, 그것을 겪는 의식은 그 대상으로 인해 알 수 없는 불안이 반복된다고 여길 수밖에 없는, 매우 역설적인 상황을 유발하는 것입니다.

따라서 이 역설적인 흐름을 차단하고 정지시키기 위해서는, 자동으로 처리되는 그 직면의 순간을 내 의지로 멈추고 꼼꼼하게 평가함으로써 불필요한 나의 반응을 일축하고 제거하는 노력의 과정이 필요합니다. 그저 뭉뚱그려 불안한 느낌 속으로 휩쓸려 흘러가지 말고, 내 몸과 기분에 얼마나 고통스러운 불편이 나타나는지를 객관적으로 관찰하고 직면해야 합니다.

✔ 공포와 불안이 확대될 때, 그것을 외면하고 뭉뚱그려 인식할수록 공포와 불안은 더욱 확대됩니다. 그 순간 멈춰 서서 객관적인 자세로 내 몸과 기분에 얼마나 큰 통증과 고통이 발생하는지를 똑바로 직면하십시오.

두려워 전전긍긍하는 소심한 자세는 모두 던져버리고, 차분하고 담담하게 눈을 뜨고, 몸에서 느껴지는 불쾌함의 정도와 기분에서 느껴지는 불안의 정도를 스스로에게 객관적으로 질문하고 평가하십시오. 그 결과, 의외로 불쾌감과 불안에 그리 높은 점수를 줄 수 없다는 것을 확인할 수 있습니다. 그 확인이 거듭될수록 대상이 유발하는 불쾌감과 불안은 더욱 감소합니다.

〈'D. 직면조절'을 위한 질문〉

(점수 : 0 불편 없음 5 : 참을 수 있는 고통 10 : 참기 어려운 고통)

❶ 몸이 불편한가? 그 불편에 점수를 매겨라.(0 ~ 10)

❷ 위 ❶의 결과, 참을 수 없는 수준의 고통이 맞는가?

❸ 기분이 불안한가? 그 불안에 점수를 매겨라.(0~10)

❹ 위 ❸의 결과, 참을 수 없는 수준의 불안이 맞는가?

❺ 지금 내가 스스로 겁먹고 부풀리고 있는 부분이 인정되면, 그 점수를 위의 ❶과 ❸의 점수에서 각각 차감하라.

❻ 차감 결과, ❶ 몸의 불편 점수는 어떻게 조정되었는가?

❼ 차감 결과, ❸ 기분의 점수는 어떻게 조정되었는가?

❽ 위의 ❻과 ❼의 결과, 내가 겪은 불편감과 불안이 과연 '극심한 통증과 고통'의 수준이었나, 아니면 '소소한 불편과 불쾌감'의 수준이었나?

❾ 앞으로 이번에 평가해 본 점수 이하의 불편에 대하여 내가 회피하고 두려워할 이유가 있을까?

포항에 사는 이 씨(51,남)는 회사의 중역입니다. 7년 전부터 공황장애를 앓았고 많이 호전되었지만, 회의시간에 이따금 몰려오는 불안감은 그가 겪는 최대의 불편이었습니다. 불안감이 없을 때면, 회의를 주도할 정도로 적극적이고 유능하지만, 불안이 느껴지는 날이면 심하게 위축되어 회의에 참석하지 않을 여러 핑계를 대고 회피하기

일쑤였습니다. 다음은 그가 작성한 질문에 대한 답변 사례입니다.

〈'D. 직면조절'을 위한 질문 답신 사례〉

(점수 : 0 불편 없음 5 : 참을 수 있는 고통 10 : 참기 어려운 고통)

❶ 몸이 불편한가? 그 불편에 점수를 매겨라.(0 ~ 10)

몸이 표현하기 어려운 불안한 느낌이다. 6점.

❷ 위 ❶의 결과, 참을 수 없는 수준의 고통이 맞는가?

솔직히 그 정도는 아니다.

❸ 기분이 불안한가? 그 불안에 점수를 매겨라.(0~10)

그렇다. 불안한 기분이 자꾸만 느껴진다. 7점.

❹ 위의 ❸ 결과, 참을 수 없는 수준의 불안이 맞는가?

참을 수 없는 수준은 아니다. 다만 불안이 더 커질까 두려워하는 것이 문제라고 본다.

❺ 지금 내가 스스로 겁먹고 부풀리고 있는 부분이 인정되면, 그 점수를 위의 ❶과 ❸의 점수에서 각각 차감하라.

몸 통증 : 6-3 = 3점, 불안 : 7-3 = 4점

❻ 차감 결과, ❶ 몸의 불편 점수는 어떻게 조정되었는가? 3점

❼ 차감 결과, ❸ 기분의 점수는 어떻게 조정되었는가? 4점

❽ 위의 ❻과 ❼의 결과, 내가 겪은 불편감과 불안이 과연 '극심한 통증과 고통'의 수준이었나, 아니면 '소소한 불편과 불쾌감'의 수준이었나?

사실상 소소한 불편에 더 가깝다. 내 스스로 그 위에 두려움을 더했음을 인정한다.

〈'D. 직면조절'을 위한 질문 답신 사례〉

(점수 : 0 불편 없음 5 : 참을 수 있는 고통 10 : 참기 어려운 고통)

❾ 앞으로 이번에 평가해 본 점수 이하의 불편에 대하여 내가 회
피하고 두려워할 이유가 있을까?

없다. 앞으로 더 냉정해져야 하겠다. 나 자신에게 부끄럽지 않
은 모습을 보이겠다.

이 씨는 회피하고 싶을 때마다 위의 질문 답변을 꾸준히 반복했
습니다. 그 결과 약 3개월 후 자신의 불안과 회피가 이전보다 확연
히 개선되었고, 또한 자기 질문 답신의 계기는 그의 극복 노력 전
반에 가속이 붙을 수 있도록 더욱 좋은 희망과 자신감을 부여해
주었습니다. 최근에는 거의 준완치기에 도달한 상태이며, 더 넓은
자신의 바탕들을 되돌아보면서 더 좋은 삶을 목표로 감사하며 생
활하고 있습니다.

애초 발생한 회피는 불안을 강화하다가, '긍정기억', '반대증거'를
거쳐 '반사이완', '직면조절'을 통해 그 가속의 탄력을 상실하게 됩니
다. 이미 가속을 잃은 불안은 '시간'에 의해 자연스럽게 소멸의 길
로 접어들테지만, 이후 단계부터는 불안이 꼼짝달싹 못 하도록 고
착시키고, 그 불씨가 완전히 꺼지도록 확고한 쐐기를 박아야 합니

다. 즉, 희미하게 남은 불씨를 발로 짓밟아서 완전히 없애버리듯이 가차 없이 나머지 불안을 제압해 버리되, 지금부터는 모든 주도권이 바로 나에게 있음을 명심하고 이후 대처 단계를 수행하십시오.

✔ 질문은 나를 냉정하게 만들고, 나의 내면이 정상 궤도의 흐름을 잃고 한쪽으로 마구 흘러가는 그 편향에 강한 제동을 겁니다. 질문의 답을 스스로 평가하면서 내 손에서 떠났던 시간의 주도권을 다시 나에게로 되돌려 놓는 효과가 바로 'D. 직면조절' 단계입니다.

'내가 어떻게 이 상황에서 도망갈 수 있을까?', '내가 좀 더 쉽게 도움받을 수 있도록 해야겠어.' 등의 회피를 위한 시나리오 구성이 내 머리에 떠오르고 있다는 것은, 곧 회피 흐름과의 싸움에서 내가 패배했음을 의미합니다.

마치 싸움에서 진 병사들이 무질서하게 흩어져 각개격파되듯, 실제로 나의 내면 또한 그 자존이 산산조각이 나면서 '무기력'을 강화하게 됩니다. '사기'가 떨어진 병사들이 각자 살 길을 모색하듯, 자존이 바닥에 추락한 내면도 그 살 길을 모색하는 것은 당연합니다. 바로 그 모색의 결과가 '도망갈 길', '회피할 방법', '구조나 도움을 받을 방법'인 '5. 시나리오 구성' 단계입니다.

✔ 회피를 위한 구체적인 시나리오를 떠올리는 것은 내가 직면에서 실패하고 있다는 것을 의미합니다.

● 더 깊이

그 순간 내가 수행하는 생각의 시점을 미래에 둘수록 내 생각은 '회피'나 '재앙'을 소재로 한 것을 떠올리기 쉽습니다. 회피는 곧 실패를 대비하여 빠져나갈 구멍을 미리 살펴두는 사고 행위이기 때문입니다. 시점을 현재에 맞추어야 합니다. 지금 이 순간 직면은 최고의 연습 기회이자 보람임을 거듭 나에게 각인하고 명령해야 합니다.

이미 위의 수행 단계들을 충실히 연습하고 그 반복이 거듭될수록 이러한 '시나리오 구성' 단계까지 올 필요도 없습니다. 그러나 충분한 대응 능력의 개선이 이뤄지기 전까지는 긴 시간 반복해 온 여러 '악습'에 의해 나도 모르는 사이 이러한 도망갈 궁리를 반사적으로 수행하는 경우가 다반사입니다. 따라서 이번 단계에서 해야 할 것은 바로 회피의 '시나리오 구성'에 할당될 에너지를 뇌에 허락하지 않는 것이라고 표현할 수 있습니다.

✔ 나의 뇌에 부정적인 상상을 할 에너지, 즉 '여유'를 주지 않는 것이 파국적인 상상 행위를 멈추는 가장 효과적인 방법입니다.

모든 기회는 나에게 기울었습니다. 그러나 전장을 정리하고 수습하는 단계에서 발생하는 여러 우발적인 요소들도 소홀히 여기지 않아야, 이 승리를 더욱 눈부시게 달성할 수 있습니다. 그 수습 단계에서 해야 할 것이 바로 'E. 넓은 관찰'과 'F. 인정'입니다.

〈'E. 넓은 관찰'을 위한 질문〉

❶ 지금도 나에게 재앙 또는 파국적인 상황이 발생했거나 그럴 수 있다고 생각하는가?

❷ 내가 겪고 있는 현재의 불안을 지금까지 얼마나 많이 겪어보았나?

❸ 내가 겪고 있는 현재의 불안을 겪는 이가 나 이외에도 많은가?

❹ 위 ❸의 결과, 그렇다면 나는 유독 특별한 경우의 불안을 겪고 있는 것인가?

❺ 이러한 불안 증상이 낫고 좋아진 사람들은 있는가?

❻ 좋아진 사람들의 공통점은 무엇이었나?

❼ 지금까지 내가 수행해온 회피 대응 단계들을 통해 불안이 일부 줄어들었다고 생각하는가?

❽ 앞으로 이러한 불안이 또 온다면 나는 오늘 연습한 회피 대응 단계들을 더 잘할 수 있는가?

❾ 오늘 내가 얻고 느낀 것은 무엇인가?

위의 질문들은 남아있는 불안의 불씨들을 짓밟기 위해 나 스스로에게 주는 '정리 행위'이자 '평탄 작업'입니다. 각 질문에 차분하게 답하면서 불안으로 치달아가던 과거에 비해 한결 더 나아진 나자신을 확인합니다. 또한, 그 확인 과정에서 불안을 더 부채질할수 있는 '특별한 예외의 경우' 즉, '예측 불가한 재앙'의 불씨마저

예방해야 합니다. 다음은 앞서 이 씨(회의실에서 불안을 수시로 경험했던 분)가 작성했던 질문 답변 사례를 함께 살펴봅시다.

〈이 씨의 'E. 넓은 관찰'을 위한 질문 답변 사례〉

❶ 지금도 나에게 재앙 또는 파국적인 상황이 발생했거나 그럴 수 있다고 생각하는가?

그렇지 않다. 매번 겪어 왔지만 항상 결과는 재앙이 아니었다.

❷ 내가 겪고 있는 현재의 불안을 지금까지 얼마나 많이 겪어보았나?

지금까지 정말 지겹도록 반복해왔다. 그러나 이제 조금씩 약해지고 있음을 느낀다.

❸ 내가 겪고 있는 현재의 불안을 겪는 이가 나 이외에도 많은가?

진짜 많다. 이러한 불안을 겪는 것은 정말 흔한 경우임을 잘 안다.

❹ 위 ❸의 결과, 그렇다면 나는 유독 특별한 경우의 불안을 겪고 있는 것인가?

특별하지 않다. 지극히 흔한 경우를 오늘도 겪은 것이다.

❺ 이러한 불안 증상이 낫고 좋아진 사람들은 있는가?

있다. 그 사람들을 볼 때마다 희망이 생기고 나도 그렇게 되길 기대한다.

〈이 씨의 'E. 넓은 관찰'을 위한 질문 답변 사례〉

❻ 좋아진 사람들의 공통점이 무엇이었나?

그저 회피를 일삼지 않는 모습. 직면을 연습으로 꾸준히 반복했던 성실함이 중요하다고 여겨졌다.

❼ 지금까지 내가 수행해온 회피 대응 단계들을 통해 불안이 일부 줄어들었다고 생각하는가?

줄었다. 크게 줄어드는 날도 있고 조금 줄어드는 날도 있지만, 대응 연습을 하면 할수록 대체로 더 효과가 좋았다.

❽ 앞으로 이러한 불안이 또 온다면 나는 오늘 연습한 회피 대응 단계들을 더 잘할 수 있는가?

그렇게 할 것이고, 또 그래야만 한다. 앞으로 더 잘할 것이다.

❾ 오늘 내가 얻고 느낀 것은 무엇인가?

지난 몇 년간 불안이 끈질기게 나를 괴롭혀왔고, 내 생활과 생업을 가로막아왔다. 이제 그 끝을 향해 하루만큼 더 전진했다. 나 스스로 대견함을 느낀다. 이제는 무작정 두려워하던 과거의 내가 아니다.

누차 강조하지만, '질문'은 뇌의 불필요한 오류의 집중 행위를 미연에 차단하고, 뇌가 오류로 흘러가는 경로에 강한 제동을 걸게 합니다. 스스로 가하는 질문에 정확하고 진실한 답을 찾는 작업은, 뇌가 불안이라는 느낌에 몰입하는 그 초점을 효과적으로 분산합니다.

✔ 강한 질문으로 불안한 느낌을 관찰하고 그에 몰입하는 조건반사적인 흐름에 찬물을 끼얹어야 합니다. 그 질문에 정확한 답을 구하는 과정에서 발휘되는 침착함, 냉정함, 인내 그리고 합리적 근거에 기초한 인식의 자세가 성장할수록 불안을 조절하는 것뿐만 아니라, 내 삶 곳곳에서 아주 좋은 미덕으로 작용해갑니다.

더 나아가 이렇게 스스로 하는 질문과 답들을 휴대폰에 저장해두었다가 종종 꺼내 읽으면 그 자체가 정말 눈물 어린 나의 투병기가 됩니다. 그 투병기를 필자도 수없이 읽었었고, 그것만큼 재미있고 가치 있는 기록물은 이 세상에 존재하지 않을 것입니다. 과거의 기록을 다시 읽으면서, 내가 이겨온 모든 과정을 다시 복습하고 그 과정에서 나의 '자존' 또한 의연하게 바로 세워나가길 진심으로 기원합니다.

'E. 넓은 관찰'의 질문들은 그 초점이 '현재'가 아닌 '과거'와 '미래'에 맞추어져 있습니다. 또한, 나뿐 아니라 타인으로까지 시선을 넓히고 있습니다. 이는 보다 넓은 고도에서 나의 위치를 가늠하게 만들며, 그 가늠 행위 자체가 바로 '객관화'의 일환이 됩니다.

대부분 환우는 불안을 느낄 때, 지금 느껴지는 불안이 자꾸만 커져서 잠시 후 더 큰 불안을 겪게 될까 봐 염려합니다. 그러한 환우들은 공황장애 완치 카페의 다른 환우의 사례를 보면서, 자신이 겪는 이 순간의 불안이 결코 특별하거나 예측 불가한 양상으로 바꿔어 나를 죽이거나 미치게 만들지 못함을 알고 있음에도 불구하고, 유독 내가 그들의 사례들과 달리 특별한 경우의 재앙을 겪게 될까 염려합니다.

이러한 경향은 공황장애 완치 카페의 수많은 질문에서도 여실히 그 사례를 찾아볼 수 있습니다. 이미 기존 글들에 자신과 똑같은 증상의 불편이 수없이 기록되어 있음을 보았음에도, 그것들과 다를 바 없는 똑같은 질문, 즉 '이런 증상을 가진 분이 계신가요?'라는 제목의 글을 올리는 환우들은 거의 매일 새롭게 등장합니다. 바로 그러한 질문을 올리는 환우들이 이처럼 '나 자신이 혹시나 특별한 상황에 해당하지 않을까'를 상상하는 환우들이라고 볼 수 있습니다.

✔ 불안을 바라보는 시야가 좁아질수록 내가 겪는 불편이 특별한 경우에 해당되지 않을까를 염려합니다. 조금만 시야를 넓혀보면, 내가 겪은 불편이 매우 일반적이라는 사실을 알 수 있음에도, 마치 내가 다른 이들과는 다른 특별한 불안을 겪는 것이 아닌지를 염려합니다.

✔ 좁아진 시야에서 수행하는 사고는 불안을 느끼기 유리합니다. 반면 넓고 높은 고도에서 수행하는 사고는 불안을 느끼기 어려워집니다. 심지어 그 조망은 나 자신마저도 내가 아닌 많은 사람 중의 한 명으로 간주할 정도로 매우 냉정하고 객관적이 될 수 있습니다. 나의 현재 상태와 상황을 조망하는 것은 위급할 때일수록 더욱 유효하게

작용합니다.

'객관화'는 곧 전체에서 나의 위치를 확인하는 행위입니다. 또한, 전체 경우에서 내가 일반적인지 아니면, 특별한 경우인지를 확인하는 행위이기도 합니다. 그 확인을 위해 우리 스스로 던지는 상상이 '내가 겪고 있는 증상이 특별한 경우가 아닐까' 하는 방향으로 흐르면, 나의 회피 흐름은 대부분 '재앙의 방향'으로 선회하게 됩니다. 반대로 그 상상이 타인과 자신의 공통점을 찾는 데 활용될수록 불안할 근거가 없음을 발견하게 됨을 기억합시다. 이를 다시 정리하면 '객관화'는 곧 '타인과 나의 차이점'을 찾는 행위가 아니라, '타인과 나의 공통점'을 찾는 행위입니다.

✔ 타인과 나의 차이를 찾기 위해 온갖 상상을 더하면 불안은 더 강하게 확대됩니다. 그러나 타인과 나의 공통점을 찾기 위해 상상력을 활용하면, 그 불안의 근거가 없음을 발견하게 되고 불안은 억제됩니다.

만약 우리가 명료한 재난, 사고, 공격을 수반한 위협이나 위험과 같은 난관에 부딪혔다면, 이유 불문하고 회피해야 합니다.

문명이 덜 발달한 환경일수록 지극히 '원시적'인 개념에 근접한 '직접 위험'들이 더 많이 산재해 있습니다. 그것들이 인간의 생명을 빼앗는 주요 요인들입니다. 그러나 문명이 발달한 현대에 이르러서는 그와 같은 물리적인 위험보다는 훨씬 더 복잡한 '관계'에서 발생하는 '간접 위험'들이 인간을 더욱 옥죄고 힘들게 만드는 역할을 합니다. 이러한 '간접 위험'들은 눈으로 바로 관찰할 수 있거나 그 실체를 똑바로 알아차리기가 어려운 경향이 강합니다.

그 결과 인간은 눈에 보이지 않는 모든 위협이나 그 가능성의 등장에 항상 신경을 곤두세우고 살아갑니다. 바로 이러한 '관계의 위협'이 현대인들이 앓는 신경증들의 가장 주된 요인이라는 것은 누구도 부정하지 않습니다.

문제는 그 관계의 위협들이 눈에 보이거나 만져질 수 없기에, 파국적이고 재앙적인 상황에서 여러 불쾌한 '정서적인 느낌'을 동반할 수 있다는 것입니다. 나에게 불리하거나 위협이 될 만한 상황이 다가오고 있다는 그 직감은, 내면에서 유발되는 강한 '불쾌한 정서 느낌'에 의해 더욱 확대되고 지지가 될 수 있습니다. 따라서 관계 위협이라고 판단되었을 때, 회피를 위한 촉구로서의 '불안'과 '거부'를 불쾌한 기분으로 먼저 느끼게 되는 것입니다. 그렇게 느껴지는 불쾌한 기분은 현재 우리가 함께 다루고 있는 '회피'의 흐름에서도 여실히 나타납니다. 이는 결국 내면이 '회피'를 촉구하기 위해 '불안'이라는 정서 느낌과 기분으로 우리를 채찍질한 결과이기 때문입니다.

✔ 눈으로 확인할 수 없는 비물리적인 위협은 그 실체를 보기도 전 '불쾌한 정서적 느낌이나 기분'이 느껴지면서, 회피가 시작되는

경향이 강합니다.

달리 표현하면, 현재까지 회피 흐름에 대한 견제와 대처를 잘 수행했다 하더라도, 내면이 촉구하는 '불안'이라는 정서적 느낌은 여전히 나타날 수 있습니다. 그것의 가장 흔한 유형이 바로 거부와 부정의 탄식입니다. 거부와 부정의 탄식은 다음과 같습니다.

〈'6. 정서 거부' 결과 떠올리게 되는 생각들의 예〉

❶ 아! 이 상황은 정말 싫어!

❷ 하필이면 오늘 이 불편을 겪다니….

❸ 도대체 왜 이런 고통을 계속 겪어야만 하나.

❹ 이런 기분이 세상에서 제일 싫어!

❺ 아! 나는 정말 한심해!

❻ 언제까지 이걸 겪어야 하나.

❼ 죽고 싶다.

✔ '정서 거부'는 결국 '무기력', '한탄', '좌절', '절망'의 표현을 통해 자신에게 내재된 강한 '회피를 소망'하고 있음을 생각으로 표현하는 행위입니다. 지금까지 회피의 흐름을 아무리 잘 수행했어도, 마지막 한탄이 섞인 말 한마디로, 모든 노력을 내면에서 수포로 돌리는 행위가 될 수 있음을 명심해야 합니다.

‘F. 인정’은 회피 흐름 대처의 맨 마지막 단계이며, ‘6. 정서 거부’에 기초한 위와 같은 한탄들이 아닌, 바로 인정을 통해 현재를 있는 그대로 받아들이는 행위입니다.

현재를 받아들인다 함은 곧 나의 초점을 지금 이 시간에 두는 것입니다. 반면 불안을 유발하는 ‘염려’는 나의 초점을 미래에 두는 것이며, 위의 한탄이 섞인 ‘무기력’은 나의 초점을 ‘과거’에 둔 것입니다. 바꿔 말해, 과거에 내가 겪었던 그 고통에 무게를 둘수록 나는 더 무기력해짐을 뜻합니다. 또한, 그것을 미래에 둘수록 미래에 대한 염려를 통해 더욱 불안해짐을 뜻합니다. 그러므로 당연히 나의 초점을 현재에 두고 현 상황을 인정하며, 내가 겪은 불편을 얼마나 잘 대처하고 있는지에만 모든 관심을 두는 것이 긍정적인 방향입니다. 이처럼 ‘초점을 현재에 두는 것’을 바로 ‘F. 인정’이라고 합니다.

‘F. 인정’은 곧 받아들임이고, 나를 직시하여 전체에서 내가 위치한 지점을 분별하도록 해줍니다. 만약 내가 불안에 대해 저항하기를 포기했다면, 나는 불안이 아닌 극심한 무기력으로부터 출발한 우울을 더 주된 고통으로 토로했을 테지만, 이 책을 읽고 계신 당신은 불안과 투쟁을 하는 셈입니다.

투쟁이 진행되는 모든 난관의 과정에서는 ‘미래 대안’, 즉 ‘내가 해야 할 것’을 스스로 묻고 찾게 됩니다. 충실하고 의연하며 차분한 마음으로 인정할수록, 무기력해지는 것이 아니라 오히려 침착함과 고요함 속에서 현재 불안의 빈틈을 더 잘 간파하고 노릴 수 있게 됩니다.

회피 흐름 위에서 거듭 강화되는 불안은, '인정'을 통해 최종적으로 '객관화'를 거치면서, 불안에 대한 나의 미래 대처를 차분하게 정립할 수 있습니다. '인정'을 통해 깔끔한 마무리로 정돈되면, 결국 회피의 불안은 그 뿌리를 내릴 기반을 상실하게 됩니다. 이러한 대처방법을 스스로 제시하여, 회피 불안이 고개를 드는 그 시간마다 떠올리고 실행하고 대처하면서 차분히 나의 내면에 자신감과 주도력을 부여해 나가길 기원합니다.

✔ 한 발씩 나아가는 전진은 후퇴가 없습니다. 이 원칙은 불안과의 싸움에서 더욱 빛납니다. 그 과정에서 배우는 수많은 미덕의 습관들은 불안 극복 후 미래의 삶에 거대한 행복의 자양분이 되는 것을 잊지 맙시다. 그것이 이 싸움에서 이긴 자에게 주어지는 가장 큰 상입니다.

예후의 작용 요소, 바탕계기

필자의 공황장애가 거의 사라졌을 무렵, 일정한 기간에 한 번씩 완만하게 나타났다가 사라지는 불편을 종종 느끼곤 했습니다. 장시간 비행기를 타고 가야 하는 장거리 출장을 앞둔 상황이나 명절 혹은 연말연시에 이르러 생각과 몸이 한창 번거로울 시기에 즈음하여, 정상적인 기분이나 몸이 아닌 상태, 그렇다고 공황이나 불안의 명료한 증세라고 보기에도 애매한 상태를 느끼곤 했습니다. 이 책에서는 이와 같은 양상을 겪는 시기를 '준완치기'라고 표현합니다.

준완치기에는 사실상 공황장애 자체는 거의 그 의미를 잃은 상태라서, 공황이 올까 봐 두렵거나 공황이 직접적인 계기가 되어 어떤 일이나 행위를 회피하지는 않습니다. 그러나 종종 강화되는 비정상적인 기분이나 그런 기분이 될까 염려하는 나 자신을 인지할 때가 있기도 해서 아직은 완전히 정상이라고 보기에 미흡한 단계를 뜻합니다.

✔ 특정한 자극에 의해 예리한 수준의 불안이 나타나는 호전기와 달리, 준완치기에는 예리한 불안보다는 종일 지루하고 모호한 수준과 강도로 이어지는 불안감이나 특정한 순간 뭉뚱그려진 낮은 강도의 불쾌감을 겪는 경향이 있습니다.

준완치기에 이처럼 완만한 불편을 야기하는 주된 이유로서 '바탕계기'가 작용한다는 것과 그것을 유발하는 여러 요소에 대하여 우리는 앞 챕터에서 함께 이해한 바 있습니다. 그러한 바탕계기와 같은 자극 요소들은 단일 또는 복합적으로 작용하며, 일정한 비중으로 전형적인 흐름을 거쳐, 내면의 불안정을 강화합니다. 그 결과로 평상시 간헐적이거나 지루한 각종 불편과 불안감을 조성하는 원인으로 작용합니다. 이번 챕터에서는 준완치기의 불안의 흐름을 잘 파악하게 될 것입니다. 그 흐름 파악을 통해 이후 각 단계에서 변함없이 적극적인 제동을 걸 수 있는 역량을 키워나가길 기원합니다.

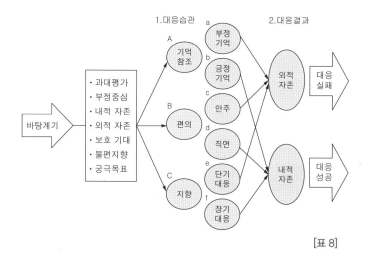

[표 8]

자극 요소들에 의해 유발되거나 지지된 '바탕계기'가 본격적인 불안을 강화하고 유발하려면 '1. 대응 습관'의 단계를 거칩니다. 이 단계는 호전기 불안의 흐름과 달리, 특정한 자극 요소가 직접 계기가 되어 구체적인 불안을 유발하는 경향이 아니라, '바탕'이라고 표현할 수 있는 넓은 의미의 '포괄적인 지지'를 통해, 이후 야기되는 불안의 전반적인 깊이와 폭을 결정합니다.

준완치기에는 이미 특징적이고 예리한 불안들이 거의 소실되었기 때문에, 자극 요소들은 불안 그 자체를 직접 끌어내지 못하고, 일종의 '토양'처럼 불안의 발생 확률과 정도를 높이는 '포괄적인 방식'으로 작용하게 됩니다. 그러기에 어떤 대응 행동 한 가지를 단호하게 실행하여 현재 불안을 직접 억제하는 시도는 준완치기에 그리 효과적이지 않습니다.

운동도, 평소 체력을 꾸준하게 길러야 잘할 수 있듯이, 준완치기의 불안 억제도 체력을 길러내듯, '좋은 습관'을 천천히 길러서, 불안이 조성되는 토양에 필요한 '바탕'이라는 자양분을 원천에서 차단해야 효과적입니다.

✔ 준완치기의 불안은 평소 나의 생각과 여러 습관을 좋게 개선하여 '불안 확대의 근거를 제공하지 않는 것'이 효과적입니다.

❊ 더 깊이

공황장애는 초기일수록 증상 그 자체와 싸우지만, 완치에 다가갈수록 말초적 불편보다는 나의 바탕 습관과 싸우게 됩니다. 즉 완치에 다가가면 싸움이 끝나는 것이 아닌, 새로운 싸움 상대가 나타나는 것입니다. 그 새로운 싸움에서 승기를 잡을수록 내 삶이 행복해집니다. 그동안 내가 행복하지 못했던 원인의 큰 부분이 역시 내 안에 있었음을 그리 어렵지 않게 인정하게 됩니다.

'1. 대응 습관'은 사실상 경계의 분별이 다소 어려울 수 있습니다. 이는 곧 그 '대응 습관'에 해당되는 나의 생각과 행동이 과연 어떤 종류에 속한 것인지 그 경계와 소속을 확실히 구분하기가 모호할 수 있음을 의미합니다. 즉, 습관의 일부가 과연 생각 영역에 속한 것인지, 아니면 행동 영역에 속한 것인지조차 구분하기 어려울 수 있습니다. 모호하게 인식된 상태에서는 불안의 흐름을 '시각화'하거나 '도식화'하기는 어려우므로, 이번 챕터에서는, 그 구분을 위한 특징이 뚜렷하거나 보편적으로 분류 가능한 것들에 초점을 맞추어 다루고자 합니다.

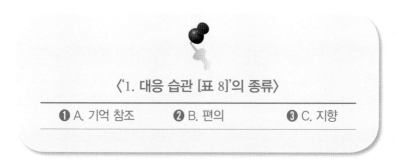

〈'1. 대응 습관 [표 8]'의 종류〉

❶ A. 기억 참조   ❷ B. 편의   ❸ C. 지향

'A. 기억 참조'는 곧 현재 당면한 나의 상황(대상, 느낌, 장소, 사건 등)을 비교하며 '나도 모르는 사이 내가 과거 경험했던 기억을 참조'하는 경우입니다.

시흥에 사는 박 씨(33, 여)는 작은 유통회사의 경리 부서에서 근무하고 있습니다. 그녀는 부서 상사의 부당한 언행에 큰 스트레스를 받아왔는데 최근에 그 상사가 그녀의 인사도 받지 않는 모습을 경험하면서 이후 심한 우울을 겪었습니다. 실제로 그녀가 회사에서 일을 잘못하거나 실수를 범한 적이 없음에도 성격이 모가 난 상사에게 부당한 대우를 받는 것에 '분노가 아닌 우울감'을 더 강하게 느끼는 이유를 그녀 자신도 잘 알고 있습니다.

그 이유는 이전에 다니던 회사에서도 상사의 불친절이나 무시가 그녀의 '퇴사'로 이어지는 경험을 여러 차례 했기 때문입니다. 이번 회사에서도 상사가 인사를 받지 않는 모습에 무심코 '아, 또 회사를 그만둘 때가 되었나?' 하는 지극히 무기력하고 우울한 생각을 떠올렸기 때문입니다.

우리 중 누구도 긍정적인 기억만 갖고 살지 않습니다. 긍정적인 기억과 부정적인 기억은 우리의 기억 속에서 동등한 일면들이고, 상황과 시기에 맞게 긍정이든 부정이든 잘 분별하여 내 생각과 행동에 반영하면 될 일입니다. 그러나 내가 가진 긍정과 부정의 기억들에 정확히 맞아떨어지는 상황과 마주친다면야 둘 중 더 합당한 기억을 참조하겠지만, 우리의 삶에서는 그렇게 명료하지 않은 사건들이 자주 발생하는 것이 현실입니다. 바로 이렇게 모호한 경우에 직면했을 때, 긍정 기억을 더 참조하는 사람이 있고 반대로 부정적인 기억을 더 참조하는 사람도 있습니다. 이처럼 우리의 항시적인 일상에서 긍정과 부정 기억 중 어느 것을 무의식적으로 더 끌어내 참조하는 것도 거대한 습관의 일부임을 잘 간파해야 합니다.

✔ 긍정 또는 부정의 명료한 분별이 어려운 경우에 직면했을 때, 먼저 부정적인 과거 기억을 참조하는 사람도 있고, 긍정적인 과거 기억을 참조하는 사람도 있습니다. 이렇게 기억 참조 경향 또한 '1. 대응 습관'의 일부입니다.

이후 시간이 어느 정도 흘러서 그 상사가 유독 박 씨의 인사만 의도적으로 받지 않은 것이 아님을 알게 되었습니다. 그 상사는 인격적으로 문제가 많아서 그날의 기분에 따라 부하 직원들에게 여러 부적절한 언사를 일삼기도 했고, 결국 그의 이러한 언행이 회사에서 큰 문제가 되어 박 씨가 근무하던 경리 부서로부터 다른 현장 부서로 전근하게 되었습니다. 박 씨가 '회사를 또 그만두어야 하나?' 하는 우울한 생각에 지배된 시간을 보냈던 것은 결국 그녀 스스로 범한 '습관'의 문제에 기인한 것이었고, '상사에게 또 밉보였나 보다.' 하는 부정적인 기억을 참조했기 때문입니다. 그녀 스스로 긍정의 시간을 허락했다면 이처럼 무의미한 우울의 시간을 겪지 않아도 되었을 것입니다.

'A. 기억 참조'는 'a. 부정 기억'과 'b. 긍정 기억'으로 흘러갈 수 있는 대응 습관의 한 요소입니다. 그 흐름이 어느 쪽으로 흐를 것인가의 문제는 철저하게 그동안 내가 쌓아온 '습관'에 달린 일이기도 합니다.

✔ 매사 '긍정'을 더 많이 끌어내서 활용해온 사람은 습관적으로 긍정적인 생각과 행동을 더 자주 합니다. 또한, 이를 반복함으로써 더욱 긍정적인 습관을 강화하게 됩니다. 반대로 평소를 지배하는 '불안'은 부정 기억을 더 자주 끌어내 사용함으로써 더 강화되고 유지되는 경향이 강합니다.

공황장애 환우 중에서는 아무리 좋은 조언을 해도 무작정 힘들다고 호소할 뿐, 절대로 극복 노력을 하지 않는 분들이 계십니다. 그러한 환우들의 공통된 특징은, 힘들면 잠시 카페에 들어와 위안이나 조언을 받는 행위 외에는 사실상 자신의 상태를 그저 약에만 맡긴 채 방치와 다를 바 없는 시간을 보냅니다. 이러한 무기력한 모습은 외적으로 단지 공황장애의 불편 때문에 삶이 힘들어져서 그런 태도를 보이는 것으로 여기기 쉽지만, 그 환우들을 긴 시간 동안 자세히 관찰해보면, 여러 난관에 자신을 그대로 들이밀어 직면함으로써 그 난관을 꿰뚫고 나가려는 도전적인 자세가 많이 부족하다는 것을 알 수 있습니다. 안타깝지만 그런 분들은 각종 신경증이 유발하는 이 불편과 불안을 평생 해결하기 힘들다는 점을 유념해야 합니다.

✔ '힘들다'라고 입 밖으로 내뱉는 것은 증상 결과에 대한 토로일 뿐이

지, 그 힘듦을 해결하지 못합니다. 힘듦을 해결하기 위하여 내가 구체적으로 무엇을 어떻게 해나가고 있는가를 잘 평가해야 합니다.

기존의 안정적인 삶을 유지하는 것은 건강과 행복을 위해 긍정적이지만, 해결하고 넘어가야 할 것에는 예리하고 날카로운 돌파력을 발휘해야 합니다. 그렇지 않으면 현재의 삶이 아무리 평탄해도, 누구나 마주치게 되는 각종 위기나 문제에 봉착했을 때, 큰 고배를 마시거나 지속적인 후퇴를 통해 서서히 힘든 영역으로 추락해갈 수밖에 없습니다.

✔ 나 자신을 대체로 안정된 흐름 위에 유지하되, 필요할 경우라면 강한 직면과 돌파력을 발휘할 수 있어야 합니다. 그 직면과 돌파를 우회하거나 회피하면 그 자체가 곧 안정된 흐름을 갉아먹는 원인이 됩니다.

'B. 편의'는 '편안한 상태를 위해 내가 선택하는 습관'을 의미합니다. 나를 약 올리는 존재가 내 앞에 나타났을 때, 내가 그와 한판 싸움을 해서라도 다시는 나를 약 올리지 못하도록 따끔함을 보여주는 것이 오히려 내 속이 편하겠다고 느끼고 실제로 그렇게 행동하는 사람이 있다면, 비록 그 사람의 선택은 부정적인 싸움이겠지만 그 사람의 내면에서는 '편의'를 선택한 것입니다.

물론 싸움을 해야 할 대상이 나타나면 괜히 피곤한 일을 만들고 싶지 않아서 슬슬 그 자리를 피하는 것도 역시 내 마음이 편한 상황을 선호한 결과 선택한 '편의'이기도 합니다. 그러나 이러한 편의가 자꾸만 반복되고 쌓이면 나의 내면 또한 동일한 상황에서 자동으로 그와 같이 선택하고 여기에 수반되는 행동과 기분 반응을 나타냅니다.

✔ 직면이 아닌 우회와 회피를 하는 것도 습관입니다. 우회와 회피를 하는 사람 대부분은 매우 중요한 문제에 대해서도 역시 동일한 대응을 하는 경향이 있습니다. 이는 그 사람의 습관이 그렇기 때문입니다.

이러한 편의가 반드시 특정한 상황이나 대상, 사건에서만 습관으로서 발휘되는 것은 아닙니다. 가령 어떤 이가 자신의 미래를 위해 큰 시험을 준비해야겠다고 생각했음에도 불구하고, 실제로 그 시험을 준비하는 과정에서 겪을 불편들을 감수할 엄두가 나지 않아 내적으로는 자신의 미래라고 확신했던 그 시험에 대해 구체적인 준비와 충실한 공부로 임하지 않으며, 그러한 답보 상태를 오랜 시간 유지하고 있다면, 그 자체가 또한 '편의'가 되는 것입니다. 즉, 편의는 시간적으로 짧은 어떤 한순간일 수도 있지만, 비교적 긴 시간에 점진적으로 발생하고 유지될 수도 있습니다.

이러한 '편의'는 이를 행하는 자의 선택에 따라 'c. 안주'와 'd. 직면'으로 구분합니다. '안주'는 앞선 경우처럼 부담스러운 대상을 그대로 둔 채 자신을 '우회'하거나 '유보'하는 일련의 행동 반응을 의미합니다. 또한 '직면'은 그것들에 대한 강한 도전이자 돌파를 의미하는 일련의 대응 행동을 의미합니다. 평소 이 '편의'의 두 가지 요소를 어떻게 선택하고 실행해왔느냐에 따라 그 '편의 습관'이 정해지고, 그 습관은 역시 각종 상황에서 여실히 나의 행동 반응에 지대한 영향을 주게 됩니다.

필수적으로 직면해야 할 사안에 안주하게 되면, 나의 내면은 서서히 '무기력'에 빠져듭니다. 그렇게 강화된 무기력은 나의 내면에 촉구를 유발하며, 여러 불안정 표현들은 결국 심각한 '염려'를 유발합니다. 이러한 염려가 쌓이면 평소 이유를 알 수 없는 '미래 불안'의 핵심요인으로 발전함을 유념하십시오.

'직면'도 분별없이 발휘하면, 제삼자의 눈에 다소 '공격적'인 사람으로 비칠 수 있습니다. 과도한 공격성은 주변 사람들을 긴장시키고, 그 긴장이 반복되면 결국 그들은 나를 회피하게 됩니다. 그 결과 나의 사회적 관계는 크게 위축되어 관계의 질이 떨어질 수 있음도 아울러 유념하십시오. 이러한 '직면'도 역시 '분별'과 '절제'의 미덕이 필요한 요소입니다.

✔ 과도한 안주는 미래 불안을 강화하는 주된 요인이 됩니다. 또한 과도한 직면은 매사 공격성을 높여 사회적 관계를 악화시키는 요인이 됩니다.

➕ 더 깊이

과도한 안주와 직면, 이 둘 사이에 이상적인 중간 점은 존재하지 않습니다. 이 세상을 구성하는 모든 사건들은 때로는 직면이, 때로는 안주가 적절한 것들로 구분될 수 있는데, 과연 어떤 방식으로 대처해야 할지를 신속히 분별하고 거침없이 대처하는 능력을 길러야 합니다. 그 능력은 무미건조한 스킬(Skill)이 아닌 삶 속에서 많은 경험과 체득을 통해 얻어집니다. 물론 노력 없이는 그 기회조차 얻기 어렵습니다.

청주의 박 씨(48, 남)는 가족과 친지들로부터 참으로 무난한 사람이라는 덕담을 듣습니다. 이러한 덕담은 회사에서도 마찬가지입니다. 그 역시 자신은 매우 부드러운 성품이고 그로 인해 사람들과의 관계가 좋다고 내심 여기며 살아왔습니다. 그러나 최근 들어 그는 이유를 알 수 없는 불안에 시달리고 있습니다. 과거 잠시 공황장애 증상을 겪은 적이 있지만, 수주 만에 증상이 다 사라져서 이미 잊고 산지 오래되었는데, 최근 들어 온종일 묵직하게 느껴지는 정체 모를 불안감이 심해졌습니다.

처음에는 불안을 빨리 해결하려고 여러 검사와 치료를 받았으나 소용없었고, 그렇게 답 없이 여러 달을 보내면서 자신의 불안이 뭔가 다른 것에 기인한다는 것을 알게 되었습니다. 이후 가만히 스스로를 되돌아보면서 인정하게 된 사실은, '해야 하고 넘어가야 할 것, 준비해야 할 것, 입장을 밝히고 정해야 할 것'에 매번 우유부단하게 대응해온 자신을 그의 내면이 걱정하고 있다는 것이었습니다.

젊은 시절에는 그의 우유부단한 성격이 미덕이 되어 사회생활을 무난하게 보냈지만, 나이가 들어 앞날을 예측하기 어려운 상황을 그려보니, 관계로만 일을 해결해 온 자신의 모습이 떠올라 무기력하고 미래가 염려되었기 때문이었습니다. 그의 불안은 결국 중요한 것들에서 잘라내어 처리하지 못하는 무기력한 자기 자신에 대한 깊은 '미래 염려'가 만들어낸 것임을 어렵지 않게 인정했습니다.

✔ 좁게는 이 상황도 변하고, 넓게는 이 세상도 진화해갑니다. 그 변화와 진화를 외면하고 현실에 안주하기 급급한 나 자신을 인지하게 될 때, 결국 미래 불안을 강화하는 씨앗들이 만들어집니다.

위의 사례와 정반대의 경우로, 서울에 사는 김 씨(36, 남)는 어릴 때부터 어떤 일에든 총명할 뿐 아니라, 추진력이 강하다는 이야기를 들어왔습니다. 그러나 회사 생활을 시작한 이후, 과도한 의욕으로 인해 회사에서 잦은 충돌을 겪고, 반대하는 사람들이 생겨나기 시작하면서 번번이 회사를 그만두어야 했습니다. 그는 자신을 매우 유능하고 일에 대한 열정이 높은 사람이라고 여길 뿐 아니라, 그를 잘 아는 가족과 친지들 또한 그렇게 생각합니다.

하지만 어김없이 새로운 회사에 들어갈 때마다 불과 1년도 견디지 못하고 여러 충돌과 마찰로 회사를 그만두게 됩니다. 최근 그는 이유를 알 수 없는 불안이 종일 가슴 속에서 요동치는 느낌을 받습니다. 어렵사리 발걸음을 한 정신과에서 약을 처방해 주지만, 그 약으로 해결되지 않는 지루한 불안이 그를 힘들게 하는 상황입니다.

위의 김 씨 사례는 전형적인 '직면 습관 오류'의 모습이라고 볼 수 있습니다. 직면은 분명히 무기력한 나 자신, 미래를 유보하고 우회하며 회피하는 자신을 혁파하는 중요한 미덕일 수 있지만, 그 '적정 수준을 과도하게 넘어서면 직면 자체가 불안의 씨앗이 될 수 있음'을 보여주는 사례라고 할 수 있습니다.

✔ '안주'는 '안정'의 개념이 될 때 우리의 불안을 낮춥니다. 또한, 반드시 해야 할 때 과감히 '직면'함으로써 우리의 불안을 예방할 수 있습니다. '안주'와 '직면'이 발휘되어야 할 때를 분별하는 습관이 취약할수록 '불안'은 강화됩니다. 그렇게 강화된 불안은 미래에 대한 근심과 우려로 '미래 불안'이 됩니다.

➕ 더 깊이

몸과 시간 : 내 몸이 시간을 들여 일하는 상태를 '휴식을 하지 못하는 상태'로 단정해버리기 쉽습니다. 현대의 많은 사람들은 일하지 않고 시간이 넉넉해야 휴식을 할 수 있다고 무의식적으로 여깁니다. 그러나 일을 하는 동시에 휴식할 수 있음을 재발견해야 합

니다. 역시 그것도 스킬의 하나이며, 그 스킬이 자연스럽게 이뤄질 수 있는 역량으로 체득되어감에 따라, 내게 주어진 조건에 변화가 없음에도 내 삶의 여유와 안정감은 더 확대됩니다.

살다 보면 급한 일에 마주칠 때가 있습니다. 그때는 꼭 필요한 수준에 한하여 한시적으로 그 일에 대응하는 것이 도움될 수 있습니다. 기민하게 움직여 대응하는 순간에는 깊은 생각과 계획을 제대로 수행할 시간적 여유가 없습니다. 그럼에도 단기적 사항만 고려하여 우선 급한 대로 그 일에 대응해야 하는 경우는 말 그대로 급한 경우로 국한되어야 합니다. 이러한 'e. 단기 대응'을 수시로 남발하고 자신도 모르는 사이 생활 곳곳에서 단기 대응을 하면, 위의 김 씨 사례처럼 그 삶은 서서히 혼란 속에 빠져듭니다.

그 혼란은 결국 '기존 오류들이 너무 누적되고 서로 엉켜서 그 실타래를 풀기에 큰 부담이 되는 상황'을 말합니다. 그 결과 자신의 삶을 처음부터 다시 시작하고 싶은 마음이 생겨나기도 합니다. 물론 이렇게 꼬여버린 삶을 성공적으로 잘 풀어내는 이는 많지 않습니다. 그 이유는 역시 'e. 단기 대응'이 뿌리 깊은 습관으로 그 사람에게 고착되어 있기 때문에, 꼬인 상황을 풀기 위한 모든 시도도 'e. 단기 대응'을 기초로 수행하는 우를 범하기 때문입니다.

✔ 'e. 단기 대응[표 8]'은 위기, 응급이나 순발력이 급히 요구되는 상황에서 '선택적'으로 발휘해야 합니다.

'단기 대응'이 꼭 필요한 소수의 상황을 제외하고, 대부분의 사안은 모두 'f. 장기 대응'으로 대처해야 합니다. 우리 삶은 결코 말초적인 짧은 결정에 의해 크게 좌우되지 않습니다. 더욱이 그렇게 내린 순간 판단은 지극히 부정확할 수밖에 없습니다.

뇌의 처리 속도는 실제로 그리 빠르지 않기 때문에, 경험을 조합하고 유추하여 성공 확률이 높은 결론으로 도출하기 위해서는 절대적인 길이의 시간이 필요합니다. 그럼에도 '이 일을 빨리 끝내야 해!', '답답한 상황을 빨리 끝내고 싶으니까 이 일을 서둘러 정해야 해!'라는 식의 오류를 범하는 가장 큰 이유는 역시 '조급함' 때문입니다.

조급함은 정서적 느낌이며, 그 발생 정도와 깊이는 습관에 의해 크게 좌우됩니다. 매사 조급한 사람은 어떤 일에도 쉽게 조급해지고, 그렇지 않은 사람은 어지간한 일에도 차분한 대응을 하는 경향이 강합니다. 또한, 그 조급함이 결국 정서적인 느낌에 기초하므로 조급함이 나타나기 시작하는 그 최초 단계에서는 '불쾌한 느낌'으로 자각될 수 있습니다. 즉, 불쾌한 조급함이 내 안에서 급격히 증가하여, 이 불쾌감을 빨리 해소하고자 생각과 행동을 서두르게 합니다. 이는 '조급'이라는 것이 '경험과 학습을 참조한 우리 내면의 채찍질'의 일환이기 때문입니다. 어떤 일이든지 조급해지는 사람은, 결국 그 최초 불쾌감으로 인한 채찍질에 더 민감하게 반응하는 습관이 강하게 구축된 사람이라고 볼 수 있습니다.

✔ '조급'은 보통 불쾌한 기분과 신체 느낌을 수반합니다. 그 기분과 느낌을 빨리 해소하기 위해 생각과 행동을 서두르는 '습관' 또한 불안을 강화하는 오류로 작용합니다.

➕ 더 깊이

어린 시절부터 우리는 "미리 준비해두면 나중에 후회가 없다."는 말을 끊임없이 들어왔습니다. 그 결과 미리 준비해둘 필요가 없는 모든 것들에도 준비해야 한다는 강박이 내부에서 자라나게 되었습니다. 그러한 습관이 들어버린 내면은 그럴만한 것이 없어도 계속 뭔가 대비해야 할 것을 탐색하고, 아직 대처해야 할 시간이 넉넉함에도 당장 대응하려는 태세를 풀지 못합니다. 이와 같은 내면 상태가 조급이라는 현상의 배후에 깔렸음을 유의해야 합니다.

반면, 'f. 장기 대응'을 하는 이에게서는 이러한 조급함이 한결 덜 나타납니다. 그 사람의 내면에서는 '조급'을 촉발해도 애초 목표로 한 반응 수준을 거듭 달성할 수 없기에, 그의 내면은 주된 채찍질로서의 그 조급을 쉽게 이끌어내지 않습니다. 내면의 입장에서는 효과없는 채찍질을 할 필요가 없기 때문입니다.

이 점을 잘 생각해보면, 내면 또한 우리의 의식적이고 반복된 반응 행위를 통해 '교정'이 가능함을 의미합니다. 즉 조급함이 느껴져도 내 의지로 생각과 행동을 차분히 진행함으로써, 내면이 조급을 유발해도 목적이 달성되기 어렵다는 사실을 나의 내면에게 거듭 알려주면, 결국 내면도 조급함의 유발을 포기해 간다는 의미입니다. 단, 가장 중요한 것은 바로 '거듭 반복'한다는 점입니다. 반복됨으로써 나의 의지는 곧 '습관'으로 깊게 형성될 수 있고, 그 습관에 의해 내면의 촉구 방법을 조절할 수 있습니다.

✔ 'f. 장기 대응'도 역시 '습관'이 크게 작용하는 행동 반응입니다. 스스로에게 시간을 허락하고 원천에서 그 사안을 해석하고 느끼며, 그 예후를 판단하여 내가 실행해야 할 것들을 서두르지 말고 진행해나가는 습관, 그 습관이 바로 'f. 장기 대응'을 자연스럽게 끌어내는 원천이 됩니다.

'e. 단기 대응'과 'f. 장기 대응' 모두 우리 삶에서 그것이 각기 필요한 경우가 따로 있습니다. 그러나 분명한 것은 우리의 삶 자체가 '단기 대응'을 해야 할 상황보다는 '장기 대응'을 해야 할 상황이 압도적으로 많이 발생한다는 점입니다. 그럼에도 습관적으로 쉽게 조급함을 느끼고, 그 조급을 해소하려고 단기 대응을 반복하는 사람은 결국 '조급과의 사촌 관계인 불안'을 더욱 쉽게 느낄 수밖에 없습니다.

필자는 어린 시절에 "성격이 급하다."는 소리를 자주 듣지는 않았습니다. 그러나 무엇인가 급하거나 설레는 일을 앞두고 자주 소변이 마렵고 안절부절못하는 느낌이 들었습니다. 이는 곧 필자 또한 '내적으로 꽤나 조급을 쉽게 유발하는 성향'이 강했음을 의미합니다. 실제로 불안신경증을 겪는 환우들의 대다수는 타인의 평가와 관계없이 필자와 같은 이러한 경험을 어릴 때부터 자주 해왔다고 진술합니다. 또한 타인이 나를 매우 느긋하고 낙천적이라고 평가하더라도, 스스로는 꽤 조급한 스타일이라고 평가하는 분들도 많습니다.

✔ 나의 내면 안에 깊게 흐르는 '조급'을 읽을 수 있어야 합니다. 실제로 나의 불안은 나의 내면에서 흐르는 그 조급의 수준에 의해 비례하기 때문입니다.

이와 같은 'e. 단기 대응'과 'f. 장기 대응'은 모두 'C. 지향'이라는 습관의 일환입니다. 'C. 지향'은 곧 '나도 모르는 사이 나로 하여금 특정한 방향을 향하도록 만드는 의지'를 뜻합니다. 스스로를 가만히 침묵 속에 두고, 내가 나를 읽고 느끼는 자세로 자신의 그 '지향'을 읽어 보십시오. 빨리 이 상황을 종료시켜서 지금 체감되는 답답한 그 무엇으로부터 나를 빨리 탈출시키려는 의지나 의도가 느껴지는지 스스로를 들여다보십시오.

미래에 내가 처할 상황을 급하게 확인하여, 그 답답한 느낌을 해소하려는 것이 아닌지 스스로를 꿰뚫어 보십시오. 그 답답한 느낌이 무엇일까요? 그것을 한 마디로 표현하는 것은 결코 쉽지 않지만, 아마도 '염려'라는 대표어로 대변될 수 있는 그 무엇일 것입니다.

'염려'는 앞으로 내가 처하게 되거나 당면하게 될 미래 시점의 상황이 결코 나에게 불리하지 않기를 바라는 소망이며, 그 미래 시점의 나의 상황을 확인하려는 의지임을 간파해야 합니다. 미래를 명확하게 확인한다는 것 자체가 말이 되지 않지만, 내면의 '확인 욕구'는 의지대로 쉽게 멈춰지지 않습니다. 그 결과, 미래의 불확실성이 부정적 미래에 대한 정서적 거부감과 결합하면서 묵직한 '불안'이 강화되는 것입니다.

✔ 빨리 결말을 알고 싶고 또한 그 결말이 긍정적이길 소망하지만, 내 욕심대로 당장 확인할 수 없으므로, 바로 '답답함'을 동반한 '염려'를 수행하게 됩니다. 여기서 '답답함'이라는 느낌은 불안도, 우울도 아닌, 매우 불쾌한 기분이라고 밖에는 설명할 수 없습니다.

이러한 염려의 목적이 '불쾌함을 느끼는 시간을 줄이거나 빨리 벗어나기 위함'에 초점이 맞추어진다면, 결국 내가 하는 모든 대안은 '불쾌감 줄이기'라는 그 '지향'으로 치닫게 됩니다. 그러나 이러한 방식으로 수행되는 지향은 올바른 문제 해결과 그 대안 마련이라는 궁극의 '올바른 지향'과는 거리가 멀며, 그 결과 또 부정적일 수밖에 없습니다. 애초 내가 소망한 것은 문제해결일지라도, 그 지향이 잘못되어 있으면 결과는 언제나 '불편의 한시적인 경감'에만 맞춰집니다.

✔ 염려는 문제 해결을 위해 수행되어야 합니다. 그러나 그 염려를 현재

의 불쾌한 기분을 낮추려는 용도로 반복해서 사용하면, 그 자체가 부정적인 습관으로 고착됩니다.

또한, 그 불편 해소를 위해 서두르는 모든 생각과 행동은 곧 '조급' 위에서 움직이게 되고, 그 결과 총체적인 오류로 향할 수밖에 없습니다. 이 오류를 반복할수록, 역시 나의 부정적인 '지향'들과 더불어 '단기 대응'을 하는 면모들은 공히 내면에서 깊은 '습관'을 형성해 나가게 됩니다. 이 습관은 나의 '바탕계기'를 구성하는 또 하나의 거대한 부정의 축이 됩니다.

✔ 불편한 상황을 서둘러 모면하려는 조급은 잘못된 지향을 고착시킵니다. 궁극적인 미래 대안 도출과 실행을 지향하지 않고, 불안해진 나의 상황을 단기적으로 진정하기 위해 거듭 위안을 반복하면, 그 자체가 하나의 습관으로 고정되면서 '1. 대응 습관'에 거대한 질적인 저하를 야기합니다.

이상의 각 'A. 기억 참조', 'B. 편의', 'C. 지향'이 부정적일수록, 결국 내 '1. 대응 습관'의 전반적인 품질이 떨어집니다. 품질이 떨어진 대응 습관은 당연히 온갖 평소 불안과 미래 불안을 야기하는 동시에, 나의 '자존'은 더욱 저하될 수밖에 없습니다.

반면 우리는 저하된 자존을 은폐하고 감추는 요령을 터득합니다. 내적으로 신뢰하기 어려운 나 자신을 타인의 눈에 좋게 비치도록 할 수 있는 여러 '외적'인 행위를 통해서 유사시 나에게 야기될 수 있는 불이익과 피해를 줄이려 합니다.

물론 좋은 외적 환경을 보유한 사람일수록 이러한 상쇄 행위에 유리해질 수 있습니다. 더 잘난 외모, 더 좋은 옷, 더 나은 학력이나 혈연, 더 고급스러운 언행에 이르기까지, 매우 다양한 수단으로 피폐해진 나의 내면을 감춤으로써 그것이 야기할 수 있는 '내적 상처'를 덮으려는 행위들을 통해 낮은 내적 자존감을 위로하려는 것입니다. 바로 이런 행위에 관련된 흐름을 '❶ 외적 자존'이라 합니다.

'외적 자존'이 높다는 것 자체가 부정적이지는 않습니다. 그러나 나의 외적 자존이 내적 자존과 그 격차가 크지 않을수록 가장 긍정적이고 이상적인 상태가 됩니다. 반면 나의 외적 자존이 내적 자존보다 그 수준이 크게 높아서 내적 자존이 오히려 초라해질 지경이라면, 양자 간의 '격차'가 바로 '불안의 원동력'이 된다는 것도 아울러 유념해야 합니다.

또한 나의 어떤 행위를 내면이 바라볼 때, 스스로 충분히 만족할 수 있다면 내적 자존을 더욱 강화합니다. 그러나 내면이 만족하지 못할수록, 나도 모르는 사이 '외적 자존'을 강화하여 타인이 나의 부족함을 알아챌 수 없도록 하기 위한 '은폐 행위'를 유발할 수 있습니다.

✔ 나의 내적 자존이 초라하다고 느끼면서, 그 상태를 은폐하기 위해 외적 자존을 더욱 강화하는 경우가 있습니다. 그로 인해 발생하는 격차는 향후 불안을 조성하는 중요한 바탕이 됩니다.

➕ 더 깊이

'연기'는 높은 외적 자존과 낮아진 내적 자존의 격차를 메우기 위해 무의식적으로 수행하는 보완 행동입니다. 내적 자존이 낮을수록 이를 복구하기 위한 근원의 노력을 해야 함에도, 임시방편으로 외적인 면모를 타인에게 드높이는데 더 많은 노력을 쏟기 쉽습니다. 그 결과 두 자존 간의 격차는 더 벌어지게 되고, 그 굴레를 상당 시간 반복할수록 결국 두 자존 간의 벌어진 격차를 보완하기 위해 더 '연기'하게 됩니다. 우리가 익히 아는 유명인들의 자살이나 여러 부정적 사건 뉴스들은 바로 크게 이격된 그들의 두 자존의 상태를 가늠할 수 있는 사례라고 할 수 있습니다.

우리의 내적 자존은 주로 느리게 변합니다. 나의 생각과 행동, 그리고 그것에 기초하여 예상되는 미래가 충분히 자족할만하다고 여겨질수록, 내적 자존은 천천히 그리고 은근하게 강화되어 갑니다. 반면 외적 자존은 매우 즉흥적이고 가벼워서, 외적으로 비춰진 모습에 대한 타인의 반응을 매우 빠르게 수렴합니다. 즉, 타인이 나를 좋게 본다고 여기면 외적 자존은 순식간에 증가하고 그렇지 못할 경우 빠르게 감소합니다.

또한, 심하게 출렁이는 외적 자존을 안정적으로 지지하기 위해 정서적 기분인 '분노'를 쉽게 이용하는 경향이 강합니다. 내가 믿는 나의 외적인 모습을 타인이 평가절하하고 있다고 판단되면, 마음 깊은 곳에서는 욱하고 화가 치밀어 오르는 경우가 그것입니다.

"감히 나를 무시해?"

"저 사람은 역시 보는 눈이 없어."

이런 식으로 나의 가치는 평가 대상에서 제외해 둔 채, 타인에게 분노를 느끼거나 타인의 가치를 평가절하함으로써 나의 상처받은 외적 자존을 보호하려는 반응을 나타내기 쉽습니다. 그러한 외적 자존의 보호 반응도 역시 불안을 대폭 증가시키고, 불안을 견제할 수 있는 자기만족에 의한 안정감을 크게 저해합니다. 소위 자존심이 상하면 내 기분을 상하게 만든 그 사람에 대한 분노를 느끼거나 그 사람을 평가절하하는 경향은 바로 이런 이유에서 발현됩니다.

✔ 외적 자존에 상처를 입으면, 즉시 분노 또는 합리화를 통해서 외적 자존과 내적 자존 간의 간극을 보상하려는 반응이 생깁니다.

우리의 '외적 자존'은 두터운 '내적 자존'의 마지막을 조미료나 향신료처럼 장식하는 정도여야 합니다. 외적 자존이 내적 자존의 장식 수준 이상으로 강화되고 팽창되면, 나의 인품을 망가뜨리는 주요인이 되어 그에 수반되는 부정적인 대가를 치르게 됩니다.

앞서 [표 8]과 같이, 그동안 내가 구축해 온 '1. 대응 습관'들은 내 고유 '습관의 조합'에 따라 나의 '❶ 외적 자존'을 강화하거나 또는 '❷ 내적 자존'을 강화해 나갑니다. '외적 자존'이 유독 특징적으로 강화되어 갈수록 나의 삶은 더욱 피곤해짐은 물론, 그에 대한 집착과 욕심을 제어하기가 어려워집니다. 이를 다른 말로 표현하면 '갈증'이라 할 수 있습니다. 높은 외적 자존은 마실수록 목을 더 마르게 하는 진한 바닷물처럼, 내 몸에 독의 비중을 높여서 결국 나를 이 사회 속에서 대단히 일그러진 비정상의 존재로 변모시켜 나갑니다. 그 반대로 내적 자존은 아무리 드높여도 실보다 득이 많음을 기억해야 합니다.

이상과 같이 나의 '바탕계기'가 불안을 형성하는 데 더 유리한 흐름인지 아닌지를 잘 가늠해 봅시다. 준완치기의 불안은 이러한 바탕계기와 밀접하게 연관되어 있으므로, 이를 길게 바라보고 개선해 나가야 합니다. 그 개선 없이 이 병이 나에게 활성화한 모든 불편이 영원히 사라지길 기대하는 것은 지극히 비현실적인 바람일 뿐임을 명심하길 바랍니다.

예후의 작용 요소, 바탕계기 개선

내 삶을 여유롭고 안락하게 살아가기 위해 우리는 많은 미덕들을 배우고 익힙니다. 때로는 유명 작가가 쓴 책을 감명 깊게 읽기도 하고, 일기를 쓰면서 매일 내 삶을 되돌아보고 반성하기도 합니다. 이러한 모든 시도들은 물론 내 삶을 개선하는데 도움이 될 수 있습니다. 그러나 그 노력의 범위가 너무 넓고, 그 노력을 위하여 내가 감수해야 할 것들이 너무 방대하기에, 결국 그 노력도 얼마 가지 못하는 경우가 많습니다. 그렇게 하루하루 살아가다 보면, 어느새 내가 다시 원래의 위치로 되돌아와 있다는 느낌을 받을 때가 있습니다.

공황장애의 특유 증상들이 거의 사라진 준완치기에서의 노력들도 이와 비슷합니다. 한 가지 노력을 계속 유지하면서 기존의 잔잔한 불안이 조금 해결된다 싶어져도, 다시 특정할 수 없는 어떤 이유들로 인해 첫 시작점인 원래의 위치로 되돌아와 있음을 느끼게 됩니다. 이는 마치 뫼비우스의 띠처럼 시작과 끝을 알 수 없는 느낌으로 좌절, 절망, 무기력을 동시에 경험하게도 합니다.

그 부작용을 줄이기 위해 준완치기 불안 개선을 위한 노력은 다방면으로 진행되어야 합니다. 애초 내가 영위하고 삶을 이어나가는 모든 틀을 개선해야 잔잔한 불안이 제대로 잡혀 나가기 때문입니다. 여기서 말하는 그 '틀'은 나의 생각과 의사 결정이 진행되는 '습관의 공식'과도 같습니다.

준완치기의 삶 곳곳에서도 자극은 끊임없이 발생합니다. 그 자극을 잘 인지하고 바르게 처리하려는 양호한 흐름이 나의 주된 테마가 될 때, 비로소 내 사고와 의사결정이 오류로 빠져드는 것을 줄일 수 있습니다. 그 흐름을 잘 유지해 나갈 때 막연한 염려와 근심에서 창출되는 잔잔한 불안도 그 강도를 제대로 낮추어간다는 것을 명심하길 바랍니다.

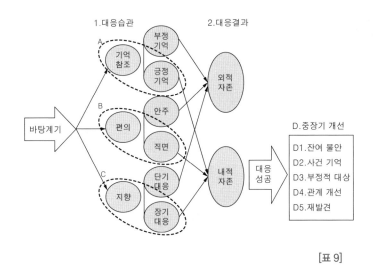

[표 9]

이전 챕터에서 함께 이해한 대로, 우리는 모르는 사이 '대응 습관'을 통해 모든 자극들을 인식하고 반응합니다. 그 대응 습관의 진행 속도가 매우 빨라서, 나의 모든 의식과 반응 결정에 관여하고 있는지의 여부를 알 수 없다면, 나의 대응 습관은 이미 '습관화'

가 진행된 것으로 여기면 됩니다.

이러한 습관화는 곧 내가 얼마나 장시간 그 행위를 반복했느냐에 따라 그 정도가 정해지는 특징이 있습니다. 물론, 기존의 잘못 형성된 습관을 거듭 해체하고 다시 좋게 개선하려면, 기존 습관이 구축된 기간보다 더 긴 시간 좋은 습관 행동을 반복해야 비로소 재교정될 수 있음을 잘 유념해야 합니다.

[표 9]의 'A. 기억 참조', 'B. 편의', 'C. 지향'은 공히 '대응 습관'의 틀에서 순식간에 처리되는 흐름입니다. 그 습관이 부정적인 것이 아닌, 긍정적이고 바람직한 것을 선택하고 처리할수록 당연히 대응 습관은 더 좋은 결과를 도출합니다. 또한, 좋게 도출된 사고와 행동 반응들은 나의 '내적 자존'을 강화하게 되며, 그 결과 평소 지루하게 유지되던 불안을 더욱 희석하고 낮추는 효과를 발휘합니다.

✔ '대응 습관'에서 내 의지로 좋은 시나리오를 선택하고, 그 자동 처리 과정에 개입하려 노력해야 합니다. 그 결과 부정적인 쪽으로 자동화된 나의 기존 악습들이 바르게 개선되어 갑니다.

이러한 개입 과정에서는 다음을 유념하십시오.

〈'대응 습관' 흐름 개입 시 유의사항〉

❶ 기분 얹지 않기

❷ 조급하지 않기

❸ 견(見)하지 않고 관(觀)하기

어떤 자극이나 사건에서도 그것을 인식하고 처리하는데 결코 급하지 말아야 합니다. 그것을 듣고 인식하는 짧은 시간 동안 나도 모르게 내 안에서 여러 감정과 정서가 함께 요동치는 것을 가만히 관찰하고 간파하십시오. 그 관찰과 간파를 통해 그 자극이 '불쾌한 것이냐, 유쾌한 것이냐'를 순식간에 결정하는 그 흐름을 포착하십시오.

내가 급히 받아들여 인식한 모든 자극들은 '좋다' 또는 '싫다'로 이미 그 자극 위에 내가 정서를 얹어 이후 단계를 처리하게 됩니다. 그러한 인식 습관은 이후 단계에서 그 본질을 꿰뚫어 볼 수 없도록 나의 초점과 집중을 흐리게 합니다. 결코 조급하게 어떤 자극을 순간 판단하거나 그 위에 불필요한 정서를 결정하여 얹지 않도록 거듭 시도하고 노력해야 합니다.

✔ 다가온 사안을 미처 해석하기도 전에 그 위에 '기분'을 얹는 오류를 범하지 말아야 합니다.

➕ 더 깊이

여기서의 '기분'은 '통증'과도 같습니다. 사건을 객관적으로 생각하기도 전에 기분과 온몸으로 체감하는 불쾌감을 통증으로 느끼게 되고 합리적인 대응이 아닌 통증을 저감하기 위한 보상 행동을 임기응변으로 넘기면서 오류가 발생합니다. 그 오류가 반복될수록 더욱 기분에 사로잡혀 합리적 대처가 어려워집니다. 이 또한 넓은 견지에서 습관과 관련이 깊다고 볼 수 있습니다.

이와 반대로 자극을 인식할 때는 먼저, 그 자극을 있는 그대로 듣고 보고 체감해야 합니다. 이는 그 자극 위에 어떤 형태로든 '선입견'으로 작용할 수 있는 모든 유형의 정서를 얹지 않는 것을 의미합니다. 일단 그 자극의 본질을 있는 그대로 이해하고, 그 자극을 뭉뚱그려진 감정으로 인식하지 않도록 반복해서 연습하십시오. 이에 관련한 내용이 바로 위의 '❶ 기분 얹지 않기'의 초기 요령입니다.

뇌는 시간을 상대적으로 인식합니다. 몰입할수록 뇌는 주어진 시간을 더 짧게 느끼고 온몸의 리듬과 그 인지까지 모두 짧은 시간으로 여기게 됩니다. 그만큼 모든 역량을 대상에 할당하고 더욱 집중적이고 효과적으로 작업을 수행합니다. 조급해질수록 뇌는 시간을 곁에 두고 인식하면서 그 대상을 처리합니다. 이는 곧 작업에 필요한 역량의 일부를 그 주어진 시간에 할당하고, 그 시간이 흐를수록 해석해야 할 대상의 드러난 모습만 훑음으로써 결국 '속단'하게 합니다.

반드시 서둘러 처리해야 하는 경우도 있지만, 실제로 그런 경우는 그리 흔치 않습니다. 그럼에도 공황장애 등 불안신경증을 앓는 환우들은 매사 그 조급 위에서 삶을 살아나가는 경향이 강해서, 직면하는 모든 느낌, 상황, 사건, 대상에 대하여 그 조급함으로 처리하는 우를 범하기가 더 쉽다는 것을 기억해야 합니다. 꼭 필요한 경우가 아니라면, 반드시 스스로에게 조급함의 반대인 '느긋함'을 허락하십시오. 느긋하게 마음먹고 문제를 대할수록 그 사안의 핵심을 잘 파악할 수 있을 뿐 아니라, 해결의 지름길을 더 잘 찾을 수 있습니다.

✔ 조급은 사안의 핵심과 다가올 미래를 정확하게 판단하지 못하도록 만드는 오류의 핵심이라는 것을 명심해야 합니다.

특정한 면모에 집중하여 바라보는 행위를 '견'이라고 합니다. 반면, 그 사안의 면모를 양상과 균형을 감안하여 전체적으로 느끼면서 바라보는 행위를 '관'이라고 합니다. '견'에서는 우리의 동공이 좁아지고 혈압과 맥박이 상승합니다. 또한 그 사안을 집중하여 해석하기 위해 뇌의 특정 부위가 유독 활성화되며, 상대적으로 다른 부위들의 기능은 저하됩니다. 이러한 '견' 상태는 그 대상의 특정한 부위를 집중하여 '확대 관찰'하는데 유리한 행동입니다.

반대로 '관'에서는, 동공은 자연스럽게 풀리고 혈압과 맥박도 별반 달라지지 않습니다. 또한 뇌의 전 영역이 마치 불꽃놀이가 하늘 전체를 울긋불긋 수놓듯이 다양한 부위들을 넓게 활용하여 그 사안을 처리하는 모습을 보입니다. 이러한 의학적인 관찰 결과와 똑같은 현상이 실제로 우리의 '지각'에서도 나타납니다.

'견'한 대상은 그 일부만 두드러지게 확대되어 지각되지만, '관'한 대상은 실제로 그 대상뿐 아니라, 그 대상과 연결될 수 있는 수많은 나의 기억, 경험, 학습은 물론, 직관적으로 떠올리거나 연결 가능한 '미래 예측' 정보까지 고르게 연동되어 지각됩니다.

✔ '견'은 필연적으로 집중과 긴장을 수반하기에, 나의 몸과 기분도 그에 상응한 불안 긴장 반응을 동반합니다.

우리가 마주치는 각종 자극과 사안들은 그 대부분이 '견'이 아닌 '관'이 더욱 도움이 되는데, 각별히 관계나 영향 또는 상황 판단에 관련된 것일수록, '관'의 효율성은 더욱 강해집니다.

두렵고 불안한 느낌을 담은 어떤 소식을 접할 때, '견'의 시선을 발휘하면, 그 부정적 소식이 동반하는 여러 정서적 요소들인 불안,

염려, 재앙, 회피 등의 정서 반응을 나도 모르게 이끌어냅니다. 그러나 '관'의 시선을 잘 견지할수록 부정적 소식의 '궁극적 영향과 대안의 유무'가 그 해석 과정과 그대로 연동하여 함께 이끌어내기 용이하기 때문에 불안보다는 차분과 냉정을 유지하기 훨씬 유리해집니다.

'관'의 시선은 자신의 분야에서 이름을 떨치는 '장인'이나 '전문가'들의 공통적인 습관이기도 하며, 그들 스스로 긴 시간 영위해온 해당 분야의 경험으로부터 숙지된 '습관화된 노하우'인 셈입니다. 그러나 실제로 그 노하우는 그들의 전문분야에서만 발휘되지 않고, 그들이 영위하는 일상의 모든 것들에 넓게 긍정적인 효과를 발휘하도록 만듭니다. 이는 독보적인 장인들이 그에 합당한 '인격'과 '삶의 자세'를 함께 보유하고 있는 경우가 많다는 것에서 확신할 수 있는 사실입니다.

✔ 나에게 다가온 사안들의 대부분은 '관'의 시선으로 바라보아야 합니다. '관'을 통해 그 사안이 내포한 핵심을 더 잘 파악할 수 있고, 그 사안의 미래 전개 양상과 각종 연관된 것들을 아울러 넓게 비견할 수 있기 때문입니다.

앞에서 우리는 '대응 습관'을 통해 '내적 자존'을 강화하는 것이 준완치기 잔존한 불안과 불편을 해결하는데 더욱 궁극적인 해답임을 이해했습니다. 이제부터는 [표 9]에서와 같이, 기억을 참조할 때 가능한 '긍정 기억'을 선택하고 이를 실행하도록 무던히 연습해 나가야 합니다. 또한 편의를 수행할 때는 '직면'의 자세를 견지하는 것이 당연히 긍정적이며, 지향을 취할 때도 역시 '장기 대응'에 높은 비중을 두고 항상 모든 자극과 사안들을 대하는 것이 우리의 '내적 자존'을 높이는 핵심임을 꼭 기억합시다.

이러한 내용을 처음 이해하고 실행해보면 당연히 어색하게 느껴지고, 나의 관찰(내가 이 요령들을 잘하고 있는지)이 동반되므로 어설프거나 뜻대로 잘되지 않는다고 느끼기 쉽습니다. 그러나 매사 그러하듯, 거듭 반복하고 숙달해 갈수록 [표 9]의 수행 요소들은 의외로 어렵지 않게 나의 사고와 행동 습관의 대부분에 서서히 그 뿌리를 내려간다는 것을 거듭 강조합니다. 즉, 내가 하는 모든 생각과 행동들이 기존의 부정적인 선택들에 기초하지 않고, 매우 긍정적인 선택들에 기초해간다는 의미입니다. 반복된 연습과 함께 진지한 정성을 들일수록, 긍정적인 선택 과정은 결코 '의도'가 아닌 '자연스러움'에 의해 조건반사적인 습관을 이루어나가는 것입니다.

선택이 필요한 모든 종류의 자극과 사안을 바로 위의 '유의사항'을 참고하여 분별하면, 대응 습관 흐름의 품질이 높아지고 나의 기존 인격과 언행 전반을 개선하는 효과를 냅니다.

✔ 꾸준한 연습을 통해 자연스럽게 내면화된 바탕계기는 중장기적으로 내 삶의 모든 부분에서 큰 개선 효과를 직접 발휘합니다. 그 결과 이 병의 극복을 넘어, 내 삶의 많은 부분을 쾌적하게 만듭니다.

개선된 바탕계기는 내 삶 곳곳에서 빈발하는 여러 자극의 영향 수위를 급격히 낮춥니다. 그 결과 자극이 내면에 조성하는 각종 불만족, 긴장감, 위기감까지 다양한 부정적인 정서들을 줄여줌으로써, 공황장애 및 각종 불안신경증들에서 평소 지루하게 유지되고 잔존하는 'D1. 잔여 불안'을 소멸시켜 나가게 됩니다.

우리는 일반적으로 지금 처해 있는 상황이 개선되어야 나의 염려와 불안도 낮아진다고 믿고 있습니다. 그러나 실제로 이 세상에 나 혼자만 살지 않는 한, 내 의지대로 모든 환경을 나에게 쾌적하게 조정하는 것은 불가능할 수밖에 없습니다. 나를 둘러싼 가족과 친지들, 지인들도 역시 그들 고유의 의지와 욕구를 지닌 존재들이기에, 그들 또한 나로 하여금 그들을 지지하거나 자신들의 이익을 침해하지 못하도록 유무형의 각종 행위들을 통해 나의 욕구를 견제하기 때문입니다. 그 결과 정말 다양하고 방대한 자극들이 나의 외부 환경에서 내 안으로 유입되고, 그 유입과 그에 대한 나의 반응이 곧 '사회적 관계'가 됩니다.

인간은 사회적인 존재이므로, 나 또한 사람들과 어우러지지 않고서는 삶이 피폐해지고 그들과의 관계로부터 얻을 기회와 이익을 포기할 수밖에 없습니다. 즉, 관계 속에서 발생하는 여러 자극들이 나에게 다가오지 못하도록 원천봉쇄하려는 시도는 절대적으로 무효함을 잘 유념해야 합니다.

✔ '관계'로부터 발생하는 자극들을 내 의지대로 없애고 조정하려는 시도들은 대부분 실패하게 됩니다. 즉 그 자극을 받아들이는 내가 변해야 그러한 자극들이 나에게 부정적인 영향을 줄 수 없고, 결국 더 현실적인 대처가 될 수밖에 없습니다.

⟨'바탕계기 개선'의 중장기 효과⟩ [표 9] 참고

❶ D1. 잔여 불안 해결 ❷ D2. 사건 기억 축소

❸ D3. 부정적 대상 영향 축소 ❹ D4. 관계 개선

❺ D5. 재발견

우리는 사고를 전환해서 관계로부터의 자극에 대응해야 합니다. 바탕계기의 흐름을 좋게 바꾸어 궁극적으로 나의 내적 자존을 강화하는 대응 습관의 개선은, 바로 그 관계들로부터의 자극이 내게 부정적인 영향을 주지 않고 거꾸로 나에게 도움이 되는 긍정적인 영향만을 선택적으로 취할 수 있도록 만듭니다. 그 결과 자극은 스트레스가 되지 않고 나의 내적 자존을 강화하는 효과를 통해

자극들이 내게 조성할 수 있는 여러 '❶ 잔여 불안'을 잠재워 갈 수 있습니다.

과거 경험한 강렬한 '❷ 사건 기억'으로 인한 '트라우마(Trauma)'와 '외상 후 스트레스' 등도 역시 이 노력 과정에서 천천히 해결될 수 있고, 그 영향력을 감소시킬 수 있습니다. 우리는 더 큰 보람이나 가치를 경험하면, 그 재미에 사로잡혀서 기존의 부정적인 기억이나 사건을 상대적으로 작게 축소하는 경향이 있기 때문입니다.

새로운 보람과 가치를 확보해도, 그것이 한낱 확률 낮은 꿈에 불과한 것들로 채워지면, 그 또한 아무 의미가 없는 회피에 불과합니다. 만약 어제 회사에서 승진에 탈락해 매우 속상해있고, 온종일 아무것도 손에 잡히지 않을 만큼 나의 미래를 크게 근심해왔다고 해도, 오늘 우연히 큰 액수의 복권에 당첨된다면 기존의 그 절망과 미래에 대한 염려는 단박에 축소되어 의미가 약해질 것입니다. 물론 이러한 극한의 우연이 우리의 삶에 쉽게 생겨나지는 않으니 그저 드라마 상의 이야기로만 여겨야 합니다. 그런데도 그것에 매달리고 집착하고 기대한다면 거대한 갈증을 느끼게 될 것은 당연합니다.

나의 좋은 바탕계기는 나와 관계를 형성하는 사람들로 하여금 더 좋은 이미지를 느끼게 만들고, 그 결과 좋은 관계 속에서 좋은 기회가 나에게 더 잘 나타나게 됩니다. 이렇게 일상에서의 기대감과 즐거움이 더욱 확대되어 가면, 나의 내면에서 아주 큰 비중을 차지해온 과거의 강렬하고 부정적인 기억들도 서서히 그 주의를 다른 즐거운 일상으로 전환함에 따라, 부정적인 영향력도 제대로 줄어듭니다. 바로 이러한 효과를 '전환 효과'라고 합니다.

✔ 불편함 그 자체를 직접 줄이는 것이 어렵다면, 즐거움과 가치 있는 다른 것으로 내 주의를 전환함으로써, 불편함의 자각 정도를 낮추는 방법에 의해 거두는 효과를 '전환 효과'라 합니다.

손가락을 칼에 베였을 때 종일 그 상처를 바라보면서 통증의 감도에 주의를 기울이면, 그 상처가 주는 고통이 더욱 날카롭고 오래 느껴짐은 물론 나의 모든 사고와 행동을 종일 방해하게 됩니다. 그러나 반가운 친구들과 즐겁게 수다를 떨면서 하루를 보낸다면, 그 즐거움에 주의를 빼앗겨 베인 상처가 주는 통증은 강하게 느껴지지 않아 나의 사고와 행동을 방해하지 않습니다. 즉, 나의 상처는 물리적으로 그대로인데 그 상처가 나에게 촉발하는 불편의 총량과 영향이 현저하게 감소하는 것, 바로 그러한 효과를 '전환 효과'가 내는 것입니다.

전환 효과를 과거 경험했던 'D3. 부정적 대상'이 내 일상에 미치는 영향을 줄이는 용도로 적극 활용하려면, 마땅히 그렇게 전환할 만한 소재인 나의 여러 '관계'와 '동기'들이 좋은 양상으로 증가해야만 가능한 일입니다. 즐겁고 기대할만한 일상을 고르게 증가시키고 이를 잘 유지하려면 그에 합당한 나의 개선된 '바탕계기'는 필수입니다.

바탕계기 흐름의 개선을 통해 나의 내적 자존이 강화되고 일상에 좋은 동기와 기회가 증가하면, 뇌가 주의를 전환하여 결국, 과거에 경험했던 부정적인 기억의 영향력도 위축될 수밖에 없습니다.

✔ 과거의 부정적인 대상이나 기억이 주는 영향을 가장 효과적으로 위축시킬 수 있는 방법은 '전환'입니다. 이는 내면의 주된 관심을 더 비중 있고 긍정적인 것으로 돌림으로써 지울 수 없는 부정적인 대상과 기억에 관심 둘 필요가 없도록 만듭니다.

➕ 더 깊이

설레고 기대되는 미래는 과거로부터 나를 괴롭혀온 각종 트라우마를 잠재우는 가장 확고한 약효를 발휘합니다. 그러한 미래로서 설정한 가치 기준이 돈과 명예가 될수록 더욱 그 미래는 달성하기 어려워집니다. 반면 자신의 재능과 즐거움, 보람에 가치 기준이 맞춰질수록 더욱 달성하기는 수월해집니다.

바탕계기의 좋은 흐름은 나의 내적 자존을 강화시키며, 좋게 개선된 나의 면모는 더 좋은 관계를 내 삶에서 증가시켜 줍니다. 그 결과 나의 내면은 서서히 과거의 부정적 기억으로부터 더 좋아지고 즐거워진, 기대되는 나의 삶으로 주의를 전환해 갑니다. 그리고 준완치기의 불안은 더욱 그 빈도와 강도가 줄어듭니다.

우리는 주변에서 밝고 긍정적이며 좋은 사람을 보면 누구나 그에게 다가가고 싶은 마음이 듭니다. 자신의 주관이 명료하되 이기적이지 않고, 매사 맺고 끊되 충분히 유연한 사람은 주변의 많은 이들을 끌어당기는 매력을 발산합니다. 그런 사람은 인간관계가 대체로 좋을 수밖에 없고, 그 관계가 많아져도 그 속에서의 각종 갈등과 구설수가 뒤따르지 않습니다. 더욱이 자신의 개성 바탕에 근거하여 좋은 관계를 자연스럽게 맺는 사람이라면 그 사람에게는 외로움이나 갈등, 고립 등 현대 사회에서 겪는 여러 인간관계상의 문제가 한결 덜할 것은 자명합니다.

좋은 바탕계기를 달성해 갈수록, 결국 'D4. 관계 개선'에서의 이익을 크게 취할 수 있고, 그 자체가 바로 현재의 만족과 미래의 긍정적 기대를 확대시키는 직접 동기가 될 수 있습니다. 즉, 좋은 바탕계기는 결국 행복을 위한 중요 요소 중 하나인 '관계'에서의 만족감을 증대시키는 매우 중요한 계기가 될 수 있습니다.

✔ 나의 바탕계기가 좋아질수록 좋은 '관계'가 증가합니다. 그 관계는 곧 나의 행복을 강화하는 매우 주요한 요소로 작용합니다.

공황장애 등 불안신경증을 길게 극복한 환우들 중에서는 자신의 삶이 이 병으로 인해 더욱 행복해졌다고 증언하는 경우가 많습니다. 일반적으로 고통은 행복을 감소시키는 것이 상식임에도, 그 힘든 병을 이겨내는 과정에서 역설적으로 더 행복해졌다고 고백하는 이유가 무엇일까요? 그 이유는 역시 'D5. 재발견' 때문입니다.

불안은 '미래에 내가 더 불리한 상황, 증상, 느낌, 대상에 처하지 않을까.'를 염려하는 것을 그 밑바닥에 깔고 있는 개념입니다. 그래서 이 불안한 상황을 빨리 개선해보고자 '조급'을 끌어내고, '염려'를 더욱 강화하며, 끊임없이 앞으로 나에게 가시화될만한 '재앙적인 상황을 상상'하는 행위를 멈추지 않습니다. 결국, 이 흐름이 온종일 내 의지와 상관없이 일정 수준 이상 면면히 이어지는 상태를 '불안'이라고 합니다. 그러나 문제는 불안을 줄이기 위해 아무리 몸부림을 쳐도 그 불안의 '직접적인 해결 방안'을 찾기가 쉽지 않다는 것입니다. 즉, 잘못 올린 어떤 스위치 하나를 간단히 내려서 그 불안을 발생시키는 모터의 전원을 차단하고 싶은데, 문제는 그 스위치가 어디에 달려있는지 도무지 찾을 수 없는 것과 다를 바 없는 상황입니다.

불안을 성공적으로 극복한 분들은, 무의식적으로 수행해온 사고와 행동의 복합체가 바로 그 스위치를 구성하고 있음을 간파한 사람들입니다.

✔ 내 안의 수많은 것들이 여러 관련을 맺어 총체적으로 복합된 결과,

하나의 거대한 스위치를 구성합니다. 즉, 내 안의 많은 것들이 전반적으로 좋아져야 잘못 올라간 불안의 스위치가 내려갈 수 있음을 의미합니다.

그 스위치는 앞서 내용처럼 '견'의 방식으로 부분을 뚫어져라 관찰해도 그 윤곽조차 볼 수 없지만, '관'의 방식으로 넓게 나와 내가 누려온 수많은 것들을 아우르는 '전반의 면모'를 바라보게 되면 비로소 그 윤곽이 드러나게 됩니다. 그렇게 윤곽이 발견되면 이후 그 스위치와 관련된 많은 것들을 전반적으로 개선해 나감으로써, 결국 스위치를 천천히 내릴 수 있게 되는 셈입니다. 그 결과로서 평소 지루하게 느껴지던 불안은 궁극적으로 약화되어 갑니다.

이런 식으로 내가 누려온, 그리고 수행해오고 관련을 맺어온 수많은 것들을 다시 '새로운 시각'으로 바라볼 수 있어야 합니다. 기존의 빨리 잊고 싶은 기억들도, 새로운 '바탕계기'에서는 무작정 지울 기억이 아닐 수도 있고, 과거의 부정적 기억들 또한 현재 훨씬 나아진 상황에 대한 '감사 평가의 비교 기준'이 될 수도 있습니다.

바꾸어 말하면, 기존 부정적 기억을 새로운 시각으로 바라보는 'D5. 재발견'을 하지 않고서는, 이미 지나간 과거 기억이 내게 미치는 어두운 영향을 줄이기 어렵다는 것을 의미합니다.

✔ 나의 과거와 현재, 그리고 미래에 대한 넓은 '재발견'은, 기존 불안에

제공되는 자양분들을 더욱 축소시켜 나가도록 만듭니다. 그 결과 잔존한 불안마저도 그 힘을 잃고 지워져 갑니다.

발생하는 다양한 자극들에 일일이 대응하는 것은 너무나 어려운 일입니다. 이 자극을 [표 9]의 흐름으로 분류하고, 내가 끌어내야 할 '대응 습관'을 긍정적으로 유도해 나가는 것이 다양한 자극들이 야기하는 혼란에 사로잡히지 않는 지름길이 됩니다. 그 결과 불안은 감소되고, 강화된 내적 자존은 'D. 중장기 개선'에 긍정적인 해결 효과로 나타납니다.

세상 모든 일들이 그러하듯, 그 적용의 초기일수록 어려움을 느끼지만, 반복하고 서서히 숙달될수록 '긍정적인 조건 반사'가 증가하게 되고, 그 결과 나를 억지로 이 흐름에 꿰어 맞출 필요 없이, 나의 바탕계기의 흐름들을 자연스럽게 수행해 나갈 것입니다. 그 노력 과정 없이는 이 준완치기에서 호전이 멈출 수 있음을 꼭 유념하고, 매사 [표9]를 기억하고 떠올려서 각종 자극에 활용하길 바랍니다.

제 2 장

스트레스
이해와 개선

스트레스가 불안과 매우 밀접한 관련이 있음을 모르는 분은 아마도 없을 것입니다. 스트레스는 만병의 근원이자 그 자체만으로도 불안해지고 긴장하며, 그것이 강하고 길게 유지될수록 생명 현상에 더욱 부정적인 영향을 준다는 것에는 그 누구도 이의를 제기하지 못할 것입니다.

오랜 기간 불안과 함께 해온 환우는 스트레스가 불안과 증상의 재발에 밀접하게 연동되어 있다는 것을 잘 알고 있습니다. 다만, 보편적으로 매우 모호한 것들로, 스트레스를 줄이고 견제하는데 지극히 우회적인 방법론이자 처세술에 불과하여, 실제로 수시로 마주치는 개별적인 스트레스 해결에 효과를 기대하기란 매우 어렵습니다.

불안을 꽤 많이 해결해왔고, 안정된 상태를 잘 유지하여 검증된 환우들은, 스스로 체득하고 깨우친 자신만의 스트레스 대처 요령을 보유하고 있기도 합니다. 그 환우들이 각자의 대처 요령을 보유하게 된 이유도 사실은 스트레스가 거듭 불안을 불러왔기에, 그 불안을 부추기지 않기 위해서 자신만의 대처들을 반복하다보니 여러 노하우가 결집되면서 스트레스의 차단과 조절이 가능해진 것으로 보여집니다.

이러한 각자의 노하우들은 그것을 보유한 사람 고유의 환경에서만 유효한 경향이 강해서, 그 노하우를 다른 이에게 적용하는 것 자체가 현실적으로 어려운 특징이 있습니다. 그러나 말초적인 대처 요령으로부터 우리의 시야를 좀 더 멀찌감치 물러서서, 그들의 대처 요령의 흐름과 핵심 요소를 잘 갈무리 해보면, 몇 가지 공통적인 것들을 발견할 수 있습니다. 그 공통적인 것들이 불안을 효과적으로 대처하는 요령의 핵심이자 결정체가 될 수 있습니다.

스트레스의 대처 방법은 여러 학자들이 구축해놓은 이론적인 그 무엇도 아니요, 불안의 고통을 겪는 환자들을 임상에서 오래 관찰한 치료자의 입장도 아니며, 오로지 온몸으로 견디기 어려운 불안과의 인연을 끊어내기 위해 오랜 시간 노력하고 몸부림쳐온 불안을 직접 겪어온 자들로부터 나온 것입니다. 따라서 대처 요령은 실제로 불안을 병적으로 겪는 환우들에게 월등한 '공감'과 '현실성'을 제공할 수 있기도 합니다.

공황장애가 주는 두려운 불안, 불안장애가 주는 모호하게 종일 나를 지배하는 불안, 그 불안의 맛과 색채를 온몸으로 느껴보지 못한 사람은 불안이 무엇인지, 설사 머리로는 그릴 수 있을지 몰라도 가슴으로 이를 끄덕이며 공감하기는 어렵습니다.

더불어, 우리가 살아나가는데 도무지 만나고 싶지 않아도 만날 수밖에 없는 '스트레스'는 그 고통스러운 불안을 더욱 부추기고 다시 되살아나도록 만드는 흔한 원인의 하나이기에, 스트레스와 연동된 불안과의 깊은 '연결 고리'를 끊어내는 구체적인 방법을 획득하여, 스스로 그 방법과 적용에 익숙하게 만들지 않는 이상 스트레스가 불안을 다시 강화해나가는 악순환의 반복을 중단할 수 없음을 명심합시다.

이번 장에서는 생활에서의 각종 스트레스와 불안의 관계를 깊게 이해하고, 그 스트레스가 더 이상 영향력을 끼칠 수 없도록 만드는 대처 요령들을 함께 나누도록 합시다. 마찬가지로, 그 이해와 요령들이 나의 내면 깊은 곳에 이르도록 진지함과 열정으로 노력해 나갑시다.

의미 있는 자극 분별

　　스트레스는 불안과 직결될 수 있습니다. 그 현상은 공황장애나 불안장애 환우들에게서 유독 더 특징적으로 나타납니다. 그들에게 가해지는 스트레스, 곧 '자극'은 이 세상의 모든 것에 해당됩니다. 다만 그 질환의 초기일수록 증상 자체가 주요 자극 요인이 되지만, 증상이 진행되어 갈수록 증상을 넘어 주변의 모든 것들이 다 자극 요인이 되어가는 경향을 보입니다.

✔　공황장애나 불안장애의 초기에는 말초적인 불편들이 주요한 스트레스로 작용합니다. 그러나 불안이 깊어질수록 내 주변에서 발생하는 모든 현상들이 나에게 강한 스트레스로 작용합니다.

　　대전의 강 씨(27, 여)는 과음을 한 직후 심한 어지럼증을 겪다가 공황발작을 경험했습니다. 그렇게 공황장애를 앓기 시작한 직후에는 유독 어지러운 느낌에만 심한 불안을 느끼곤 했습니다. 그러나 서서히 공황장애가 길어질수록, 애초 어지럼증은 기본이고 지나가는 앰뷸런스의 사이렌 소리나 천둥 치는 소리까지 강한 소음에도 역시 심한 불안을 겪게 됐습니다. 이후 병이 더 깊어지자

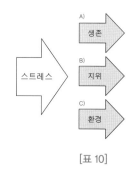

[표 10]

그때부터는 TV와 인터넷의 각종 뉴스들도 그녀에게 불안을 일으키기 시작했습니다. 그녀는 더욱 이런 자극들을 회피하게 되었고, 결국 직장까지 그만두고 집 안에만 머물게 되었습니다.

어떤 자극에 대하여 뇌가 강한 불안을 느끼게 되면, 그 불안의 불쾌감과 애초 자극 사이에 모종의 '연결'을 형성합니다. 초기에는 그 연결이 최초 자극에만 형성되지만, 워낙 '창조적'인 뇌는 그 최초 자극과 조금이라도 유사한 느낌이나 그럴 수 있다고 판단되는 모든 것들을 그 연결에 편입시키는 특징이 있습니다. 즉, 그 불안 결과를 유발하는 자극이 처음에는 하나였지만, 자극의 종류와 수가 늘어나면서 점진적으로 주위에서 경험할 수 있는 모든 자극들이 그 불안을 유발하게 됨을 의미합니다.

이러한 뇌의 특징은 원래 더 효율적으로 작업을 빠르게 처리하기 위한 기전이었지만, 그 용도가 잘못 적용되면 이렇게 엉뚱한 결과를 낳습니다. 위의 강 씨 사례도 바로 이 경우의 전형이며, 실제로 이렇게 '연결'을 잘못 형성하여 주변의 모든 것들에 대해 불안을 느끼는 환우들은 매우 흔합니다.

✔ 최초 불안을 유발하는 자극 요인은 단 하나였을지라도, 시간이 흐름에 따라 서서히 그 자극의 종류와 수가 기하급수적으로 증가합니다. 그러한 자극과 불안의 관계가 바로 공황장애 등 불안신경증들의 남다른 특징이기도 합니다.

평촌에 사는 최 씨(42, 남)는 타인과의 말다툼을 극도로 피합니다. 공황장애 이전에는 타인과 말다툼을 벌이는 경우를 별반 신경 쓰지 않고 살았습니다. 그러나 공황장애 이후부터는 말다툼을 시작하면 마음이 너무나 불안해져서 공황이 다시 도질 것 같은 느낌이 들기도 합니다. 그가 최근 새롭게 이사한 아파트에서 윗집과 층간소음으로 매우 심한 스트레스를 받고 있지만, 자신의 힘든 심정을 윗집에 찾아가 상의하지도 못하고 다만 가슴앓이만 할 뿐입니다.

또한, 부산의 이 씨(28, 남)는 심한 불안장애로 인해 한 때 준비하던 공무원 시험을 포기할 정도로 힘들었습니다. 그러나 그는 꽤 호전된 후 일상생활에서 별다른 어려움 없이 잘 지내고 있지만, 유독 자신의 미래를 준비해야 하는 각종 시험이나 뭔가 승부가 갈리는 계기와 마주하는 것을 매우 불안해하고 회피하고 있습니다. 사실 그는 공무원을 준비하면서 공부 자체보다 앞으로 자신에게 도래할지 모르는 '불합격' 상황에 대한 스트레스가 심했었는데, 불안장애가 꽤 나은 지금도 여전히 자신의 노력이 결과로 가시화될 상황이 오면 심한 스트레스로 작용하고 있습니다.

여수에 사는 안 씨(31, 여)는 타인과의 시선을 잘 마주치지 못하는 불편이 공황장애 이후 생겼습니다. 그녀 또한 공황장애를 거의 완쾌한 상황임에도 스스로 이해할 수 없는 이러한 시선 불안이 그녀가 정상적으로 생업에 복귀하는 것을 크게 방해하고 있는 상황입니다. 그녀는 타인과 대화할 때, 타인의 의사나 심중을 간파하고 그것을 배려하여 손님을 대해야 한다는 것 자체가 너무 심한 긴장을 야기한다고 말합니다. 그 결과 불안하고 긴장하는 자신을 손님이 알아차릴까 봐 염려하는 것 때문에 손님의 시선이 불편해지는 점을 그녀 자신도 잘 알고 있습니다.

위의 사례처럼 불안신경증을 앓는 환우들의 경우, 그 초기 단계에서는 그 질환이 보이는 가장 전형적인 불편을 호소하지만, 시간이 지날수록 그 질환의 특징을 넘어서서, 세상 모든 것을 염려하고 두려워하는 양상의 불안을 호소합니다. 그 이유는 당연히 불안을 야기하는 자극의 종류와 가짓수가 크게 증가한 결과입니다.

✔ 공황장애나 불안장애는 초기일수록 그 특징적인 불편이 나타나지만, 뒤로 갈수록 광장공포, 사회불안, 범불안, 사회 공포, 특정 공포 등 그 범주를 규정하기 어려울 정도로 개인마다 다양하고 넓은 불편이 나타나는 경향을 보입니다.

물론, 공황장애의 준완치기 이상 호전된 환우들은 이와 같은 명료한 자극이 많이 줄어든 상태입니다. 그러나 공황장애 이후 더욱 활성화된 '민감성'은 공황 이전에 별반 큰 자극이 아니었던 것들이 그 이후부터는 강한 자극의 역할을 하기도 하고, 그렇게 자리를 잡은 부정적인 자극들 대다수가 생활 곳곳에 잔존하여 여러 불안을 야기하는 바탕으로 작용합니다.

이러한 양상은 바로 '악습'의 일환으로서, 공황장애 등 불안신경증이 계기가 되어 내 안에 새롭게 뿌리를 내린 것들로 이해해야 합니다. 이렇게 새롭게 자리를 잡은 나쁜 습관들은 결국 내 의지와 상관없이 내가 그렇게 반응하도록 도식화된 또 하나의 부정적인 공식으로 나를 서서히 지배해 갑니다.

따라서 이러한 자극들이 불안을 유발하지 못하도록 내 안에 일종의 필터를 잘 설치하고, 나에게 접근하는 불안 유발의 스트레스를 잘 걸러 꼭 해결해야 합니다. 또한 직면해야 할 것 중 유의미한 것만을 추려 성실하게 대처하되, 그 이외에 의미 없다고 판단된 것들은 과감하게 그 발목을 잘 묶음으로써, 이후 스트레스로 작용하지 않도록 차단하는 노련함을 잘 연습해야 합니다. 물론 이 또한 정확한 이해와 더불어 꾸준한 반복 숙달이 필요한 부분입니다.

✔ 스트레스를 발생시킬 수 있는 자극들은 내가 준비해둔 '필터'를 통해 걸러져서, 그중 의미 있는 것만 추려 대응해 나가야 합니다. 그 필터가 잘 구축되지 않으면 천성적으로 예민한 환우들에게 세상 모든 것은 예외 없이 강한 스트레스를 유발하는 자극 요소들로 돌변하게 됩니다.

이 세상 모든 것은 다 스트레스가 될 수 있습니다. 다만 뇌는 거듭 겪어온 자극에 대해 위협과 부담, 불리함 등을 본능적으로 판단하고 그 결과에 따라 '의미 있는 스트레스'와 '의미 없는 스트레스'로 분류합니다.

의미있는 스트레스에는 반응하고, 의미없는 스트레스에는 반응을 하지 않음으로써 뇌 스스로 과부하를 예방합니다. 만약 이러한 의미 있는 스트레스의 종류와 수가 증가한다면, 그만큼 나의 뇌는 과도한 스트레스로 인해 내면의 '불안정' 상태를 불안이라는 정서 증상을 통해서 나의 의식에 자각시켜 빨리 대안을 마련하도록 유도합니다. 우리가 스트레스를 받고 나서 느끼는 불안은 바로 그러한 메커니즘의 결과입니다.

이러한 스트레스는 '나' 개인에게는 비극일 수 있습니다. 스트레스로 인해서 내 몸과 기분이 고통을 당하기 때문입니다. 그러나 스트레스는 인간이라는 종 전체에게는 필수불가결한 '생존과 진화의 열쇠'입니다. 스트레스로 고통스러우니 새롭게 대안을 마련해야 하고, 그 대안을 통해 더욱 잘 살아남을 뿐 아니라 다양한 사회적, 물리적 진화를 촉진할 수 있기 때문입니다. 따라서 스트레스에 잘 대처하지 못함으로써 변화하는 환경에 살아남기 어려운 개체는 천천히 위축되고 멸종해가며, 반대로 잘 살아남고 진화하는 개체는 서서히 번성함으로써 지속적으로 변화하는 환경 속에서 결국 인간이라는 종 전체의 생존과 번영을 가능하게 만들어 갑니다. 이 사실은 일견 차갑고 냉정한 자연의 법칙을 느끼게 하지만, 동시에 내가 스트레스에 대해 변화하고 적응함으로써 더욱 큰 번영을 이룩할 수 있다는 희망을 의미하기도 합니다.

✔ 스트레스에 잘 대처할수록 살아남고 번성에 유리합니다. 스트레스가 나에게 다가오지 않길 희망하는 것보다 내가 스트레스를 더 잘 분별하고 그에 대해 잘 대처하는 능력을 키우는 것이 나의 번영에 지극히 유리할 뿐만 아니라 훨씬 더 현실적입니다.

내가 처하는 모든 자극들은 다 스트레스가 될 수 있지만, 그 자극에 대하여 어떻게 대응하며, 그것을 어떤 방식으로 차감해 나갈 수 있을지를 이번 장에서 집중적으로 함께 나눕니다. 스트레스를 걸러내고 차감하지 못한다면, 그 자극과 연결된 불안은 결코 수위가 줄어들지 않으며 수시로 불안의 강한 재발을 유발하는 위험 요소로 남게 될 것입니다.

일상에서 가해지는 자극의 수준이 높다고 평가될 때는 즉시 그 자극의 '종류'를 분별하십시오. 이 분별을 통해 이 자극이 '내가 고민할 만한 가치가 있는가?'를 먼저 평가합니다. 이 질문은 매우 단순하지만, 일상에서 내게 일정 수준 이상의 불안이나 염려를 유발하는 모든 사안들에 두루 적용하면 할수록, 실제로 '가치 있는 자극과 가치 없는 자극'을 분별하는데 매우 큰 도움이 됩니다. 이 분별이 바로 자극을 스트레스로 연결하지 않는 첫 번째 '필터'가 됩니다.

〈의미 있는 자극 분별 기준 [표 10]〉

A) 생존	B) 지위	C) 환경

'A) 생존'은 곧 내 '생명'을 위협하거나 내 '먹거리의 감소'를 유발할만한 자극들을 의미합니다. 그 예로써 누군가 나를 위협하거나 협박하는 경우, 내가 범죄에 명료하게 노출되거나 나의 생업을 크게 뒤흔들 수 있는 구체적인 위협 등이 이에 속합니다. 이 종류의 자극들은 당연히 가장 우선적으로 분별하고, 이후 그에 대한 구체적인 회피나 대안이 필요한 부분입니다. 그 자극이 이에 해당된다면 일단 '유의미한 자극'으로 평가하는 것이 옳습니다.

'B) 지위'는 곧 '명예'와 '관계'를 의미합니다. 내가 속한 조직과 사회집단에서 나의 평판이 크게 실추될 수 있거나 나의 직위나 계급을 명료하게 훼손할 수 있는 자극들이 바로 이에 속합니다. 우리는 입으로 먹을 수 있는 것으로만 사는 것이 아니기에 이러한 명예나 관계 또한 우리의 행복을 좌우할만한 중요한 요소입니다. 내게 닥치거나 닥쳐 올 것으로 예상되는 상황이 지위에 해당되는 것이라면 현명하게 집중하여 우유부단하지 않게 대처해야 합니다.

'C) 환경'은 자연 재해와 재앙, 사고 및 각종 오염 등 외부로부터 부정적인 물리적 환경에 노출되거나 또는 그럴 수 있다는 판단이 명료한 경우입니다. 그 예로서 지진, 홍수, 교통사고, 화재, 부상 등 내 주변 또는 지역사회에서 충분히 일어날 수 있는 각종 물리적인 사건과 사고들이 바로 이에 해당됩니다.

위의 세 가지 '의미 있는 자극'들은 그 특징이 매우 명료한 편입니다. 즉, 침착하게 내게 다가온 자극의 성질이 세 가지 기준에 해당되는지를 가장 먼저 분별해야 합니다. 그 결과, 명료한 가능성 또는 상황에 내가 직면해 있다고 판단되면 이후 다음 챕터의 구체적인 세부 분별들과 그 대처를 현명하게 집중하여 수행합니다. 반면 위의 세 가지 자극에 해당되지 않거나 그 증거가 취약하다고 판단될 경우는 과감히 그 자극들을 털어낼 수 있어야 합니다.

✔ 내가 처한 자극이 '생존', '지위' 그리고 '환경'에 해당되지 않는다면 그 절대 다수는 '스트레스를 조성할만한 자격이 없다'고 여깁시다. 그렇게 자극으로서 자격에 하자가 있는 것을 과감하게 단절하고 생각에서 지우십시오.

또한 이러한 '의미 있는 자극 분별' 과정에서 가장 흔히 범하는 오류는 바로 '과대평가'와 '피해망상'입니다. 과대평가는 그 단어가 의미하는 대로, 확률적으로 미미한 경우를 과도하게 부풀려서 마치 당장 현실이 될 것으로 생각하는 오류를 말합니다. 이러한 과대평가는 불안에 의해 신경이 예민해져 있는 환우들에게서 흔히 나타나는 현상이지만, 공황장애를 꽤 호전한 환우들에게서도 선택적으로 일부 그 악습이 잔존해 있는 경우를 자주 목격할 수 있습니다.

마석에 사는 김 씨(38, 여)는 은행에서 일하고 있습니다. 그녀는 종종 필요한 구비서류를 지참하지 않고 창구를 찾아온 손님들을 마주하곤 하는데, 일단 그 손님이 원하는 것을 처리하되 이러한 경우에는 '불비'된 건으로 추후 그 손님으로부터 빠뜨렸던 서류를 받기로 약속하고 그날 일을 마감하게 됩니다. 사실상 손님들의 대다수는 기한된 일자까지 빠뜨렸던 서류를 은행에 가져옵니다. 물론 아주 드물게 어떤 사정으로 인하여 가져오지 못하는 손님이 발생하기도 하는데, 그녀는 매일 이러한 불비 건에 대하여 깊게 시름하고 불안해합니다. 때때로 그녀는 퇴근 후 집에서 아무 일도 손에 잡히지 않을 정도로 심한 불안과 염려에 시달리는 경우도 있습니다.

위의 김 씨가 범하는 실수가 바로 '과대평가'의 사례입니다. 실제로 우려하는 상황이 벌어지기 어려움에도 그 미미한 확률이 자신에게 벌어질까 봐 거듭 염려하면서, 그 자체에 몰입하고 반복해나가는 일종의 강박적인 특징이 강한 현상이기도 합니다. 문제는 항상 그녀 스스로가 자신에게 '불비의 건이 문제가 될 확률이 얼마나 될까?'라는 질문과 더불어, 실제로 낮은 확률로 이뤄지더라도 '내가 할 수 있는 사고의 대처는 무엇일까?'를 정확히 떠올리고 스스로의 염려가 과도하다는 것을 수시로 분별했다면, 그녀는 지금과 같은 불안을 덜 겪어 왔을 것입니다. 그러나 그녀는 지난 수년간 자신의 염려가 이렇게 불비의 건을 소재 삼아 서서히 불안으로 이어지는 흐름을 전혀 간파하지 못했기 때문에, 불안을 제어하기 어려운 상태에 이르게 된 것임을 깨달아야 합니다.

비록 김 씨는 불비의 건을 불안의 소재로 삼고 있지만, 실제로 다른 환우들은 각자 자기 고유의 다양한 것들을 과대평가의 소재로 삼고 있습니다. 그 소재는 심장마비나 뇌졸중 등 건강을 비롯하여, 자신이 파국적인 행동을 하지 않을까? 혹은 재앙적인 상황을 만들지 않을까? 등에 이르기까지 정말 방대하고 다양합니다. 또한 그들의 특징은 특정한 재앙적인 과대평가의 소재가 사라지면, 바로 이어서 또 새로운 소재로 불안 요소를 바꿔간다는 점입니다.

✔ 과대평가는 사람마다 각자 특유의 소재가 있습니다. 또한 기존에 과대평가를 해오던 소재가 해소되더라도, 이후 또 다른 소재가 다시 등장하는 식으로 계속 반복되는 경향이 강합니다.

서울에 사는 박 씨(29, 여)는 약 먹기를 두려워했습니다. 불안장애 이전에는 약을 먹는데 특별한 문제가 없었지만, 이후부터 혹시나 약에 의한 부작용이 자신에게 나타날까 매우 염려하게 되었습니다. 감기에 걸려 내과에서 약을 처방받으면, 어김없이 인터넷을 뒤져서 만의 하나 그 약에 의해 유발될 수 있는 온갖 부작용들을 검색합니다. 그리고 그 부작용 중에서 가장 치명적인 경우가 자신에게 나타날까 봐 매우 염려합니다.

그녀의 불안장애는 정신과 약을 끊을 정도로 거의 해결되었지만, 약을 먹을 때마다 겪는 이러한 과대평가에 의한 강한 불안은 그녀에게 큰 불편을 야기해왔습니다. 그러던 그녀가 어느 날부터 약에 대한 염려가 크게 줄어들었음을 느끼게 되었는데, 그로부터 불과 며칠 지나지 않아서 운전에 대한 불안이 또 생겨났습니다. 지금도 운전을 할 때면, 심한 불안을 느낌은 물론 그로 인한 생활의 제약이 매우 심각한 상황입니다.

위의 박 씨의 경우는 역시 불안 소재가 수시로 변하는 전형적인 사례입니다. 한 가지 불안 자극이 해소되어도 결국 또 다른 소재가 등장하면서, 이러한 흐름이 반복되는 스스로의 양상을 더욱 불안하게 인지합니다. 그녀의 이러한 오류 이면에는 역시나 과대평가가 지속적으로 작용하고 있음을 잘 간파해야 합니다.

또한, 자신이 위험한 일을 당할까 봐 염려하는 피해망상도 의미 있는 자극 평가를 방해하는 주된 요소입니다. 나에게 닥쳐오는 그 어떤 일이라도, 그 자극이 나에게 줄 수 있는 피해를 먼저 떠올리는 방식으로 일상의 생각을 수행하는 경향을 바로 '피해망상'이라고 합니다. 이 오류를 범하는 환우들은 좋은 일이건 나쁜 일이건 가리지 않고 일단 먼저 불안해하는 경향이 있습니다.

이와 같은 경우를 겪는 환우들은 "나는 항상 불안합니다."라고 호소합니다. 어떤 일이든 가리지 않고 불안을 불러오는 자극 요소가 되기 때문에 결국 이를 겪는 환우들은 사회에 대한 공포를 강화해 나가기도 하며, 자신의 생활 곳곳에서 자극이 될 수 있는 사건과 직면하지 않으려는 경향이 있습니다. 그 결과 바깥 활동을 피하거나 다른 이들과의 만남에 대해 필요 이상의 큰 불안과 긴장을 느낍니다.

이러한 피해망상은 종종 '사회공포증'으로 발전하기도 하며, 실제로 일부 소수 공황장애나 불안장애 환우 중에서는 그 예후로써 전형적인 사회공포증을 합병하면서 자신을 세상과 격리하는 안타까운 경우를 목격할 수 있습니다. 물론 이러한 사회공포증은 결국 '회피'의 일환으로서, 유사시 자신이 받을 수 있는 육체적 또는 정신적인 피해와 충격을 최소화하여 자신을 보호하려는 방어 행동인 셈입니다.

✔ 피해망상이 심화될수록 자기만의 공간에 스스로 갇히게 되는 전형적인 사회공포증을 합병할 수 있음을 유념해야 합니다. 이 모든 것은 자신에게 스트레스를 줄 수 있는 외부의 경우를 완전히 차단하기 위한 회피 행동의 결과이지만, 그 결과 이득이 아닌 큰 손해를 입게 되는 과도한 자기 방어로 흐르기 쉽습니다.

수원의 오 씨(37, 여)는 공황장애 이후 사람들과의 관계가 매우 어려워졌습니다. 그녀의 불안이 깊어짐에 따라 알 수 없는 여러 피해 의식이 강해지게 되었는데, 그 피해 의식은 자신이 만나는 다른 이들이 혹시나 그녀를 싫어하거나 또는 나중에 그녀를 욕하게 될까 봐 염려하는 생각에서 기초했습니다. 물론 초기에는 스스로 이를 잘 제어하려고 노력했지만, 매사 두렵고 불안해지자 그녀 또한 자신의 삶에서 이런 강한 불안 스트레스를 야기하는 자극을 멀리할 수밖에 없었습니다. 그 결과 그녀는 전형적인 사회공포증의 예후로 접어들게 되었습니다. 그녀의 이러한 사회공포증적인 불편에도 여실히 피해망상이 중심에서 작용하고 있음을 알 수 있습니다.

위의 두 사례를 유발한 주범은 과대평가와 피해망상입니다. 이 두 가지 주범들은 우리에게 자극을 올바로 평가하지 못하도록 만드는 주요인이고, 그 평가 오류를 반복하면서 무분별하게 강한 스트레스를 형성합니다. 이 오류를 장기적으로 현명하게 바꾸어 나가지 않는 이상, 나를 둘러싼 모든 환경으로부터의 이벤트들은 모두 스트레스요, 불안 그 자체가 됩니다.

✔ 나에게 주어지는 자극을 최초 올바르게 분별해야 합니다. 과대평가와 피해망상은 올바른 분별을 가로막는 최대의 원인임을 명심하십시오.

의미 있는 자극들을 바르게 평가하고 분별하기 위해서는, 'A) 생존', 'B) 지위', 'C) 환경'을 기준으로 명료하게 해당되는 자극인지부터 차분하게 생각하고 분별해야 합니다. 만약 이들 세 가지 분별에 속하지 않는 자극을 만났다면 단호하고 냉정하게 그것들을 버리고 과감히 잘라내야 합니다. 그 자극들에 나의 생각이 몰두하지 않도록, 내 스스로 주의를 다른 곳으로 돌리고, 스스로에게 외쳐야 합니다.

"이것은 별로 중요한 것이 아니야!"
"이 상황은 생존이나 지위나 환경에 속하는 것들이 아니니, 내가 신경 쓰지 말아야 할 것들이야."

이렇게 내 스스로에게 강하게 외치고, 곧바로 그 자극에 대한 생각이나 염려를 내 안에서 단절하고 끊어내십시오.

자극들은 항상 스트레스를 유발하고, 그 스트레스는 나의 불안과 긴장을 높여갑니다. 문제는 우리가 그렇게 높아져가는 불안과 긴장을 사전에 차단하지도, 감지하지도 못해왔다는 것입니다. 보통 스트레스가 높은 사람들은 어지간히 매우 구체적인 불편을 자각하거나, 그로 인한 중대한 병이 나타나야 비로소 자신의 스트레스가 과중하다는 것을 인지합니다. 이는 바꾸어 말해, 스트레스가 자신에게 과도하게 쌓이고 나서야 뒤늦게 그 사실을 알고 대처를 시작한다는 것을 말합니다.

✔ 나에게 가해지는 스트레스가 과도하다는 것을 사전에 잘 알아차리는 것도 훌륭한 능력입니다. 많은 사람들이 그것을 미리 알아차리지 못했기에, 그 결과 불안신경증을 앓게 된 것이기도 합니다.

⊕ 더 깊이

대부분 공황장애 환우들은 최초 공황발작 경험 이전에 자신이 과도한 불안, 긴장, 스트레스 상태였음을 잘 알지 못했습니다. 아니 더 정확히 표현하자면 설사 알았다고 하더라도 전혀 '대처'와 '해소'를 하지 않았습니다. 인지는 하였으되 대처나 해결할 능력이 없다고 여기는 상태는 곧 '막연한 방치'로 이어지게 되고, 자신의 대처 능력 부족을 설사 당시 구체적으로 알았다고 하더라도, 그것은 또 다른 통증으로 체감되기에 대부분은 외면하기 쉽습니다. 물론 그 결과는 공황장애라는 질환과 인연을 맺는 것으로 이어지게 됩니다.

이 책을 읽고 계시는 여러분이 공황장애나 불안장애를 앓아 오셨다면, 위처럼 동작하는 스트레스 감지 센서를 보유해 왔음을 간파하셔야 합니다. 더 나아가, 우리가 경험해 온 수많은 자극들이 내게 스트레스를 직접적으로 높여 왔다는 것을 뒤늦게 알아차렸음도 유념해야 합니다. 이 세상에서 가장 현명한 행동은, 문제가 되기 전에 문제가 될 것을 미리 예견하고 그에 합당한 대처나 대안, 개선을 실행하는 일이라는 것에 토를 달 사람은 누구도 없을 것입니다.

이번 챕터에서는 이 첫째 분류의 질문을 습관화하는 연습을 합니다. 나에게 다가오는 어떤 형태의 자극들이라도 그것이 'A) 생존', 'B) 지위', 'C) 환경'의 문제나 그것을 소재로 하고 있지 않다면, 과감히 내 주의를 그로부터 다른 곳으로 돌리고, 내 생각 안에 근심으로 자리를 잡지 못하도록 의식적으로 차단해 가십시오. 그 결과 스트레스는 큰 폭으로 줄어들게 됩니다.

스트레스를 풀기 위해 사람들은 막대한 시간과 돈을 사용합니다. 혹자는 비싼 회원권을 끊어서 운동을 하고, 혹자는 클럽에서 춤을 추고 술을 마시며, 또 혹자는 노래방에서 고래고래 소리를 지릅니다. 이러한 행위가 '생활의 활력소' 제공이라는 차원을 넘어서 '스트레스 해소'를 목적으로 행해진다면, 사실상 그 자체가 비극이 될 수밖에 없습니다. 그보다 더 가치 있고 즐거우며, 내 안에 긴 긍정 효과를 오래 줄 수 있는 여러 행동과 활동이 많기 때문입니다. 그러나 스트레스를 풀기 위해 모든 시간과 돈의 여유를 그 해소를 위해 투자하는 행위에 수반되어 그 이면에서 함께 지불되는 나의 '기회'들을 감안하면, 나의 손실은 더욱 배가됨을 간파해야 합니다.

✔ 돈을 벌기 위해 많은 스트레스를 받고, 그렇게 번 돈을 다시 그 스트레스를 풀기 위해 탕진해가는 것은 가장 우매한 경우가 아닐 수 없습니다. 문제는 항상 다가오는 스트레스를 내가 걸러내고 축소하여 꼭 필요한 것에만 적극적으로 대처하고 해소하는 역량을 보유하고 있

느냐 하는 것입니다.

반면, 나의 생업에서건, 가정에서건, 지역사회에서건, 나에게 닥치는 모든 유무형의 자극들을 이 세 가지 분별의 질문을 적용하고 스스로 그에 답하는 과정에서 스트레스로 받아들여지지 않도록 잘라내고 차단하면, 결국 무의미한 자원 소모는 크게 줄어들고, 내 삶이 훨씬 더 유연해짐은 물론 여유로워집니다. '생존', '지위', '환경' 이 세 가지를 잊지 말고 수시로 자신에게 물어보십시오. 이 또한 연습이 쌓일수록 그 효과는 훨씬 좋아집니다.

스트레스와 불안의 흐름

우리가 경험하는 모든 정서 현상은 대부분 '흐름'을 거쳐 처리됩니다. 행복도 불안도 결국 외부의 자극이나 조건을 어떤 흐름을 따라서 처리했느냐의 결과라고 표현해도 큰 무리가 없습니다. 좋은 흐름은 좋은 정서를 낳고, 나쁜 흐름은 응당히 부정적인 정서를 낳을 수밖에 없습니다.

모든 흐름은 그 중간 단계에서 내가 개입할 수 있는 여지가 있습니다. 더불어 모든 흐름은 반복하면 할수록 마치 습관처럼 굳어져서, 최초 자극이 중간의 거추장스러운 흐름을 거치지 않고, 곧바로 최종적인 기분을 느끼도록 만들기도 합니다. 뇌는 이렇게 반복하고 숙달된 흐름을 처리하는 데 에너지 소모를 최대한 줄이기 위하여 습관이라는 기전을 통해 자극과 최종 기분을 한 덩어리로 묶어두는 습성이 있습니다.

습관화된 흐름의 중간 단계를 끊고 내 의지로 개입하는 것은 생각보다 어렵습니다. 그러나 그 흐름에 개입하여 중간을 끊는 행위 또한 역시 많은 연습을 통해 '습관'으로 다시 구축될 수 있고, 이러한 새로운 습관이 기존의 낡은 습관을 필요에 따라 적절히 대체할 수 있을 때, 무작정 스트레스로 흘러서 불안으로 귀착되는 오류의 양상을 미연에 차단하고 예방할 수 있습니다.

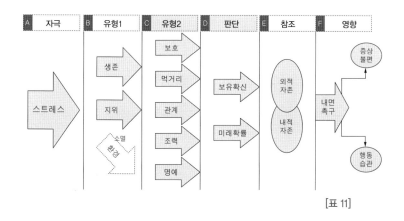

[표 11]

이전 챕터에서 우리는 'A. 자극' 중에서 의미가 있는 것들을 분별하되, 'B. 유형1'에 해당되는 '생존', '지위', '환경'에 해당되는 것들만을 추려내어 이후에 적절히 대처해야 함을 이해했습니다. 이번 챕터에서는 이들 세 가지 유형 중에서 '환경'을 누락시키고, 오로지 '생존'과 '지위' 두 가지만을 의미 있는 유형으로 취급하게 됩니다.

사실상 '환경'은 그 분별이 워낙 명료하고, 회피나 대안 마련에 심도 깊은 고뇌가 필요하지 않습니다. 천재지변이나 사고가 닥쳐올 때의 현명한 분별과 대처 방법은 사실상 '불안 다스리기'의 영역이 아니라, '재난과 사고에서의 행동 요령'에 속하는 영역이기 때문에 이 책에서는 그 요령을 자세히 다룰 필요가 없습니다.

우리가 'A. 자극'을 받으면, 그중에서 의미가 있는 것은 생존과 지위 이 두 가지의 자극에 국한될 수밖에 없습니다. 현대는 과거 원시사회와 현저하게 다른 환경이고, 물리적인 위협보다는 관계와 기회 차원인 매우 복잡하게 서로 뒤얽힌 자극들로부터 주된 스트레스가 유발되는 경향이 강합니다.

물리적인 자극은 그 자극이 사라지면 곧바로 스트레스도 급감할 수 있지만, 비물리적인 자극은 그 자극의 실체와 윤곽이 두 눈으로 보이지 않기 때문에, 항상 오감의 센서를 종일 켜두고 나 자신이 과연 안전한지를 상당 기간 관찰하도록 강요합니다. 따라서 불안을 야기하는 주된 자극들은 '비물리적인 자극'이 절대 다수이며, 그 분야는 생존과 지위의 부문에서 발생하게 됩니다.

✔ 자극이 사라졌음에도 이후 상당 시간 불안하도록 만드는 자극은 생존과 지위에 관련된 문제로 야기되는 '비물리적인 자극'들입니다.

또한 우리가 당면하는 'B. 유형1'을 좀 더 세분하면, 'C. 유형2'로 대표할 수 있습니다. 그 '유형2'에 속하는 세부 분류로는 보호, 먹거리, 관계, 조력, 명예 등이 있습니다. 이 유형2의 요소들에 해당되는 분야가 어떤 자극에 의하여 강하게 위협받고 있다고 여겨질 때, 스트레스와 불안은 더 자주 발생한다고 이해하면 됩니다. 이처럼 '유형1'과 '유형2'의 분별 흐름을 거쳐, 우리의 내면은 아주 신속하게 다음 단계인 'D. 판단'으로 넘어갑니다.

'D. 판단[표 11]'은 곧 '확신'이자 '예측'입니다. 즉, 내가 위협받고 있다고 여기는 이 자극의 분야가 만약 '먹거리'라고 가정하면, "그 먹거리를 내가 충분히 보유하고 있는가?"라는 조건반사적인 질문에 대하여 'YES'라는 확신이 강하면 강할수록 그 자극은 스트레스가 되지 못합니다. 반대로 'NO'라는 부정적인 확신이 강하면 강할수록 그 자극은 스트레스의 색채가 더욱 짙어집니다.

이와 동시에 나의 내면에서 이어지는 질문은 '미래에 내가 먹거리를 충분히 얻게 될 것인가?'입니다. 지금 당장은 먹거리가 충분하지 않더라도 조만간 그것을 충분하게 얻을 수 있다는 예측이 가능하다면, 마찬가지로 스트레스는 충분히 줄어들고 유보될 수 있습니다. 물론 반대로 '먹거리가 앞으로도 충분하지 않을 것 같아.'

라는 부정적인 예측이 강하면, 역시 스트레스는 급격히 증가하고 이후 단계 흐름 또한 매우 부정적으로 흐릅니다. 바로 이러한 질문과 답을 수행하는 흐름 단계가 바로 'D. 판단'입니다.

✔ 공황장애의 전체 흐름 위에서 '나의 위치'를 정확하게 가늠할 수 있어야 합니다. 각 흐름의 단계별로 불안을 주로 유발하는 자극과 요인, 그리고 동기가 서로 다르기 때문입니다.

여기까지 흐름의 결과가 긍정적이라면, 이후로는 더욱 나의 내면 아래의 기초이자 바탕인 '외적 자존'과 '내적 자존'을 'E. 참조' 단계를 거쳐 가미하여 스트레스의 정도를 최종 결정하게 됩니다.

앞서 이해한 대로, '외적 자존'은 타인이 나를 보는 시각에서 스스로를 평가하고 인식하는 바탕입니다. 외적 자존에 근거하는 습관이 강할수록 역시 '체면'이나 '명예' 등에 나를 맞추기 쉽고, 내적 자존에 근거하는 습관이 강할수록 반대로 '과정'과 '자족'에 나의 초점을 맞추기 쉽습니다. 물론 이 흐름 단계는 이후 챕터에서 더 자세히 설명하도록 하겠습니다.

개략 이러한 흐름에 따라 처리된 스트레스는 결국 종합적으로 나의 '내면'에 '불안정'을 강화하게 됩니다. 내면이 불안정해질수록 더욱 그에 대한 대안을 촉구하기 위해 스스로의 불편을 '불안' 이라는 '정서적인 통증'으로 나의 '의식 영역'에 표현합니다. 강한 스트레스일수록 즉, 근원적이고 해결 불가능하다고 인지된 스트레스는 나의 불안을 더 촉진하고 심화시킵니다.

✔️ 스트레스는 내면에 직접 영향을 주어, 평소 지루하게 이어지는 불안의 고통을 통해 그 대안을 조속히 마련할 것을 촉구합니다. 따라서 스트레스를 줄이는 것은 불안 해결에 매우 중요한 핵심이며, 이를 가능하게 하려면 기존의 자극을 스트레스로 처리하는 그 흐름의 전반을 개선해야 합니다.

스트레스를 야기하는 자극들은 쉽게 회피할 수 없습니다. 즉, 내가 살아가는 과정에서 발생하는 자극은 '나와 이 세상과의 소통의 결과'이기 때문입니다. 그 소통을 멈추고 자극을 줄여서 스트레스를 덜 받고 살겠다는 생각은 매우 비현실적인 소망으로, 그러한 소망 자체가 바로 '회피'를 유발하고 '무기력'을 증가시킨다는 점을 잘 유념해야 합니다.

필자 또한 이러한 오류를 범했던 시절이 있었습니다. 불안이 종일 필자를 사로잡던 시절, 회사에서 발생하는 모든 일이 다 힘들게만 여겨졌습니다. 부하 직원이 올리는 서류의 그 세세한 내용을 들여다보려니 집중도 되지 않고, 더욱이 그 내용을 고민하고 생각할수록 갖가지 증상과 불안이 더 강하게 느껴졌습니다. 그 결과 서서히 일에서 빠져나가거나, 출장이나 회의 참석에도 큰 부담을 느끼게 되었습니다.

이러한 상황은 일반적인 임소공포와는 그 성질이 다릅니다. 임소공포는 그 상황이나 장소에서 증상이 나타날까 봐 두려워하는 생각이 중심이 되지만, 불안에 의한 스트레스의 회피는 어떤 상황과 장소든지 자신에게 과부하를 유발할 수 있는 모든 자극과 기회를 미연에 회피하려는 생각이 중심이 됩니다.

당시 누가 알려주지 않았음에도, 과도하게 스트레스를 받을수록 불안이나 증상이 가중될 것이라고 스스로 확신하여 '회피'라는 행동 반응으로 그 스트레스를 최대한 피하려 한 것입니다. 물론 이러한 스트레스 회피 상태를 장시간 반복하고 유지하는 환우들은 오히려 그 불안이 이면에서 증가하는 경향이 강합니다. 그 이유는 역시 '이렇게 회피하는 자신에 대한 깊은 무기력'으로 인해 그러한 '자신의 미래에 대한 염려'를 유발한 것입니다. 항상 그렇듯 미래에 대한 염려는 불안을 유발하고 강화해 나갑니다.

✔ 당장의 작은 불안을 줄이기 위해 스트레스를 회피하면, 무기력과 '미래불안'은 증가합니다. 즉, 스트레스는 아무리 회피해도 중장기적인 불안을 감소시키는 데 별로 도움이 되지 않습니다.

이상의 경우와 달리, 자극이 오더라도 그것이 전형적인 스트레스로의 흐름을 타지 못하도록 최대한 걸러냄으로써, 스트레스를 유발할 자격이 없는 자극들을 미리 차단하는 것이 오히려 스트레스를 줄이는 가장 현실적인 방법입니다. 이러한 스트레스 흐름 차단 기법은 위의 '회피'와 달리 특별한 부작용이 없습니다. 또한, 그 요령이 쌓이면 쌓일수록, 복잡해지는 우리의 각종 관계와 상황들을 훨씬 더 요령 있고 의연하게 살아나갈 수 있도록 내 삶을 개선해 줄 수 있습니다.

스트레스의 흐름에서 가장 최종적인 단계는 'F. 영향'입니다. 자극이 스트레스로 구체화되면, 그 부정적인 영향은 나의 내면에 그대로 전달되고, 결국 불안정해진 내면 반응의 대가로 '불안 및 증상 불편'과 '행동 습관'의 결과를 일으키게 됩니다.

스트레스를 받은 이들은 온몸에서 각종 통증을 호소합니다. 가장 흔한 통증으로는 두통과 소화불량으로 시작해서, 어깨결림, 등 통증, 안구 건조, 배탈, 설사, 두근거림 등 이루 열거할 수 없을 정도로 방대합니다. 더욱이 불안, 초조, 우울 등 전형적으로 신경증적인 여러 정서와 신체 증상은 물론, 위염, 위궤양, 부정맥, 고혈압, 당뇨병 등 매우 구체적인 내과 질환을 직접 야기하기도 합니다. 이러한 모든 범주의 통증이 바로 스트레스가 내면에 직접 영향을 준 일반적인 결과이고, 이를 겪는 환우 자신도 쉽게 알아챌 수 있습니다.

그 외에도 스트레스는 '행동 습관'을 낳기도 합니다.

〈스트레스 조절 실패 시 야기될 수 있는 '행동 습관'〉

| ❶ 회피 | ❷ 분노 |
| ❸ 퇴행 | ❹ 의존 |

자극이 스스로에게 스트레스가 되고 그 스트레스가 불안을 강화한다는 것을 알기 때문에, 애초 그 자극에 자신을 덜 노출하기 위해 행하는 '❶ 회피'가 행동 습관의 가장 일반적인 경우입니다. 그러나 '❷ 분노'나 '❸ 퇴행', '❹ 의존' 등 더욱 다양한 행동 습관들도 흔히 수반될 수 있습니다.

'❷ 분노'는 말 그대로 화를 내는 행동입니다. 스트레스가 높아진 사람은 민감해져 각종 상황에서 화를 내기 쉬운 것은 일반적인 상식이기도 하지만, 실제로 그 이면에는 '무기력'이 강하게 작용하고 있음을 간파해야 합니다.

무기력은 곧, 이렇게 힘든 스트레스를 잘 조절하지 못한 결과, 거듭 자신의 의지대로 그 불편에서 빠져나오지 못하고 있는 자기 자신에 대한 강한 '자괴감'에 기인합니다. 그 무기력한 자신의 모습은 주로 우울한 행위로 표현되는 것이 일반적이지만, 가끔 거꾸로 강한 분노 행동으로 표출되기도 합니다. 그래서 스트레스가 높아진 사람이 쉽게 흥분하고 사소한 일에도 화를 불같이 내는 모습을 종종 목격할 수 있습니다.

✔ 타인이 자신을 자극하는 상황에서 그 상황에 맞지 않는 강한 분노를 표출하는 사람은 대부분 자신에 대한 깊은 무기력을 겪는 사람입니다.

➕ 더 깊이

대화 도중 지나치게 화를 내거나 쉽게 화를 내는 사람은 결국 자신의 무기력한 부분을 상대방으로부터 자극받았다는 반증입니다. 그 내적 무기력은 누구에게나 있으며 그 규모와 정도가 중요합니다. 무기력 대비 본인이 유지하길 희망하는 자존 정도가 비교적 높은 경우일수록 그러한 비상식적인 분노 표출 반응의 빈도는 높아집니다.

'❸ 퇴행'은 유아기적인 사고와 행동을 소위 '매우 유치하게' 행하는 습관입니다. 우리는 자신이 하는 불합리하거나 적절하지 못한 행위에 대해 스스로 인정하고 이를 개선하려는 반응을 보이는 것이 상식입니다. 그러나 종종 잘못을 지적당하거나 자신이 부적절했음을 충분히 인지하였음에도 불구하고, 마치 자신은 잘못하지 않았고 매우 당당하다는 식으로 도리어 큰소리를 치거나 타인에게 공격적인 언사를 하는 경우를 목격할 수 있는데, 바로 그러한 경우가 '❸ 퇴행'에 해당합니다.

퇴행은 결국 자신의 '외적 자존'이나 '내적 자존'이 심하게 상처를 입었다고 여기면서 그것을 퇴행을 통해 보상함으로써, 자신에게 앞으로 가해질 수 있는 상처를 최소화하려는 반발 행동입니다. 이러한 퇴행 역시 스트레스가 높아져서 크게 불안해진 사람들이 흔히 보이는 행동 습관의 하나입니다.

'❹ 의존'은 스트레스로 인해 느껴지는 불안에 대하여 타인이나 상황에 대한 '의존'을 통해 '위안'을 받음으로써, 그 불안의 수준을 분산하고 낮추기 위한 행동 습관입니다. 이러한 의존은 광장 공포 또는 임소공포에서의 의존과는 다른 측면이 있기도 합니다.

광장 공포나 임소공포에서의 의존은 자신이 이 장소나 상황에서 겪을 수 있는 재앙적인 상황으로부터 누군가 자신을 구조해주거나 도와줄 수 있는 존재로서의 타인을 필요로 하여 유발되는 것인데 반하여, 스트레스에 의한 의존은 그 스트레스가 내적으로 심하게 자신을 위축시키는 것을 타인과 공유함으로써 그 정도를 낮추려는 시도의 성격이 강합니다.

일산의 이 씨(49, 여)의 사례는 바로 이러한 스트레스에 의한 의존이 심한 경우에 해당됩니다. 가족들은 그녀를 '저질 체력'이라는 별명으로 부릅니다. 그녀는 매사 여기가 아프고 저기가 힘들다는 말을 자주 합니다. 항상 그녀는 아프다고 말하므로 가족들도 그녀의 호소를 매번 들어주기 힘들어합니다. 물론 병원 검사를 받아도 힘들어하는 여러 신체 증상에 대해 똑 부러질만한 해답은 나오지 않습니다. 그럼에도 그녀의 아픈 수준은 항상 어지간히 중한 병을 앓는 실제 환자들보다 더 심하다고 해도 과언이 아닙니다.

그녀가 공황장애를 앓고 난 이후 평소 불안과 수반되는 증상들을 길게 겪어오면서 이러한 의존적인 행동들이 마치 습관처럼 굳어져 왔습니다. 즉, 그녀에게 가족들은 '자신의 처지를 들어주고 공유해줄 수 있는 위안의 존재들'인 것입니다. 실제로 가족들은 그녀의 불편함에 별로 큰 도움이 되지 않음에도 자신의 상황을 타인에게 알려두는 것으로 위안을 느끼기 때문에, 그 위안을 제공해주는 가족들은 바로 그녀에게 '의존의 대상'이 되는 것입니다.

✔ 자신이 아프다는 것을 미리 알려두는 것을 위안으로 삼는 행동 습관은 의존의 일환입니다. 누군가에게 도움을 받으려고 의존하기도 하지만, 이렇게 위안을 받음으로써 자신의 불편을 분산하고 유보하려는 목적도 있습니다.

스트레스는 이렇게 각종 폐해를 직접 초래합니다. 이는 스트레스라는 정서적인 현상이 동일한 정서적 불편으로써의 불안뿐 아니라, 물리적인 행동으로써의 '행동 습관'까지 유발하게 됨을 의미합니다. 여기서 행동 습관, 즉 습관이라는 어미가 조합된 이유는 곧 이러한 행동을 거듭 반복하면 그 자체가 또 하나의 조건 반사를 이루어서 결국 시간이 지날수록 그 행동 습관을 벗어나기가 어려워진다는 것을 의미합니다. 실제로 공황장애나 불안장애를 거의 해결한 환우 중에도 이렇게 고정된 행동 습관이 그대로 남아서 그로 인한 불편과 제약에 긴 시간 처해온 경우를 쉽게 볼 수 있습니다.

이상과 같이 자극이 스트레스를 유발하고 그 스트레스가 또다시 불안을 어떻게 유발하며 각종 폐해가 어떤 방식의 흐름을 거쳐 분화되는지 함께 이해해보았습니다.

재차 강조하지만, 자극은 반드시 나의 적극적인 분별과 개입을 통해 걸러내고, 차단함으로써 그 자극에 스트레스가 될 기회를 주지 않는 것이 중요합니다. 이 흐름을 내 의지대로 주도하지 못하는 한, 우리가 누리는 모든 삶은 그 자체가 모두 스트레스의 늪이 될 수밖에 없습니다. 다음 챕터들에서 우리는 그 분별과 개입 그리고 걸러내고, 차단하는 여러 원리와 요령들을 함께 이해하는 기회를 가져봅시다.

질문 기법

앞서 잠깐 설명한 내용대로 '질문'은 나로 하여금 '객관적'이 되도록 하며, 괜한 기분에 치우쳐 스스로 압도되는 우매한 상황을 예방할 수 있는 매우 효과적인 방법입니다.

적절히 나에게 가하는 질문에 대한 답을 찾는 과정에서 무분별과 오판의 가능성을 크게 줄임은 물론, 특히 자동화 사고를 강하게 차단할 수 있으므로 그저 휩쓸려서 재앙적인 기분과 신체를 미리 준비시키는 실수를 효율적으로 견제할 수 있는 가장 실용적인 방법의 하나입니다. 이러한 질문 기법을 적극적으로 활용하되 다음을 유념합시다.

〈자기 질문 기법 유의사항〉

❶ 가장 중요한 핵심을 질문한다.

❷ 질문에 대한 답을 내기 전에 몸과 기분을 요동치지 않도록 제어한다.

❸ '의연한' 자세를 유지한 채로 질문과 답을 완료한다.

❹ 자기 질문 기법은 그 자체가 가장 강력한 항불안제 역할을 한다.

이 책에서는 유달리 '질문 기법'을 많이 인용합니다. 그 이유는 우리의 내면이 워낙 '조건반사적'이고 '입체적'이며 '무작위적'으로 동작하는 특성이 강하므로, 자극들을 가장 잘 대표할 수 있는 한 문장으로 압축한 질문이 가장 효율적이고 신속한 해결 수단이 될 수 있기 때문입니다.

즉, 질문 기법에 사용되는 질문들은 너무 방대하거나 두서없으면 그 효과가 크게 반감된다는 것을 유념해야 합니다. 기존에 내가 거듭 경험해 온 자극과 상황의 가장 중심적인 핵심 흐름을 잘 정리하여 단 한 문장으로 미리 규정해두고, 시의적절한 타이밍에 나 자신에게 단호하게 그 질문을 던져야 제대로 효과를 볼 수 있음을 의미합니다.

적절한 질문을 미리 준비해 두려면, ❶ 가장 중요한 핵심을 질문해야 합니다. 너무 방대하고 뭉뚱그려진 질문이나 많은 내용이 열거되는 질문은 효과가 크게 떨어지고, 그 답을 찾는데 소요되는 시간도 길기 때문입니다. 그 지체되는 모호한 시간의 길이만큼 내면은 기존 악습에 따라 진도를 진행하게 됩니다. 즉, 질문은 내 스스로 가장 염려했거나 두려워했던 바로 그 핵심을 간결하고 함축적으로 미리 만들어 두고, 해당 자극 상황에서 지체 없이 나 자신에게 단호하게 대응해야 함을 유념하십시오.

✔️ 질문은 단순하고 예리해야 그 효과가 강력해집니다.

어떤 분은 자극이 가해지고 이어 불안이 느껴지면, 미리부터 겁먹고 잔뜩 긴장하여 온몸에 힘이 들어가고 눈은 동그랗게 뜬 모습의 전형적인 당황한 상태가 되어버립니다. 그렇게 강한 불안과 긴장 상태에서 하는 질문 기법은 당연히 그 효과가 크게 감소할 수밖에 없습니다.

질문 기법을 사용하는 이유는, 스스로를 추스르지 못한 채로 그대로 불안과 염려로 치닫는 나 자신에게 핵심적인 질문을 던져서 그 흐름에 강한 '제동'을 걸기 위함이며, 그 제동의 목적을 달성하기 위해서는 질문이 몸이나 기분의 반응보다 시간적으로 앞서 수행되는 것이 중요합니다. 즉, ❷ 질문에 대한 답을 내기 전에 몸과 기분을 요동치지 않도록 제어해야 합니다. 물론, 처음부터 잘될 리 없습니다. 거듭 연습하고 반복할수록 이 제동도 자연스럽게 잘 수행될 수 있습니다.

✔ 불안에 압도되고 잔뜩 긴장한 상태에서 행하는 질문 기법은 그 효과가 크게 반감됩니다. 그러한 긴장을 일시 정지시키고자 하는 강한 의지를 내 안으로부터 끌어내면서 동시에 날카롭게 질문해야 합니다.

우리가 어떤 행위를 할 때 항상 그에 합당한 심적, 신체적 자세가 요구됩니다. 기도하는 성직자가 간절히 기도를 할 때 역시 그에 합당한 심정과 신체를 잘 유지해야 하며, 중요한 경기에 임하는 운동선수도 그렇고, 전투에 임하는 군인들도 역시 그러합니다.

이와 같이 ❸ 의연한 자세를 유지한 채로 질문과 답을 하는 방식으로 내가 하는 질문의 효과를 극대화합니다.

층간소음으로 다소 좋지 못한 관계였던 아래층 부부가 갑자기 나를 찾아왔다고 가정해봅시다. 순간 강한 불안과 긴장이 누구에게나 먼저 상승하기 시작할 것입니다. 또한, 머릿속에서는 그들이 요구하거나 따질 수 있는 온갖 여러 갈등의 언행들이 영화처럼 마구 스쳐 지나갈 것입니다. 이러한 상황은 마치 혼란과 당황 그 자체라고 표현해도 될 만큼, 나도 모르는 사이 신체적으로는 얼굴이 창백해지거나 붉어지며, 어깨와 팔에 바짝 힘이 들어가게 되고, 더불어 기분은 매우 불안해지고, 그 이면에서 이 난처한 상황을 피하고 싶어지는 각종 모색이 난무할 것입니다.

그러나 이 순간에 오히려 차분하게 스스로의 몸과 기분을 바로잡고, 그들의 요구나 주장의 핵심만을 정확하게 파악합니다. 내가 할 수 있는 것과 할 수 없는 것을 가려 답을 주겠다는 생각을 정립하면, 덜 불안해지고 아래층의 그 부부에게도 훨씬 더 좋은 이미지로 서로 싸움이 아닌 대화를 시도할 수 있을 것입니다. ❸ 자기 질문에서도 이와 같이 '의연함'에 바탕을 둔 신체의 자세와 기분을 정립해야 합니다. 불안과 당황에 압도된 상태로 자기 질문을 수행하면 그 효과를 기대하기 어렵다는 것을 기억하십시오.

✔ 필요한 순간에 마음과 몸을 침착하게 유지하는 역량은 내 인생의 여

러 위기를 잘 넘기도록 만드는 매우 중요한 미덕이 될 수 있습니다.

➊ 더 깊이

소위 배짱에 기초한 침착함도 있습니다. 이 경우는 보통 유전적으로 원래부터 그 배짱이 두둑한 사람에게서 더 흔합니다. 이러한 배짱은 쉽게 겁을 먹지 않는 유형으로 부모로부터 타고납니다. 내가 만약 그 배짱을 타고난 사람이 아니라면, 배짱을 보유하려고 노력하는 것은 지극히 비효율적입니다. 오히려 합리적인 자기 질문들을 통해 '분별과 균형'을 잡는 노력을 하는 것이 훨씬 효율적이고 현실적입니다. 그 합리에 기초한 분별력은 배짱 이상의 능력을 발휘합니다. 배짱에 압도된 상대방은 그 상황에서 그저 회피하려 하지만, 합리적으로 잘 분별하는 상대방은 나를 깊이 존중하고 때로는 다가오려 하기 때문입니다.

❹ 자기 질문 기법은 그 자체가 가장 강력한 항불안제 역할을 할 수 있음을 명심하십시오. 이 세상 그 어떤 약도 복용 후 불과 수 초 이내에 불안을 일시 정지시킬 수 없습니다. 그러나 자기 질문을 제대로 준비해놓고 스스로에게 적절히 던지면 파국으로 치닫던 불안의 흐름을 즉시 정지시킬 수 있습니다.

예전에는 공황장애 완치 카페에서 오프라인 모임을 종종 갖기도 했습니다. 당시 부천의 한 식당에서 모임을 갖던 중, 젊은 남자 환우 한 분이 "숨쉬기 힘들고 가슴을 콕콕 찌른다."고 호소하면서 안절부절못하기 시작했습니다. 그때 필자가 그 환우에게 이렇게 질문했습니다.

(필자): 숨을 크게 들이마시면 폐로 공기가 잘 들어가긴 하지요?

(환우): 네.

(필자): 숨을 가득 들이마시고 내쉴 때, 지금 가슴에서 쇳소리나 이상한 소리가 나는가요?

(환우): 아니요.

(필자): 그렇다면 천식은 아니네요.

(환우): 그런 것 같아요.

(필자): 가슴이 쥐어짜듯 심하게 아프고, 통증이 가슴 중앙에서 묵직하게 느껴지나요?

(환우): 그 정도는 아니고, 조금 콕콕 찔러서…….

(필자): 그건 저도 겪어봐서 잘 아는데, 위염에서도 그래요. 그런데 지금 현재 심장마비 걱정을 하고 계시지요?

(환우): 네. 솔직히 그래요.

(필자): 이 증상으로 병원에서 검사를 받아본 적이 있나요?

(환우): 네. 검사는 여러 번 받았는데, 이상이 없다고 해서…….

(필자): 어쨌든, 위급한 천식이나 심장마비가 아닌 것은 맞겠네요. 그렇지요?

(환우): 네.

위의 질문과 답변 내용은 매우 흔한 내용이고 상식 수준에 불과

합니다. 필자는 그 상황에서 흔한 내용을 젊은 환우에게 설명하려고 이러한 질문을 한 것이 아니라, 환우 스스로 질문에 대한 답을 하나씩 하면서 자신이 위급한 상황이 아니라는 사실을 자연스럽게 받아들이도록 만들고, 불안으로 치닫던 양상을 정지시킬 수 있도록 유도한 것입니다. 심해지던 그 환우의 불안 수위는 질문들에 하나씩 답을 하면서 저절로 잘 가라앉았습니다. 그 환우는 불안해지거나 불편이 나타날 때마다 휴대하고 있는 비상약을 복용했지만, 약을 먹지 않고도 불안에 제동을 아주 잘건 셈입니다. 이처럼 잘 준비된 질문과 진지하고 의연한 답변 행위는 어떤 약보다도 효과가 즉각적이고 강력하다는 것을 확신하고 믿으시길 바랍니다.

✔ 약이 효과를 발휘하려면 약 20분 이상 소요되지만, 잘 준비된 질문은 그 효과를 즉시 발휘할 수 있습니다.

우리가 당면하는 모든 자극 요소들은 항상 나를 혼란한 상태로 몰아넣음으로써 불안 유발이라는 소기의 목적을 달성해가는 존재입니다. 내가 당황하거나 이런저런 재앙적인 시나리오를 머릿속에 떠올릴수록 그 자극 요소가 스트레스로 바뀌고, 결국 큰 불안을 불러내는 것을 멈추기 위한 그 어떤 방법도 소용이 없어집니다. 그러나 스스로 요령 있게 잘 정립된 질문을 함으로써 의외로 각종 자극 요소들이 불안으로 향하는 길목을 수월하게 차단할 수 있습니다.

그 분야가 매우 방대하거나 내가 그 답을 찾기까지 걸리는 시간을 벌기 위해 질문 기법을 사용하는 것은 매우 효과적입니다. 이번 기회에 질문 기법을 숙달하고 잘 활용한다면, 현재 불안과 싸우는 과정이 끝난 이후에도 내 삶 곳곳에서 현명함과 지혜로움을 발휘하는 훌륭한 요령이자 미덕이 될 것입니다.

여러 자극 요소가 내게 다가와도 의연히 그 핵심을 간파하고 차분히 원칙에 맞춰 대응하는 나의 모습은 나의 내면이 보아도 깊은 신뢰를 느낄 뿐 아니라, 다른 사람들이 보아도 나를 덕망 높은 사람으로 신뢰할 것입니다. 그러한 모든 연습과 과정들이 다시금 나의 내적 자존과 외적 자존을 높이고, 결과적으로 그만큼 내 인생은 더욱 안정되고 행복해질 것입니다.

스트레스 자기 질문과 개선, 유형1과 유형2

이번 챕터에서는 [표 11]에서의 'B. 유형1'과 'C. 유형2'를 개선하기 위한 내용을 함께 나누어 봅시다.

이미 이전 챕터에서 우리는 'B. 유형1'에서 더는 스트레스가 될 수 없는 자극의 하나인 '환경'을 탈락시켰습니다. 환경 재앙이나 거대한 사회적 사건, 사고는 내 개인의 개선 의지로 그것을 용해하고 대응하는 것 자체가 불가능에 가깝습니다. 동시에 이 책은 불안을 다스리기 위한 것에 초점을 맞추고 있으므로 그러한 환경적인 재앙이 유발하는 스트레스를 다룰 필요는 없습니다.

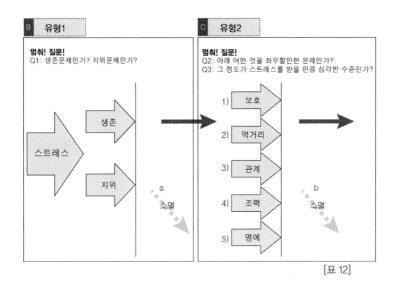

[표 12]

[표 12]는 바로 'B. 유형1'과 'C. 유형2'를 어떻게 저지하고 차단하는지 그 핵심적인 흐름과 원리를 그림으로 나타낸 것입니다. 먼저, 'B. 유형1'에 해당되는 '생존'과 '지위'에 대한 자극을 분별하기위해, 어떤 자극이든지 내게 다가오자마자 강한 자세로 내 스스로에게 'Q1'에 해당되는 질문을 던지십시오.

Q1: 지금 이것이 나에게 '생존'의 문제인가? 아니면, '지위'의 문제인가?

이미 이전 챕터에서 함께 나눈 대로, 생존은 곧 나의 안전이나 생계에 관련된 사안을 의미합니다. 또한 지위는 곧 내가 속한 여러 단체나 회사에서 나의 '관계'와 '입지' 및 '명예'에 해당되는 사안을 의미합니다. 내 스스로 강하게 던지는 질문은 바로 이 자극이 그 두 가지의 경우에 '명료하게 해당되는가?'를 확인하는 것입니다.

그 결과, 명료하게 'YES'라는 답을 할 수 있다면, 즉시 지체하지 말고 다음 단계인 'Q2'와 'Q3'을 수행합니다. 반면, 'NO'라는 답이 확실하다면 당연히 이 자극은 그냥 '사소한 그 무엇' 또는 속된 말로 '고민해봤자 소용없는 매우 영양가 없는 그 무엇'으로 치부하고, 그대로 내 생각에서 소멸시켜 버립니다. 물론, 여기서 주의할 점은 'NO' 뿐만 아니라, '잘 모르겠다.'라든지 '어느 경우에도 속하지 않는다.' 등의 모호한 영역에 해당되는 자극들입니다. 이럴 때도 역시 그 자극은 '소멸'의 쓰레기통으로 보내버립니다.

✔ 나의 필터를 통해 그 의미를 잃은 모든 자극들은 그대로 소멸시켜야 합니다. 소멸시켰다고 여겼음에도 자꾸 염려와 불안이 올라온다면, 이는 그동안 나의 왜곡된 습관이 장기간 유지되어 왔기 때문입니다. 반복하여 소멸시킬수록 이 또한 새로운 습관으로 고정되어가고, 그 결과 염려와 불안도 서서히 해결됩니다.

우리가 주의할 점은 항상 '명료한 자극'이자, 동시에 '유의미한 정도 이상의 무게감 있는 자극'일 경우에 한하여 그것이 스트레스가 될지 아닐지 여부를 판단해야 하는 점입니다. 정도가 약하거나 확률적으로 낮다면 이는 사실상 나의 불안을 촉발할만한 자극으로써의 자격이 없는 셈입니다. 그러한 사소한 자극들에까지 일일이 대응하는 것은 그 자체가 소모적인 행동이 될 수밖에 없습니다. 반드시 명료한 자극이되, '생존'과 '지위'에 해당되는 것들만이 내가 행동으로 대처해야 할 사안이 됨을 유념하십시오.

✔ 나의 '생존'과 '지위'에 명료한 영향을 줄 수 있는 자극들만 추려내야 합니다. 그 이외의 모든 모호하거나 확률이 낮거나 이 소재에 해당되지 않는 것들은 더 이상 스트레스로 변모할 자격이 없음을 명심하십시오.

실제로 'Q1'의 단계를 거치면, 현실에서 나에게 다가오는 자극들을 상당 부분 소멸시킬 수 있습니다. 항상 강조하지만, 이 'Q1'의 단계도 역시 그 첫 시도와 적용은 매우 서툴고 어색하겠으나, 매사 이를 반복하여 익숙해질수록, 더 이상 '문장으로 구성된 질문'을 내 스스로에게 입으로 말할 필요가 없게 됩니다. 즉, 어떤 자극이든지 매우 짧은 시간 내에 직관적으로 이 자극이 고민할 가치가 없는 것인지 아닌지를 분별해 낼 수 있기 때문입니다. 생존이나 지위에 해당되지 않는 것들은 내가 의식하지도 못하는 사이 벌써 쓰레기통에 버려지게 됩니다.

그럼에도 불구하고 '생존'과 '지위'에 명료하게 해당되는 자극이라고 인정하게 될 경우 곧바로 'Q2'와 'Q3'을 실행해야 합니다.

〈'생존'과 '지위'의 세부 요소〉

❶ 보호	❷ 먹거리
❸ 관계	❹ 조력
❺ 명예	

　우리의 내면은 동물적인 본능에 기초하여 목숨을 당장 좌우할 수 있는 일들에 더욱 명료한 불안을 나타냅니다. 그러나 현대사회는 너무나 교묘하고 복잡해서 당장 눈에 보이는 위험이 아닐지라도 장기적으로 내가 상당히 불리해질 수 있는 상황에 나를 몰아넣기도 합니다. 이러한 '불리한 상황'은 두 눈으로 그것을 확연히 분별할 수 없기에 명료하지 않고 장시간 지속되는 불안을 불러내는 특징이 강합니다. 바로 그렇게 평소 지루하게 이어지는 불안 양상을 유발해내는 요소들은 주로 위의 세부 요소들에 해당됩니다.

✔ 종일 이어지는 지루한 불안 양상의 원인은 대부분 두 눈으로 확인이 어려운 자극 요인 때문입니다. 또한, 그 요인의 대부분은 나의 '생존'과 '지위'를 침해할 수 있습니다.

'❶ 보호'는 곧 나를 지켜주는 존재나 조직이 취약해지는 경우를 의미합니다. 어린아이일수록 아직 뇌가 덜 발달했기 때문에 더욱 이러한 '보호'에 민감한 경향을 보입니다. 이는 스스로 먹을 것을 구하거나 안전을 지킬 수 없음을 잘 알고 있기 때문에, 자신의 부모 등 가까운 일족들이 자신으로부터 분리되는 모든 상황을 매우 두려워하는 경향을 보입니다. 실제로 흔히 말하는 '분리 불안 (Separation Anxiety)' 등이 바로 이 경향에 기초한 현상입니다.

성인이 되어도 이러한 분리 불안적인 요소는 내면에 일부 잔존해 있을 수 있고, 어린아이들보다 훨씬 복잡한 조건에서 다양한 양상으로 불안을 유발합니다. 바로 그 일환의 하나로서 이러한 '❶ 보호'가 나타나는 것입니다. '❶ 보호'가 강한 자극에 의해 위협받게 되면, 당연히 그에 합당한 내적 불안이 촉발될 수 있고, 내면에서 감지된 '보호 위험'은 여러 불편과 증상 그리고 행동을 통해 외적으로 표출됩니다. 즉, '보호'는 우리가 명료하게 대응해야 할 스트레스의 한 요소입니다.

✔ 나의 안정과 평안을 보장해주던 것들에 확실히 위협을 가하는 자극은 나의 '❶ 보호'를 뒤흔들 수 있습니다. 그 결과 강한 불안이 야기됩니다.

'❷ 먹거리'는 곧 양식이자 생계이며, 현대사회에서는 나의 '생계를 위한 수입'을 의미합니다. 먹거리가 부족해지면 우리는 당연히 불안해져야 옳고, 그로 인해 자각되는 불안이라는 통증에 의해 부족해진 먹거리의 대안을 서둘러 마련해야 합니다.

내가 다니는 회사가 조만간 망할지도 모른다는 정보는 이러한 '먹거리'에 내적 경종을 강하게 울리는 강렬한 자극이 될 수 있습니다. 내가 주식을 보유한 그 회사가 갑자기 망하게 되었다는 소식을 들어도 당연히 나의 내면은 강한 경종을 울리고, 그에 합당한 불안과 긴장이 시작됩니다. 이는 당연한 현상일 뿐 아니라, 이 경종이 지나치게 무디면 결국 그 자체가 '무기력'에 해당되는 신경증적인 문제가 될 수 있습니다.

그러나 대부분의 문제는 항상 그 경종이 둔감한 경우보다는 과도하게 민감한 경우에 발생합니다. 공황장애나 불안장애를 앓는 환우들은 각별히 이러한 '❷ 먹거리'에 대한 매우 민감한 경종을 내면에 보유하고 있음을 아울러 잘 간파해야 합니다. 더 나아가 이 경종이 민감한 분들일수록 각종 시험 준비나 승진을 앞둔 시점에서 장기간 매우 큰 불안을 경험하게 될 확률이 증가합니다.

✔ 나의 미래에 먹거리에 대한 위험은 강한 불안을 느끼게 합니다. 공황장애 등 불안신경증을 앓는 환우들은 그 센서가 매우 민감한 경향이 있습니다.

이러한 면모들은 공황장애 완치 카페에서도 흔히 목격할 수 있습니다. 참으로 많은 공황장애와 불안장애 환우들이 공무원 시험이나 승진 시험, 수능 시험을 몇 개월 앞두고 이유 모를 강한 불안으로 시작하여 이 병을 겪기 시작하고, 이는 시험이라는 제도 또한 역시 '미래의 먹거리'에 해당되는 현대사회적인 개념이기에 그러한 결과가 야기되는 것입니다. 즉, '❷ 먹거리'는 현재 시점뿐 아니라, '조만간 예상되는 가까운 미래'의 그것에 대해서도 내적으로 민감하게 반응하도록 만드는 주요한 자극 요인이 될 수 있음을 의미입니다.

시험, 승진, 구직, 이직 등 다양한 상황들은 '❷ 먹거리'에 연계된 현대 사회의 제도입니다. 이 부분에 대해 나 자신이 취약해지고 있다는 염려가 들게 되면, 나의 내면은 '먹거리'의 본능에 강한 위험을 느끼고 그 결과 높은 수준의 불안을 나타낼 수 있습니다.

'❸ 관계'는 '인간관계'를 의미함과 동시에 '내가 속한 단체에서 나의 입지'를 의미합니다.

원시시대에는 나쁜 관계는 곧 적을 의미했고, 그 적들은 내 생명과 나의 재산을 언제든 약탈할 수 있는 물리적인 위협대상이었습니다. 그러나 현대사회에서 적의 개념은 나의 생명과 재산을 직접 노리는 자들의 개념이 아니라, 나의 입지와 기회를 좁히는 자들로 의미가 변화되었습니다. 즉, 내가 처한 현실에서 적은 나의 기회를 낮추거나 저해하는 모든 이들이거나 또는 나의 명예나 지위를 위협하는 자들, 내지는 나의 '즐거움'이나 '평안'을 저해하는 자들을 의미하는 넓은 범주로 더 넓어진 셈입니다.

따라서 '좋은 관계'는 나의 성공, 수입, 쾌적함과 안정감, 즐거움과 보람을 제공하는 인간관계이자 조직 관계를 의미합니다. 이 관계가 침해되어 '나쁜 관계'가 될수록 반대로 나의 성공과 수입이 감소하고 불쾌함이 증가하며, 즐거울 만한 시간이 줄어들게 되는 결과를 야기합니다.

우리의 민감한 본능은 역시 이러한 '관계의 질 저하'에 대해서도 민감하게 불안으로 그 반응을 표현합니다. 그 결과 관계가 좋지 못한 사람일수록 대부분은 행복감도 함께 하락하게 되고, 각종 고립과 무기력, 불안과 긴장을 더욱 강화하게 되는 것이 일반입니다. 이러한 '관계'의 문제에 대하여 우리 내면이 민감하게 불안으로 반응하는 것은 결과라 할 수 있습니다.

'❸ 관계'의 질을 떨어뜨릴 수 있는 자극은 나의 내면에 강한 불안정을 야기할 수 있습니다. 즉, 관계가 좋은 사람이 그렇지 않은 사람보다 덜 불안할 확률은 크게 증가할 수밖에 없습니다.

'❹ 조력'은 유사시 '나의 입장이나 뜻을 지지해주고 같은 편으로써 도움이 되어주는 행위'를 뜻합니다. 학교에서 귀가 따갑도록 배워온 내용대로, '인간은 사회적 동물'입니다. 이는 우리가 홀로 고립되어 투쟁하는 상황을 매우 싫어한다는 것을 의미합니다. 인간은 무리지어 움직이며 먹이를 사냥하고, 다양한 식량을 채집하는 성향이 강한 종이므로, 본능 아래에 깊게 깔린 이러한 무리의 한 구성원으로서의 안정감이 상당히 중요합니다. 반면, 무리로부터 외면당하거나 다른 구성원으로부터 그다지 지지받지 못하는 상황은 본능적으로 매우 싫어하고 불안해한다는 것을 의미합니다.

이러한 '❹ 조력' 선호 본능도 역시 어린 시절 또래의 무리에 어울릴 때로부터 시작하여, 청소년기 학교에서의 교우관계에 이르기까지 각종 경험과 학습을 통해서 이후 성인을 거쳐 죽을 때까지 그 사람의 내면 일부를 구성하게 됩니다.

학창시절 소위 왕따를 경험한 사람들은 그 경험이 내면의 강한 불안정을 구축함으로써 이후 무기력이나 분노 또는 강한 '사회 공포' 같은 불편에 처하기도 합니다. 물론 어릴 때 또래로부터 원만한 지지를 변함없이 유지해온 사람들은 그만큼 단체 생활에 강한 내적 자존을 구축하고 안정된 삶을 유지하는 데, 훨씬 유리한 입지를 보유하는 경향이 강합니다.

서울의 김 씨(36, 여)는 이러한 '지지'에 강한 집착을 보이는 경우입니다. 그녀는 같은 아파트 단지의 여러 아기엄마들과 친밀한 관계를 유지하는데 유독 강한 집착을 보입니다. 그 엄마들과 조금이라도 사이가 소원해지면, 스스로 이해하지 못할 정도로 강한 불안을 종일 겪기도 합니다. 때로는 그 엄마들의 개인적인 부탁을 거절하지 못해서 여러모로 금전적인 손해를 보는 경우도 있을 정도입니다.

그녀가 삶 속에서 이런 불편을 겪는 이유는 역시 '지지'를 갈망하는 그녀 내면의 욕구 때문입니다. 물론 그 욕구는 그녀가 어릴 때 겪었던 또래와의 여러 경험에 의한 것임을 그녀 자신도 잘 알고 있습니다. 그녀를 잘 모르는 이들은 그녀가 사람에 대한 정을 유독 그리워하기 때문이라고 여기지만, 실제로 본인은 이러한 지지에 유독 강한 집착을 느끼는 상황을 힘들어할 때가 많습니다. 즉, 이는 '정'의 문제가 아니라 '지지'의 문제이기 때문입니다.

'❹ 조력'은 유사시 나를 지지하고 내 편으로 도움 줄 수 있는 타인에 대한 강한 욕구에 기인하는 내면의 요소입니다. 어떤 자극이 조력을 크게 약화시킬 수 있다고 판단하면 그 자극은 강한 스트레스의 방아쇠를 당기게 됩니다.

➕ 더 깊이

사람들과의 관계를 좋게 만들기 위해 그 사람에게 나를 맞추는 행위는 대개 효과가 미약합니다. 그 사람들도 내가 자신들에게 잘 보이기 위해 일시적으로 그렇게 행동한다는 것을 알기 때문입니다. 반면 내가 한결 더 나의 세계관이 확실하고 개성과 추구하는 바가 있는 사람을 만들어가는 과정에 몰입할수록, 주변 사람들은 나에게 흥미를 느끼고 나에게 다가옵니다. 이 방법이 훨씬 효율적입니다.

또한, 우리는 자신의 '❺ 명예'를 중요시합니다. 여기서 명예는 소위 나에 대한 타인의 '평판'에만 국한된 개념이 아니라, 사회적 관계들 속에서 나의 이미지와 그 만족감까지 포함한 매우 넓은 의미입니다. 자신의 명예가 실추되면 우리는 앞서 언급한 모든 요소들(보호, 관계, 먹거리, 조력 등)의 기반이 위축되기도 합니다. 반대로 명예가 높아질수록 모든 요소를 더욱 드높이거나 현재까지 달성한 그 요소들의 모든 점유를 안정적으로 유지할 수 있기도 합니다.

명예는 각별히 나 자신의 '외적 자존'을 크게 강화하는 성질을 갖고 있습니다. 명예가 높을수록 결국 타인의 평판이 좋아지고, 그 결과 다른 사람들보다 자신이 더 우위에 있다는 안정적 우월감을 더 강하게 느낄 수 있습니다.

실제로 이러한 우월감은 뇌에서 도파민이라는 '행복감'의 '보상'에 관계된 신경전달물질을 얻을 기회를 증가시켜, 마치 마약처럼 중독성 높은 효과를 발휘할 수 있습니다. 먹는 문제가 어느 정도 해결되는 현대사회에서는 오히려 명예가 먹거리보다 더 높게 취급되기도 합니다. 물론, 어떤 자극이 나의 명예를 크게 실추시킬 수 있는 상황이라면, 당연히 내면은 그에 합당한 강한 불안 반응을 나타냅니다.

✔ '명예'는 외적 자존에 더 긴밀하게 관계되는 세부 요소의 하나로서, 현대 문명사회에서 우리의 본능은 오히려 근원적인 먹거리보다 더 우선하여 '명예'를 중시하는 경향이 있기도 합니다.

위와 같이 'Q2'와 'Q3'을 설명하기에 앞서 먼저 세부 요소들에 대하여 간단히 정리해보았고, 이제 다시 'C. 유형2 [표 12]'로 우리의 주제를 되돌려 보겠습니다.

> Q2: *세부적으로 나의 어떤 것을 좌우할 문제인가?*(보호, 먹거리, 관계, 조력, 명예)
> Q3: *자극의 정도가 스트레스를 받아야 할 정도로 심각한 수준이 맞는가?*

위의 'Q2'를 마찬가지로 단호하게 나 자신에게 질문하십시오. 앞서 질문에 의해 나에게 닥친 자극이 '생존'과 '지위'에 해당되는 중요한 문제라고 판단했다면, 이번 질문을 통해서 나는 그 자극이 구체적으로 어떤 종류에 속하는 사안인지를 파악하게 됩니다. 이 과정을 통해 뭉뚱그려진 큰 범주의 자극에 대해 더 정확한 윤곽을 잡기 위함입니다. 만약, 질문에 대한 나의 답변이 세부 요소에 해당되는 것 중 하나가 명료하다고 인정한다면, 지체 말고 'Q3' 질문을 나에게 던지십시오. 그게 아니라, 세부 요소에 해당되지 않는다고 답했을 경우라면, 역시 그 자극은 '소멸'의 길로 보내야 합니다.

✔ 보호, 먹거리, 관계, 조력, 명예에 해당하지 않는 자극은 내게 강한 스트레스를 유발할 자격이 없음을 기억해야 합니다. 그 이외의 것들은 모두 소멸시켜 버리십시오.

'Q3' 질문은 이제 '종류'가 아닌 '양'과 '정도'를 파악하기 위함입니다.

염려가 많은 사람은 그다지 큰 사안이 아님에도 유달리 민감하게 그 사안을 받아들이는 경향이 강합니다. 이러한 민감성 또한 훈련하면 할수록 그 정도가 심해지는데, 아주 심할 때는 지극히 사소한 일을 듣고도 매우 놀라거나 마치 세상이 무너지기라도 하듯이 과도한 반응을 보이는 사람이 그에 해당됩니다. 물론 그런 분들일수록 모든 자극을 예외 없이 재앙으로 과대평가하여 처리하므로, 항상 불안하고 긴장하며 수시로 놀랄 수밖에 없는 삶에 처합니다. 이런 경우는 모두 양적인 판단 오류에 의한 결과입니다. 즉, 과도하게 반응할 수준이 아님에도 지나치게 이를 받아들였음을 의미합니다.

'Q3' 질문은 곧 양적인 평가를 하되, 매우 객관적이고 냉정하게 또는 합리적으로 그 양을 평가하는 것이 핵심입니다. 아무리 내용이 재앙이더라도 확률적으로 그 재앙이 발생할 확률이 낮거나, 다른 변수에 의해 재앙이 발생하기 어렵거나, 그 재앙이 내게 실제로 끼칠 영향이 양적으로 크지 않다면, 사실상 그 자극을 근심으로 받아들일 이유는 없습니다. 이 질문 단계는 곧 '유효성' 정도를 재차 냉정하게 분별함으로써 내가 과대평가나 일반화 오류를 범하지 않도록 미리 차단해주는 역할을 합니다.

✔ 높은 확률과 치명적인 정도로 나에게 위해를 가할 수 없다면 그 자극 역시 소멸시켜야 합니다.

평소 불안이 강한 분들은 그만큼 '염려'가 높아져 있습니다. 또한 '염려'는 곧 '소심'과 비례 관계를 맺고 있기에 결국 매사에 불안한 환우일수록 소심해서 내적으로 위축되어 있다고 볼 수 있습니다.

물론 그 환우가 아무리 외적으로 대범하게 행동해도 자신의 내면을 속일 수는 없습니다. 우리의 내면은 나의 '소심'을 기가 막힐 정도로 잘 간파하고 포착한다는 것을 유념해야 합니다. 바로 이러한 소심함이 재앙 사고, 즉 현실적으로 낮은 확률의 재앙적인 상황이 내게 발생할까 봐 염려하고 집착하는 행동 증상의 중요한 바탕이 된다는 것을 명심해야 합니다.

'Q3' 질문은 바로 이러한 '소심'에 의해 나도 모르게 수행하고 있는 '염려'를 차단하기 위함입니다. Q3 질문을 통해서 내가 염려하는 그 상황이 얼마나 현실로 가시화될지를 확률적으로 평가함은 물론, 실제로 현실화 되더라도 내게 얼마나 심대한 영향을 줄 수 있을지를 냉정하게 가늠해야 합니다. 물론, 이 단계에서 자극의 많은 경우가 '소멸'로 버려질 수 있습니다.

✔ '보호, 먹거리, 관계, 조력, 명예'에 해당되지 않는 모든 자극은 지체 없이 '소멸'로 버리십시오. 설사 그에 해당되더라도 '비현실적'이거나 '낮은 확률'이거나, '내게 끼칠 영향이 그리 크지 않을 경우' 역시 과 감하고 단호하게 '소멸'로 버려야 합니다.

수시로 Q1, Q2, Q3 질문을 모든 자극에 적용하는 연습을 쌓아 온 환우들은 스트레스를 받을 가치가 없는 자극에 반응하지 않게 됩니 다. 반대로 이것이 귀찮다고 참된 연습을 게을리하면 아무리 상태 가 좋아져도 여전히 스트레스의 바탕 위에서 삶을 영위해 나가기 때문에, 언제든지 예전의 그 불안을 다시 불러낼 수 있음을 명심 해야 합니다. 이 질문 단계 또한 거듭 반복하여 불안 다스리기의 한 축으로 삼아 나가시길 바랍니다.

스트레스 자기 질문과 개선, 판단

내게 다가온 자극이 이 챕터의 '판단' 단계까지 도달했다면, 지금부터 그 자극은 나에게 분명한 '스트레스'로 작용할 공산이 큰 셈입니다. 즉, 그 '영향력의 정도'와 '발생 또는 그렇게 될 확률'만이 문제가 되는 '유의미한 자극'이라고 보면 됩니다.

기존 스트레스에 대한 저항력이 별로 없는 사람들은 바로 이 단계에 이르면 곧장 불안을 강하게 끌어냅니다. 자신을 위협할만한 충분한 판단이 섰으므로, 이제 이 상황에 바로 대응하지 않으면 큰일이 날 것으로 뭉뚱그려서 여기기 때문에 바로 그러한 강한 불안이 치솟아 오르는 것입니다.

이번에 설명하는 내용은 '이 자극이 충분히 나에게 위협이 될 수 있다고 판단되므로 곧바로 불안해져야만 한다.'는 식의 반응 방식은 매우 성급한 것이며 전혀 도움이 되지 않은 방식이라고 규정합니다. 그 이유는 바로 '판단'이라는 세부적인 분류와 인식 과정을 그 자극이 아직 거치지 않았기 때문이며, 그 자극을 이번 챕터에서 '판단'을 통해 더 세부적으로 나누고 쪼개서 핵심을 더 간파해야 최종적으로 스트레스가 될 자격이 있다고 생각해 두십시오.

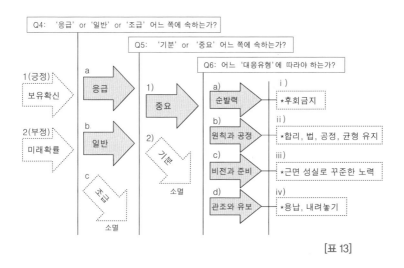

[표 13]

우리가 명료한 스트레스 대상이라고 어떤 자극을 평가했고, 그렇게 평가된 자극이 본격적인 스트레스로 판정되려면 [표 13]의 '1. 보유 확신'과 '2. 미래 확률'이라는 두 가지 요소를 매우 짧은 시간 안에 평가하게 됩니다.

'보유 확신'은 곧 그 자극에 관계된 자원이나 기회를 내가 이미 보유했거나 당연히 보유하게 될 것이라고 '긍정적'으로 확신하는 경우를 의미합니다. 또한 [❶ 미래 확률'은 주로 부정적인 자극들에 대해 나도 모르게 수행되는 것으로서 그 부정적 요소나 기회가 실현될 확률이 비교적 높다고 평가하는 경우]를 말합니다.

그러나 역으로 [❷ 자극에 관계된 긍정적인 요소와 기회를 자신이 보유하고 있지 않다고 판단하면, 역시 이는 그대로 강한 스트레스로 전환]될 수 있습니다. 또한 부정적인 요소와 기회일지라도 그 미래 확률이 낮다고 평가된다면 당연히 그 스트레스는 급격히 줄어들게 됩니다. 이상의 ❶과 ❷의 경우에 해당된다고 순간 판단을 하게 된다면, 역시 강한 스트레스의 자극으로 고정되는 것입니다.

✔ 부정적인 것이 현실화될 확률이 높다고 판단하거나 긍정적인 것을 자신이 보유하거나 점유하고 있지 않다고 판단하면, 그 자극은 곧 스트레스라는 순간 판단을 고정하게 됩니다.

이러한 순간 판단은 철저하게 나를 인지하고 있는 내면이 순식간에 내리는 결론 과정이므로, 실제로 이를 멈추기는 쉽지 않습니다. 또한, 나 스스로 아무리 '그렇지 않다.'고 주장해도, 나의 내면이 이미 기정사실로 인정하고 있는 나에 대한 인식이 순식간에 변할 수 없으므로, 그 순간 판단을 내 의지로 멈추거나 부정하려는 시도는 사실상 그리 효과가 없다고 여기면 됩니다.

앞서 누차 설명한 대로, 나의 내면을 나의 의식이 속일 수는 없습니다. 내가 어떤 자원과 기회를 보유하지 못했다고 내면이 인정하고 있는 이상, 이를 빨리 인정하고 이후의 실질적인 판단 단계로 바로 넘어가는 것이 훨씬 더 '내적인 무기력'을 일으키지 않는 지름길입니다.

'내적인 무기력'은, 내가 그러한 자원과 기회도 보유하고 있지 못한 못난 존재라는 생각이나 이렇게 무기력한 나의 한심한 상태가 언제까지 지속될지 그 끝이 보이지 않는다는 등의 생각이 내면에서 순간적으로 수행되면서 일어나는 현상입니다. 실제로 어떤 환우들은 본인이 매우 위급하거나 중대한 문제에 맞닥뜨렸음에도 그에 대한 불안이나 긴장 반응을 나타내지 않고, 오히려 매우 무신경하거나 무기력한 모습을 보이는 경우가 바로 이러한 내적인 무기력의 사례들입니다.

이렇게 내면에서 순식간에 진행되는 본능 영역에서의 처리 과정은 중장기적인 내면의 개선을 통해 서서히 나의 내면에 자존과 확신, 자신감을 개선해야 비로소 이러한 내적인 무기력이 전반적으로 덜 나타나고 정도가 줄어들도록 만들 수 있음을 유념해야 합니다. 따라서 오히려 이 자극이 명료한 스트레스의 대상임을 신속히 인정하고, 바로 그다음 단계인 '판단' 과정을 통해 스트레스에 개입하고 정립하는 것이 훨씬 더 실질적인 도움이 됨을 명심해야 합니다.

✔ '보유 확신'과 '미래 확률'은 우리의 내면에서 순간적으로 진행되는 과정이므로, 그 처리를 내 의지로 막으려는 것 자체가 당장 효과로 발휘되지 않습니다.

'Q4' 질문은 바로 이 단계에 도달한 자극이 '인정' 단계로 접어들어 본격적인 최종 '판단'을 거치기 위한 첫 번째 질문이 됩니다.

Q4: 이 자극은 'a. 응급', 'b. 일반', 'c. 조급' 중에서 어디에 속하는 자극인가?

'a. 응급'은 말 그대로 신속하게 대응하지 않으면 안 될 사안을 의미합니다. 응급한 사안은 곧 내가 곰곰이 생각할 시간이 없음을 의미하며, 그 의사결정에 대한 정확성보다는 '신속성'이 훨씬 더 중요하다는 뜻이 됩니다.

또한 'b. 일반'은 결코 시간상으로 쫓기거나 지금 당장 결정할 필요가 없는 사안들에 해당합니다. 시간에 쫓겨 결정할 사안이 아니므로 당연히 나는 이 사안에 대해 진지하고 신중하게 평가하고 여러 요소를 고려하여 천천히 그 해결방안을 마련하면 될 사안입니다. 이 자극에 대해 '응급'을 적용하여 처리하는 것은 말 그대로 '착오'나 '실수'가 예정되어 있다고 보아야 옳습니다.

마지막으로 'c. 조급'은 위의 응급할 사안도 일반적 사안도 아닌, 그저 나의 기분에 휘말려서 조급한 마음으로 이 사안을 중대한 것으로 착각하고 있다고 인정할 수 있는 모든 것들이 해당합니다. 실제로 불안신경증을 앓는 환우들은 조급에 해당되는 사안들을 위의 응급이나 일반으로 취급하는 경향이 있습니다. 조급함이라는 기분 상태는 곧 나의 의지와 습관에 기초하는 판단 흐름이므로, 자극을 이러한 조급을 통해 자의적으로 처리하는 행위는 매우 부정적일 뿐 아니라, 이를 반복하는 것 자체가 악습관을 자초하는 지름길임을 명심해야 합니다.

　스트레스로 인정된 자극이 위의 세 가지 종류 중에서 어느 항목에 해당되는지를 먼저 판단해야 합니다. 그 결과, 이 자극이 응급이나 일반이라면 다음 단계의 판단을 진행하되, 그 이외 '조급'에 해당되는 것으로 판단되면 당연히 이 자극도 '소멸'로 과감히 버려야 합니다. 또한, 실제로 이 단계를 차분하게 수행하는 과정에서 의외로 꽤 많은 자극을 조급으로 소멸시킬 수 있음을 아울러 유념하고, '응급'과 '일반'에 해당되는 명료한 자극들만 다음의 질문 단계로 넘기십시오.

> ✔ '조급'은 기분입니다. 매사 그 순간의 내 기분으로 자극을 처리하면, 전혀 의미가 없는 것들에 나의 에너지를 쏟아붓는 격이 됩니다. 그 오류를 반복할수록 내 생활에서 모든 자극이 온통 스트레스로 돌변하게 되고, 그로 인해 유발되는 불안은 더욱 통제가 어려워집니다.

➕ 더 깊이

　조급함이 느껴진다 함은 '당장 뭔가 해야 한다'는 것을 의미함이 아니라, '내가 염려하고 있음'을 의미하는 것입니다. 정말 염려할만한 것인지 그리고 이 염려가 조급해한다고 해결될 것인지를 먼저 분별해야 합니다. 이 분별 작업을 하기도 전에 당장 할 것을 허겁지겁 탐색하는 행위는 곧장 오류로 직결되며 그 자체가 악습으로 굳어지게 됨을 유념합시다.

Q5: '1) 중요한 문제', '2) 기분 문제' 중 어느 것에 속하는 자극인 가?[표 13]

이 단계까지 도달한 자극은 그 의미가 더욱 명료한 스트레스가 됩니다. 또한, 질문 기법을 통해 무의미한 자극을 계속 소멸시켜 왔으므로, 어찌 보면 '자극다운 자극'들만 남아 있는 셈입니다. 그러나 여기서도 기존에 유지해온 '악습'이 여전히 자극들의 많은 부분을 소멸시키지 못하도록 방해합니다. 그 방해의 대표는 역시 '기분 문제'입니다.

'2) 기분 문제'는 실제로 나의 미래, 영향력, 보유 자원 등 비중이 높고 유의미한 것들에 직접 영향을 주지는 않습니다. 그러나 말 그대로 기분을 매우 바쁘게 만들어서, 나로 하여금 '조급', '분노' 등을 내면에서 불러일으키는 성격이 강합니다. 특히 나의 화를 돋우는 상대방의 말이나 은근히 사람의 약을 올리는 나에 대한 뒷소문 등, 그 범주는 매우 다양하고 '신변잡기적'이기도 합니다.

우리의 이성은 보통 이러한 것들을 일종의 '나의 자존에 대한 도발'로 간주하게 되며, 나의 외적 자존을 보호하기 위해 강한 분노를 유발하기 쉽습니다. 설사 당장 그 자극을 가한 대상에게 그 분노를 표출하지 않더라도, 나의 내부에 그 폭발력을 억누르고 이를 '억압'하는 전술적인 행동을 취하기도 합니다.

만약 그 억압이 지속적이고 장기적으로 억눌러서 내면이 수용 가능한 한계 수치를 넘어서게 되면, 당연히 이 또한 강한 '불안', '우울', '분노' 등 정서 증상과 더불어 여러 신체 증상들을 함께 복합적으로 나타내기도 하는데, 이를 '화병'이라고 합니다. 기분 문제는 말 그대로 사소한 것이라고 치부할 수 있겠지만, 그것이 장시간 억압되면 구체적인 여러 신경증을 유발할 수 있음을 아울러 유념해야 합니다. 결국, 이렇게 화병이 생기는 이유도 내 안에 누적된 기분 문제를 잘 해소하고 정리하지 못했기 때문입니다.

✔ 분별없이 그저 기분을 억눌러 장시간 방치하면 그 자체가 내면에 억압되어 화병과 같은 신경증을 유발할 수 있습니다. 반면 이 자극이 기분 문제에 불과함을 잘 간파하고 분별한 후 절차에 따라 소멸로 처리한 자극들은 나의 내면에 억압되지 않습니다.

이러한 기분 문제의 가장 모범적인 처리 해답은 역시 '소멸'로 던져버리는 것입니다. 나의 기분을 나쁘게 만든 그 대상이나 자극을 소멸로 폐기 처리하는 것은 한편으로는 쉽지만, 또 한편으로는 매우 어렵기도 합니다. 이는 기분 문제의 처리에도 여전히 나의 습관이 강하게 밀착하여 개입하고 있고, 더불어 나의 자존과 가치관까지 함께 엮여 연동하기 때문입니다.

그러나 '객관화' 즉, 내가 나의 상황을 한 발 떨어져서 차분히 바라보고 이 유치한 기분 문제가 한낱 도발이나 불쾌함에 불과한 것임을 제삼자인 관찰자의 입장으로 차분히 간파하는 역량이 발휘될수록, 이러한 기분 문제는 의외로 한결 처리가 수월해질 수도 있습니다. 또한, 내가 추구하거나 목표로 하는 가치들이 명료하고 그에 대한 여러 역량이 집중되어 있을수록, 이러한 기분 문제는 '큰 물줄기를 되돌리지 못하는 사소한 물보라'에 불과하다는 것도 이러한 '객관화'를 통해 쉽게 정립하고 간파할 수 있습니다. 나의 시야가 좁아질수록, 나의 목표 의식이나 가치관이 취약할수록, 역시 기분 문제의 위력은 그에 반비례하여 거대해진다는 것을 잘 명심해야 합니다.

'Q4' 질문의 답으로써 내가 '2) 기분 문제'라고 확고하게 규정할 수 있는 모든 자극은 과감히 소멸로 몰아넣고 잊어야 합니다. 또한 소멸로 작별을 고한 자극은 다시 되돌아볼 필요가 없음을 기억합시다.

✔ 나의 목표와 궁극적인 가치관이 희미하고 취약할수록, 그리고 그것들에 대한 나의 지향과 몰입이 약할수록, 기분 문제는 강한 스트레스를 유발할 수 있습니다.

반면, 'Q4' 질문에 대해 '1) 중요 문제'라고 확실히 답을 한다면, 이 사안은 지금부터 무마하거나 간과하지 말아야 합니다. 바로, 이에 속하는 자극이야말로 진정한 '스트레스가 될 자격'이 있습니다. 이러한 자극에 대해서는 이제 '소멸'이 아닌, 매우 현실적인 '정립'

의 자세로 분류하고 규정하여, 그에 합당한 원칙으로 처리해 나가야 합니다.

Q6: 내가 어느 '대응 유형'을 따라야 하는가? [표 13]
a) 순발력   b) 원칙과 공정
c) 비전과 준비   d) 관조와 유보

우리가 당면하는 스트레스의 자극 중에서는 그 고유의 인과관계를 장시간 파악하기 위한 충분한 대응 시간이 허락되지 않는 것들도 있습니다. 이러한 자극들은 마치 '도박'처럼 나의 순간적인 판단이나 말, 대응 행동들이 이후 미래에 긍정적인 결과를 야기할 수도 있지만 반대로 부정적인 결과를 야기할 수도 있습니다. 이러한 모든 '불확실성'은 곧 자극을 분해하고 처리할 그 절대적인 시간이 부족하기 때문으로, 동시에 신중함을 발휘하는 것 자체가 당장 부적절하기 때문입니다. 바로 이러한 경우에 속하는 자극들은 'a) 순발력'에 해당되는 자극이라고 분류합니다.

이러한 '순발력'을 필요로 하는 경우에 가장 필요한 덕목은 'i) 후회 금지'입니다. 이는 곧 '순발력으로 결정한 사안은 미래를 알 수 없으므로, 설사 미래에 부정적이더라도 나는 절대로 후회하지 않겠다.'는 흔쾌한 마음이 필요함을 뜻합니다.

시의적절한 타이밍을 놓치면 그 어떤 의미도 다 사라져버리는 일은 그리 자주 발생하지는 않지만, 누구든 일생에서 이런 일은 여러 차례 겪게 됩니다. 그 순간 현명한 선택과 결정을 한 사람은 시간이 지나서 자신의 현명한 대응에 깊은 만족을 느끼고, 그렇지 못한 사람은 반대로 후회나 아쉬움을 느낌은 당연합니다. 다만, 후자의 부정적인 선택과 결정을 한 사람들은 다음 두 가지 부류로 나눌 수 있습니다.

〈'순발력' 상황에서 선택과 결정을 잘못한 경우 분류〉

❶ 결정을 잘못한 경우 (긍정적)

❷ 결정을 유보한 경우 (부정적)

'❶ 결정을 잘못한 경우'는 사실상 그 누구에게도 일어날 수 있고, 또 다분히 '운'이 따라야 합니다. 또한 기존 자신이 익히 경험해 본 자극과 또 마주쳤다면 기존 경험을 이용하여 이 순발력의 결정과 선택을 더 잘할 확률이 증가할 수 있지만, 처음 마주치는 자극일 경우 잘못된 결정과 선택을 할 확률은 당연히 높아질 수밖에 없습니다.

이 부류의 결정은 사실상 '내가 주도적으로 정하고 실행한 것'이므로 나의 '내적 자존'을 크게 훼손하지는 않습니다. 또한 잘못 결정한 스스로에 대한 '위안'이나 '합리화'도 비교적 효과를 잘 발휘할 수 있습니다.

반면 '❷ 결정을 유보한 경우'는 위와 달리 매우 부정적인 결과를 야기합니다. 이는 곧 '내가 주도적으로 결정도 선택도 하지 못했음'을 의미하며 그 실패의 결과가 드러나는 미래뿐 아니라, 그이후 오랜 시간 동안 무기력한 나 자신을 후회하고 염려하는 우울을 직접 유발할 수 있기 때문입니다. '운'의 문제이건 '경험'의 문제이건 간에 내가 적절한 타이밍을 놓쳤다는 그 사실은 나의 '내적자존'을 크게 훼손하기 때문에 여러 신경증을 유발하는 계기로 직접 작용할 수 있음을 유념해야 합니다.

✔ '순발력'이 필요한 자극은 우유부단하지 말아야 합니다. 내가 상황을 주도적으로 판단하고 즉시 결정과 선택을 해야 합니다. 물론 '운'이 나의 편이라면 지금 이 결정은 미래에 좋은 결과를 낳겠지만, 나의 편이 아니라면 결과가 좋지 못할 수도 있습니다. 그러나 그에 대해 '후회는 금지'입니다. 뒤돌아보지 말아야 합니다.

더불어 '순발력'의 문제는 종종 '조급함'과 혼동되기도 합니다. 내기분이 조급해져서 이 사안에 침착하게 분별하지 못하고, 엉뚱하게 순발력으로 대응하는 모습은 실제로 우리 주변에서 흔히 목격할 수 있습니다. 물론 그 결과는 대부분 부정적이고 결과를 좌우하는 요소 또한 오로지 운에 달린 일이므로, 그야말로 진정한 도박과도 같다고 볼 수 있습니다. 당황했거나 또는 그 순간 욕구를 주체하지 못해서 과도하게 소위 '업(UP)'된 기분에 취하여 순발력으로 일을 그르치는 경우, 이러한 흐름 자체가 곧 '충동 조절'의 실패로 이어짐을 아울러 유념해야 합니다.

실제로 이런 결정과 선택이 생활에 큰 불편을 야기하는 경우 '충동조절장애(Impulse Control Disorder)'의 진단 대상이 될 수 있습니다. 신경생물학에서는 이러한 '충동조절'의 실패를 뇌의 기능적 이상에 따른 결과로 보기도 하지만, 인지행동학에서는 그 주된 이유에 '거듭 학습된 습관' 또한 밀접하게 개입되어 있다고 보기도 합니다. 즉, 나의 '조급' 습관은 어떤 경우에도 도움이 되지 않음을 유념해야 합니다.

✔ 순발력을 조급한 습관과 혼동하지 마십시오. 순발력은 반드시 필요한 경우에 선택적으로 사용해야 합니다.

또한 'Q4' 질문에 대해 나 스스로 'b) 원칙과 공정이 필요한 사안'이라고 답할 수도 있습니다. 이는 곧 '업무'나 '일'로서 이 사안을 다루어야 함을 의미합니다.

업무와 일은 항상 원칙을 지키되, 그 원칙은 '법률', '회계', '규정', '상도덕' 등 핵심적인 주요 표준에 입각한 것들을 참조해야 합니다. 이에 속하는 사안들은 보통 시간이 소요되지만, 그 적용과 판단을 신중히 해야 합니다. 이를 즉흥적으로 처리하거나 그때의 기분에 따라 섣불리 행사하면 반드시 후회할 일이 생길 수 있음을 명심해야 합니다.

원칙의 핵심은 '법률'과 '도덕'입니다. 법률에 어긋나는 행위를 순간 욕심이나 잠시의 편의를 위해 처리하면, 사안에 따라 반드시 그에 부응하는 혹독한 대가를 치러야 함을 유념해야 합니다. 내가 아무리 막강한 권력을 갖고 있더라도 법률을 위반하는 행위는 앞으로 나의 정적에 의해 거대한 빌미를 제공하게 되고, 바로 그 빌미로 인생의 벼랑 끝으로 내몰릴 수 있음을 의미합니다.

인간은 본능적으로 전반적인 부분에서 법률이나 규칙을 준수해야 자신의 안위에 문제가 없다는 것을 잘 알고 있습니다. 이는 앞서 말씀드린 것처럼 인간이라는 동물은 철저하게 사회적인 동물이기 때문입니다. 사회규범을 준수하지 않았을 때, 향후 사회로부터의 지탄의 대상이 되는 것은 곧 사회적 고립을 자초하게 되므로, 본능적으로 그러한 고립무원의 상황을 피하려는 욕구가 있습니다.

하지만 지극히 사소할지라도 나에게 잠시 편의를 제공할 어떤 기회가 온다면, 그것을 손에 넣고 누리려는 욕망도 동시에 갖고 있습니다. 도로를 건널 때 반드시 횡단보도로 건너야 한다는 것을 잘 알고 있음에도 종종 무단횡단을 범하는 경우, 줄을 서야 하는 상황에서 새치기하거나, 쓰레기를 버릴 수 없는 장소에 쓰레기를 버리는 행위 등이 욕망 때문에 법률과 규칙을 위반하는 경우의 가장 흔한 사례이기도 합니다. 바로 이렇게 사소한 잠시의 편의를 위한 법률과 규칙의 위반은, 사회로부터 심각한 비난의 대상이 될 수 있는데, 특히 사회적 지위가 높은 사람일수록 그러한 위반 행위는 그의 지위나 명예를 크게 실추시키는 올무가 되기도 합니다.

사소한 욕망이나 잠시의 편의를 위해 자극을 처리하는 것은 결코 금물입니다. 머지않아 원칙을 위반한 혹독한 대가를 치르고, 강한 스트레스와 불안을 필연적으로 겪을 수밖에 없기 때문입니다.

마찬가지로 사회적 동물인 우리는 '공정'을 항상 유념해야 합니다. 지위가 높을수록 말과 행동, 판단과 결정 등 모든 면에서 공정에 기초하여 처리해야 합니다. 그래야 나의 행위로 인해 불이익을 받는 다른 이들을 적으로 돌리지 않을 수 있고, 동시에 나에게 부정적 정서를 가진 이해관계에 대립하고 있는 사람들에게 공격의 빌미를 주지 않을 수 있습니다.

또한 법률이나 규칙 등 사회적으로 서로가 약속한 기준이 아니더라도, 내가 영위하는 생활 곳곳에서 나 스스로 정한 여러 생각과 행동의 원칙 또한 최대한 잘 준수하고 그 원칙에 기초하여 자극을 판단해야 합니다. 그 원칙들은 곧 내가 정한 여러 생각과 행동의 정책, 틀, 결정 기준을 의미하는데, 추상적으로는 근면 성실로부터 시작해서 배우자나 가족, 친구에게 편의나 배려를 제공하는 데 필요한 여러 기준까지 매우 다양한 나의 개인적 규칙들을 말합니다.

'한 달 수입에서 5%는 본가에, 5%는 친정 부모님께 드린다.'는 다짐을 했다면, 나의 수입이 얼마가 되든지 반드시 그 원칙을 지켜서, 남편과 아내 모두 불만이 없도록 규약을 정하고 준수하는 것 등이 바로 이러한 개인적인 원칙의 사례가 될 수 있습니다. 이 원칙을 통해서 부부는 부모님에 대한 부양의 양심을 꾸준히 유지할 수 있고, 관습적으로 시댁에만 편중하여 부양한 결과 상대적으로 아내의 가슴에 억압되는 불만과 무기력을 미리 예방함으로써 항시 양호한 부부 관계를 도모할 수 있습니다.

공정에 기초하여 정한 모든 원칙은, 나에게 다가온 자극들을 판단하는데 적극적으로 우선 참조하여 사용해야 함을 유념하십시오.

✔ 사소한 욕심이나 편의 때문에, 수시로 원칙과 공정을 포기하면, 그 대가를 반드시 받게 됩니다. 또한, 내 주변의 모든 이들이 나라는 사람을 깊게 신뢰하지 못하게 됩니다. 그러한 삶은 결국 불안 스트레스로 점철될 수밖에 없음을 유념해야 합니다.

Q6 질문에 대하여 'c) 비전과 준비에 해당하는 자극'이라고 판단했다면, 우리는 긴 시간 동안 달성 가능한 계획과 꾸준한 실행 유지로 대응해야 할 사안이라고 여겨야 합니다.

'비전(Vision)'은 나의 미래이자 희망이며 또한 소망입니다. 비전이 달성 가능할수록 우리는 각종 고통에 더욱 큰 진통 능력과 자제력을 발휘할 수 있고, 현재의 달콤한 유혹과 나태함도 유보할 수 있게 됩니다. 반면 나의 미래에 비전이 명료하지 않을수록, 내 생활 습관들은 매우 단편적인 '돈', '인기' 등 말초적인 '결과물'들로 변모되기 쉽습니다.

'돈을 많이 벌고 싶다.'는 말은 매우 추상적입니다. 이 말은 내가 과연 어떤 일을 해서, 어떻게 돈을 모아서, 얼마의 돈을 언제까지 벌 것인지, 명료하고 구체적인 달성 과정이 생략된 말이기 때문입니다. 즉, 이러한 추상적인 말은 그저 막연한 소망일 뿐이며, 현실적인 달성 과정이 완전히 생략된 꿈이나 소설 같은 이야기가 될 수밖에 없습니다.

이렇게 비전이 결여되어 있을수록, 우리는 즉흥적이 되기 쉬울 뿐 아니라, 수시로 사소한 유혹을 생각 없이 붙들기 쉽습니다. 그래서 비전 없이 오로지 돈이 목적인 사람은 달성 과정이 불분명하므로 어느 날 갑자기 자신의 곁으로 돈 벌 기회가 지나가면 그것이 불법이든, 사기든, 유혹이든 간에 그것을 경솔히 붙들기 쉽습니다. 이러한 사람의 삶은 매우 불안정하고 설사 운이 좋아서 잠시 돈을 조금 번다손 치더라도 조만간 예견된 실패와 실수로 인해 다시 가난해질 수밖에 없습니다. 그래서 '비전'은 우리에게 매우 중요한 덕목입니다.

✔ 그 안에 비전이 없다면 손에 넣은 돈과 명예는 조만간 다 사라지게 됩니다. 또한 성공이 바로 그렇게 오로지 운에 의해 내 것이 될 수 있다는 왜곡된 믿음이 나의 내면을 침식하면서, 결국 나의 면모를 매우 왜곡되고 추한 모습으로 변질시켜 나갑니다.

이 자극이 나의 '비전 부재'나 '비전의 비현실성'을 자각시키는 것들이라면, 당연히 나의 비전에 대한 여러 면에서의 재점검을 해야 합니다. 또한, 나의 현재 상태가 궁극의 '비전 달성'을 기대하기 어려울 정도로 문제가 많다면, 나의 상태를 개선하거나 전환해야 함은 당연합니다. 즉, 자극이 나에게 촉구를 가하는 그 핵심에 대하여 내가 그것을 적절히 잘 수렴한다면 이 자극은 결코 단편적인 스트레스가 아닙니다. 이 자극은 곧 나의 비전을 현실화할 수 있도록 촉진하는 중요한 기회이자 고마운 채찍일 수 있음도 깊이 잘 고려해야 합니다.

이러한 채찍질에 해당하는 자극은 나에게 '준비'를 동시에 촉구합니다. 이러한 촉구를 통해 내가 비전 달성으로부터 멀어지지 않도록 견제해줄 수 있는, 사실상 '긍정적 촉구로써의 자극'임을 잘 간파해야 합니다. 바로 이러한 스트레스를 우리는 '긍정적인 스트레스'라고 말합니다. 긍정적인 스트레스는 우리를 발전시키고 좋은 긴장을 유발하는 발전의 자양분이자 기회로 작용하기 때문입니다.

✔ 나에게 준비를 촉구하는 자극은 매우 긍정적입니다. 그 자극의 취지에 맞추어 근면 성실하게 준비하면, 자극은 큰 불안을 야기하는 스트레스로 변모하지 않습니다.

➕ 더 깊이

사회적으로 큰 변화가 발생하면 우리는 스트레스를 받습니다. 이는 기존 내가 익숙하게 해온 체제를 바꿔야 한다는 부담감 때문입니다. 그러나 역으로 사회적인 큰 변화는 곧 나의 발전적인 진화를 촉구하는 이 세상의 거대한 촉구라고 여길 수 있어야 합니다. 그 사회적 변화가 질병이든, 전쟁이든 무엇이든 간에, 인류의 역사는 그 변화를 통해 새로운 인물을 등장시켰음을 기억합시다. 이미 꽉 채워져서 조금도 빈틈을 허락하지 않는 기성의 완전 경쟁 상태에서 우리는 아무리 노력해도 발전할 수가 없습니다. 이를 다시 헐겁게 만들기 위해 사회적인 큰 변화가 생겨나는 것임을 간파해야 합니다. 남들과 똑같이 그저 스트레스를 받는 것에 그치면 내 삶 또한 지금까지 그래 왔듯이 미래에도 별반 행복해질 리가 없기 때문입니다. 큰 변화는 오히려 기회입니다.

어떤 자극이 나의 비전을 강하게 위협하고, 그 비전에 관계된 나의 여러 태도와 삶의 방식이 그 비전에 적합한 궤도를 벗어나고 있다고 인정되면, 당연히 나 자신을 다시 재정립하여 적합한 궤도에 올려놓는 노력을 해야만 합니다.

그러한 자극을 대하는 가장 훌륭한 방법은 '직면'입니다. 또한 그 직면이 내 안에서 잘 일어나게 된다면, 그 양상 속에는 반드시 'iii) 근면 성실'이 포함하게 됩니다. 나의 비전을 전면 재조정할만한 거대한 자극이 아닌 이상, 그 비전에 부합되는 나의 상태를 재차 회의하고 반성토록 촉구하는 자극이라고 인정되면, 이 자극을 슬쩍 넘기고 소멸시키지 말아야 합니다. 반드시 직면하는 자세와 근면 성실의 태도로 이 자극에 임해야 합니다.

✔ 나의 '비전'에 관련된 자극은 그냥 넘기지 말아야 합니다. 반드시 나의 비전에 부합되는 자세와 면모를 깊게 재점검하고 그에 합당한 궤도로 나를 다시 올려놓아야 합니다.

어떤 자극은 원인을 당장 제거하거나 조정할 수 없을 수도 있습니다. 그 대표적인 예로서 배우자 또는 부모님과의 갈등이나, 여러 중한 질병 또는 핸디캡, 경제적 문제 등 결코 내 의지만으로는 해결하기 어려운 것들이 바로 이에 속합니다. 이러한 종류의 자극들을 바로 'd) 관조와 유보'로 규정합니다.

인천에 사는 오 씨(23,남)는 아버지와의 관계가 매우 좋지 않았습니다. 어릴 때부터 아버지는 자주 술을 마시고 어머니를 폭행했고, 술이 깨고 나서도 자신의 화가 풀릴 때까지 그를 앉혀놓고 숙제를 검사하거나 방을 정리·정돈하지 못했다는 등의 여러 가지 이유로 자주 매를 들었습니다. 그의 가정은 이미 오래전부터 어머니가 어렵게 식당 일과 가사도우미로 생계를 부양해왔고, 그 또한 고등학교 시절부터 생계를 돕기 위해 각종 아르바이트를 전전해왔으며, 군에서 제대한 현재까지도 아르바이트를 계속하고 있습니다. 아직 어린 동생들 때문에라도 연세 드신 어머니와 자신은 도무지 일을 쉴 수 없는 상황입니다. 그런데도 아버지는 여전히 변한 것이 없습니다. 지금도 종종 술을 드시고는 집의 가구와 그릇을 부수고 소란을 피우는 통에 참다못한 이웃들이 112에 신고하는 등, 동네에서 창피스러웠던 적이 부지기수입니다. 그의 이러한 아버지의 상황을 본인 의지만으로는 개선해 볼 수가 없습니다. 그 점이 매우 답답하고 속이 상해서, 항상 가슴에 응어리가 남아 있음을 느낍니다. 매일 저녁, 오늘도 아버지가 술을 드시고 들어오지 않을까 불안하고 염려합니다.

위의 오 씨와 같은 상황에 처한 분들은 정말 많습니다. 그러나 이 문제 해결을 위해서는 사실 혼자만의 노력과 시도로는 불가능합니다. 그의 경우만 해도, 아버지 문제에 연관된 이가 아버지 본인 한 명만이 아니라, 자신과 어머니, 어린 동생들까지 여러 가족 구성원들의 입장과 상황이 함께 얽혀있기 때문에 이 문제를 당장

속 시원하게 해결할 수가 없습니다. 아버지에 대한 일 처리를 사회복지단체를 통해 도움을 받아보려 한 적도 있었지만, 어머니 입장과는 달라서 아버지를 가족으로부터 떼어놓을 수도 없었습니다. 바로 이런 경우 그에게 필요한 덕목이 바로 'd) 관조와 유보'입니다.

'관조'는 상황을 멀찌감치 떨어져서, 최대한 나의 시야를 넓혀 더 방대한 요소들을 감안하고 그 추이의 변화를 깊게 관찰하는 자세입니다. 또한 '유보'는 당장 대처나 해결이 어려운 것에 대하여 일단 행동으로 반응할 시간을 뒤로 미뤄두고, 그 시간이 흐름에 따라 생겨날 수 있는 여러 다른 변수의 요인들이 나타나거나 바뀌기를 기대하는 대응 방식입니다.

오 씨가 조만간 학교를 졸업하고 정식으로 취업이 되는 시점. 어린 동생들이 더 성장하여 가족 구성원들 간의 여러 협조와 상호 부조가 가능한 시점. 장성한 자녀들을 보면서 어머니의 아버지에 대한 시각 변화 등, 다양한 기회나 운이 미래에 도래할 수도 있습니다. 바로 그 기회를 관조하면서, 시의적절한 때가 올 때까지 적당히 아버지 문제를 유보해두는 것이 그에게 가장 현실적이자 현명한 방법일 수 있습니다. 그가 자신의 화와 조급을 참지 못하고 아버지에 대해 바로 극단의 대응을 한다면, 그에 따르는 여러 부작용이 자명하므로 지금은 결코 때가 아닙니다.

✔ 시의적절한 '관조'와 '유보'는 거대한 부작용을 예방합니다. 이러한

관조와 유보는 좋은 상황을 만날 때까지 준비하며 기다리는 미덕과 결합할 때 가장 현명한 선택이 될 것입니다. 이를 바로 '현명한 인내'라고 할 수 있습니다.

'관조'는 참으로 많은 양상을 관찰하고 참작하도록 해줍니다. 또한 유보는 '조급'에 의해 범할 수 있는 대부분의 오류로부터 나를 지켜줄 수 있습니다. 물론 이를 적절하게 활용하지 못하면 때때로 '우유부단'을 범할 수 있긴 하지만, 나의 기대와 확신이 명료하지 않다면, 대부분은 나의 분노와 조급을 절제하고 관조와 유보를 잘 활용하는 것이 자신에게 '덕'이 됨을 유념해야 합니다.

내게 다가온 자극이 바로 이러한 '관조'와 '유보'가 요구되는 종류라고 판단되면, 당장 부화뇌동 하거나, 섣불리 결론 내리는 대응 행동하는 우를 범하지 말아야 합니다. 철저하게 지금 내 안에서 꿈틀거리는 나의 기분을 내려놓고, 그 자극을 용납해야 합니다.

물론, 그 자극의 원인이 어떤 사건일 수도 있고, 어떤 사람일 수도 있으며, 때로는 이도 저도 아닌 상황일 수도 있습니다. 내가 추구하는 기대가 '원칙'이나 '비전'에 부합된다면, 나는 원칙을 준수하고 비전에 대한 근면 성실을 잘 유지하면서 일단 이 자극의 원인은 잠정적으로 용납하고 내 가슴 속에서 내려놓아야 합니다. 만약 이 자극을 제공한 주체가 원칙과 비전에서 핸디캡을 보유하고 있다면, 결과적으로 이 모든 착잡한 상황과 불쾌함에 대한 해소와 궁극의 승리는 결국 나에게 돌아오리라는 것을 기억합시다.

여기까지 우리는 다가온 자극을 현명하게 판단하고 분별하기 위한 'Q4', 'Q5', 'Q6'의 판단 단계들을 함께 이해해 보았습니다.

만약 이 질문의 단계가 너무 비현실적이라는 생각이 든다면, 이는 곧 내가 너무나 성급하고 조급한 악습을 보유하고 있다고 여기면 옳습니다. 우리가 당면하는 절대다수의 자극들은 결코 응급이 아닙니다. 성급과 조급은 결코 우리에게 좋은 것을 이루지 못하게 하는 가장 주요한 이유이자, 그 바탕의 정서로 작용함을 유념하십시오.

남이 볼 때 지극히 정상적인 사람도, 스스로 자기 자신을 냉정하게 분별해보면 매우 성급하고 조급한 성미임을 쉽게 인정합니다. 그들이 자신을 그러하다고 쉽게 인정하는 이유는 역시 그들이 지금까지 살아오면서 그 조급과 성급에 의해 참으로 많은 경우에서 '후회할 만한 경험'을 겪어보았기 때문입니다.

남들은 필자를 조급한 성격이라고 생각하지 않지만, 필자가 스스로를 가늠해 볼 때 마치 가슴 한가운데 용광로가 펄펄 끓는 것같이 매사 조급하고 성마르며, '별로 중요하지도 않은 기분'에 휘둘려서 필요가 없는 스트레스를 받아왔음을 인정하지 않을 수 없습니다. 이 책을 읽고 계신 독자께서는 자신을 어떻게 생각하시나요?

✔ 나에게 다가오는 대부분의 자극은 그리 급하게 대응하지 않아도 되는 것들임을 기억하십시오. 응급이 아닙니다!

우리가 평안한 삶, 덜 괴로운 삶, 불안이 없는 삶을 추구하는 것은 지극히 정상적인 상태입니다. 그런데 그 상태를 달성하려면 우리 마음의 바닥에 깔린 수많은 악습을 잘 간파해야 합니다. 그 악습의 존재를 깨닫는 것만으로도 나는 충분히 더 절제할 수 있고 더 현명해질 수 있기 때문입니다. 또한, 그렇게 되는 만큼 내게 다가오는 자극들이 나를 더 불안하게 만들지 못하기 때문입니다.

스트레스 자기 질문과 개선, 참조

이제 애초 자극은 여러 단계를 거쳐 충분히 정제되고 안정감 있게 정립되었습니다. 이전 챕터에서처럼 우리가 수행하는 '판단'은 그 자극이 최종적으로 어떤 종류이며, 또 어떤 대응 자세로 이 자극을 받아들이고 대처해야 할지를 알도록 해줍니다. 이 과정이 반복될수록 그 판단과 적용이 능숙해지고, 그 경계가 모호한 자극들도 이전과는 달리 훨씬 용납하기 수월하고 단순한 형태로 변화됩니다.

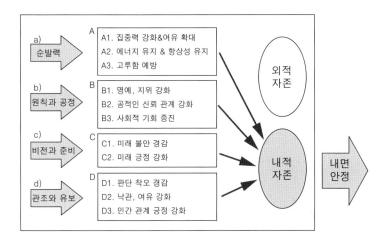

[표 14]

　'판단' 단계에서 내가 발휘한 'a) 순발력'은 여러 자극에 적용되면서 서서히 나의 미덕을 쌓는데 긍정적인 영향을 줍니다. 기존의 나는 '조급'과 '기분'에 의존하여 자극에 대처하기 바빴지만, 이렇게 잘 정립된 자극에 대하여 발휘하는 '순발력'은 그 횟수가 반복될수록, 나의 'A1. 집중력 강화와 여유를 확대'하는 직접 효과를 발휘합니다.

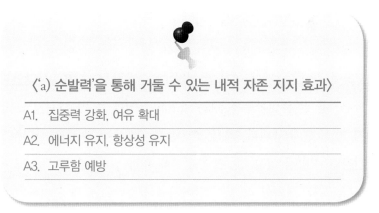

⟨'a) 순발력'을 통해 거둘 수 있는 내적 자존 지지 효과⟩

A1. 집중력 강화, 여유 확대

A2. 에너지 유지, 항상성 유지

A3. 고루함 예방

우리는 '조급'이 배제된 '순발력'이 얼마나 좋은 위력을 발휘하는지를 잘 명심해야 합니다. 조급하면 우리의 시야는 넓은 관찰을 할 수 없고, 이 자극과 연관된 많은 요소를 두루 살필 수 없습니다. 반면 '조급'을 배제한 '순발력'은 위의 경우보다 훨씬 더 시야가 넓고, 여러 연관 요소들과의 관계를 염두에 둔 채로 신속한 대처가 가능하도록 합니다.

이러한 정제된 순발력을 반복하여 연습하고, 그 역량이 천천히 내 안에 쌓여나가면, 결국 나의 순발력은 고도의 집중력과 합치되면서, 이 자극 대처에 관련하여 내게 주어진 짧은 시간을 훨씬 더 길게 인지하고 활용해 나갈 수 있습니다. 그러한 나의 모습을 제삼자가 관찰하게 된다면, 그는 나를 '급한 순간에도 여유를 발휘하는 자'로 긍정적인 이미지를 갖게 될 것입니다.

✔ 중요한 순간에 침착한 순발력을 발휘하는 사람은 어디서든지 신뢰를 받습니다. 그러한 신뢰는 그 사람에게 좋은 기회와 관계를 지속적으로 유발하는 밑거름이 됩니다.

또한 '판단' 단계에 의해 이 자극이 순발력을 발휘할 사안인지, 아닌지를 잘 분별할수록, 나는 불필요한 것에 큰 에너지를 소모하지 않을 수 있습니다. 매사 조급한 사람일수록 수시로 불안하고 긴장할 수밖에 없고, 그 결과 불안에 의해 많은 에너지를 소모합니다. 결국, 체력이 더 빨리 떨어지고 집중력도 오래 유지하기 힘든 것은 당연한 결과입니다.

중요하고 급한 업무를 두 사람에게 똑같이 맡겼는데, 한 명은 그 일을 다 처리하고 나서 그 피로감에 더는 다른 일을 할 수 없지만, 다른 한 명은 똑같이 일을 끝내고 나서도 여전히 좋은 기력으로 나머지 자신의 다른 업무를 충실히 마무리 짓는다면, 그들의 상사는 과연 어느 사람을 우선 신뢰하고 승진의 기회를 줄까요? 그 해답은 명료할 것입니다.

이렇게 잘 길들여진 '순발력'의 발휘와 사용은 'A2. 에너지와 항상성을 유지'하는 중요한 덕목임을 잘 유념합시다. 무엇이든지 오래 유지하지 못하면 결국 성공하기 어렵습니다. 순간으로 승부를 내는 생업은 찾아보기 어려우며, 설사 있어도 매우 불안정할 수밖에 없습니다. 더 나아가 순간에 승부를 결정짓는 스포츠 종목이나 투자 업무도, 그 순간의 승부를 위해 매우 오랜 시간 준비하고 노력해야 합니다. 그 노력의 유지는 바로 '에너지의 유지'이자 '항상성'의 기초 위에서 달성해가는 것입니다.

✔ '순발력'은 꼭 필요할 때 적절히 정제된 형태로 발휘해야 합니다. 결코 '조급'이나 '기분'에 기초하여 순발력을 끌어내 사용하는 것은 가장 우매한 오류의 하나임을 명심합시다.

순발력을 적절하게 발휘하는 사람은 말이 적거나 내성적이더라도 결코 고루하게 느껴지지 않습니다. 고루하다는 것은 정해진 틀 내에서만 항상 예상 가능한 범주의 말과 행동을 일삼을 때, 그 대상으로부터 받게 되는 인상의 하나입니다. 그러나 종종 드물게 반짝이는 순발력은 바로 그러한 'A3. 고루함'을 나의 기존 이미지에서 걷어내어 타인에게 비치는 나의 모습을 좋게 일신하는 효과를 발휘합니다.

순발력이 있는 사람을 그저 활기찬 사람으로 느끼기 쉽지만, 꼭 필요할 때 반짝이는 집중력과 기민함을 발휘하는 사람에게 우리는 더 큰 호기심을 느끼고 그에게 가까이 가고 싶은 생각이 듭니다. 실제로 회사나 학교에서도 바로 이러한 유형의 사람들이 중장기적으로 훨씬 더 넓고 좋은 인간관계를 조성해나가는 경향이 강하기도 합니다. 이상과 같이 순발력을 발휘하는 좋은 효과들은 내가 속한 단체와 관계 속에서 서서히 나의 '내적 자존'을 지지하고 좋게 강화해나가는 궁극의 효과가 있습니다.

✔ 긍정적인 순발력은 나의 '관계'를 개선하고, 내적 자존을 드높입니다.

또한 'b) 원칙과 공정'으로 판단한 자극을 나 자신이 설정하고 확신한 여러 원칙과 공정함으로 깊게 처리해 나가는 과정에서도 역시 여러 좋은 효과를 거둘 수 있습니다.

〈'b) 원칙과 공정'으로 거둘 수 있는 내적 자존의 지지 효과〉

B1. 명예, 지위 강화

B2. 공적인 신뢰, 관계 강화

B3. 사회적 기회 증진

꼭 그리해야 할 사안에 대해 '원칙과 공정'을 잘 유지하는 사람은 그가 속한 집단에서 꾸준히 그 '명예를 높이고 지위를 강화'할 수 있습니다.

원칙은 일반적으로 집단의 구성원들이 함께 '옳다'고 인정하는 표준입니다. 중요한 자리에 앉혀 그 사람에게 여러 권리를 부여하는 사람은 자신이 정하고 받아들일 수 있는 '표준'을 충실히 수행하고 집행하는 자를 신뢰합니다. 확률적으로 높은 '명예'와 '지위'를 달성하는 사람은 바로 그러한 표준에 속한 집단의 구성원들에게 높은 신뢰를 받는 사람인 셈입니다.

더욱이 회사의 대표는 유능한 직원의 머릿수보다 부서와 회사의 업무 원칙을 명확히 잘 지키고 성실히 이를 실행하는 검증된 직원이 더 필요하다고 생각합니다. 유능하고 예리하게 일을 성사시키는 직원들은 사실상 소수로도 충분하며, 바로 그들이 벌여놓은 일거리들을 뒤따라 갈무리하면서 실제로 회사의 이익을 챙기는 신뢰할 만한 직원이 많을수록 결국 회사에 유익하기 때문입니다.

원칙과 공정이 필요한 자극을 정확히 분별하고 그에 합당하게 대처하는 과정을 반복할수록 결국 그 효과는 나의 이미지를 구성하게 되고, 나의 명예를 높이고 지위를 상승시키는 효과와 직결된다는 것을 유념하길 바랍니다.

나아가, 원칙이 확실하고 공정하게 일을 처리하며 관계를 형성하는 행위는 'B2. 공적인 신뢰' 관계와 'B3. 사회적 기회'를 전반적으로 향상시켜 나가는 데 크게 도움이 됩니다. 공적으로 믿음이 가고 신뢰할 수 있는 사람은 그렇지 않은 사람보다 소위 인정과 성공의 기회를 훨씬 더 자주 마주치게 됩니다. 왜냐하면 그 인정과 성공의 기회를 주는 존재가 바로 그 사람을 경험해온 주변의 타인이기 때문입니다. 그들은 나의 면모를 신뢰하면서 천천히 나에게 많은 기회를 부여하고, 자연스럽게 이를 인정해갑니다.

실제로 사회에서 핵심적인 지위에 오르는 이들의 대부분은 그러한 신뢰를 오래 쌓아온 사람들이고, 주변의 다른 사람들은 그 사람이 이 집단을 주도하는 데 큰 거부감을 갖지 않습니다. 그러나 갑자기 등장해서 단지 좋은 이미지를 짧고 강렬하게 보여주면서 높은 지위에 오른 이들은 많은 수의 반발과 반대 세력에 당면하게 됩니다. 그 반대의 존재들이 그 사람에게 갖는 부정적인 이미지와 각종 경계심을 불식시키려면 상당히 높은 강도의 스트레스에 일정 기간 감내해야 합니다.

✔ 높은 지위를 실력으로만 오르려면 엄청난 스트레스를 각오해야 합니다. 그러나 '원칙과 공정'을 지키고 바르게 분별하여 대처할수록, 그 지위는 나에게 더욱 가까워지게 됩니다. 이는 내 주변의 존재들이 나의 '원칙과 공정'을 깊게 신뢰하기 때문입니다.

이렇게 '원칙과 공정'에 해당하는 자극을 거듭 대처함으로써 우리가 얻을 수 있는 대가는 매우 큽니다. 회사에서의 승진, 소속 단체에서 주도적인 지위까지, 나의 명예와 지위를 높이기 위한 가장 핵심적인 덕목을 연습의 자세로 대처해나가야 합니다. 그 대처가 반복될수록 나의 '내적 자존'은 강화됩니다.

우리는 불확실한 미래와 내 미래가 부정적일지 모른다는 염려에 의해 강한 불안을 느낍니다. 그러나 'c) 비전과 준비'에 해당하는 자극을 잘 분별하고, 그에 합당하게 대처하면 '미래 불안'은 낮아집니다.

〈'c) 비전과 준비'로 거둘 수 있는 내적 자존의 지지 효과〉

C1. 미래 불안 경감	C2. 미래 긍정 강화

현재의 편안함에 안주하는 자를 '게으른 자'라고 표현합니다. 반면 미래에 자신에게 요구되는 수준을 달성할 자신감이나 그에 합당한 노력을 하지 못하는 자기 자신으로 느끼는 자를 '염려하는 자'라고 표현합니다.

실제로 게으른 자와 염려하는 자는 서로 매우 유사한 부류입니다. 염려하는 자로부터 '비전에 합당한 노력'을 배제하면 곧 게으른 자가 되기 때문입니다. 또 한편으로 자신의 비전을 갖고 있지 않거나 그 비전에 부합되는 노력을 하는 데 관심이 없는 사람을 게으른 자라고 할 수 있고, 그 비전을 갖고는 있지만 노력하지 못하는 자를 염려하는 자라고도 할 수 있습니다.

내게 다가온 자극이 비전과 준비에 해당하는 것임을 알고 합당한 대안을 실행하려 노력하면, 그 자극의 위력은 감소하며 또한, 모호한 미래 불안을 크게 줄일 수 있습니다. 이러한 노력이 반복될수록, 내면은 긍정적으로 강화됩니다.

미래가 밝을 것이라고 내면에서 당연하게 여기는 사람은 매사 그늘이 없습니다. 그렇게 '믿는 구석'이 있으면 걱정과 염려가 없고, 그 안색에 수심이 생기지 않습니다. 흔히 말하는 '밝은 사람'은 곧 근심이 적은 사람이기도 합니다.

✔ 천성적으로 낙천적인 사람은 발전에 취약합니다. 그러나 후천적인

노력으로 밝아진 사람은 매우 발전적입니다. 외견상 비슷해도 그 뿌리와 역량은 서로 큰 차이가 있습니다.

어릴 때는 아직 뇌가 덜 발달하고 경험과 학습이 미진하기에, 미래에 대한 구체적인 근심과 염려가 적습니다. 그러나 나이를 먹고 사회생활을 해나갈수록, 내가 속한 사회에서 자신의 위치를 염려하게 됩니다. 잘 아시다시피 염려는 불안을 제조해내는 가장 핵심적인 자양분으로 작용합니다. 그 염려를 지속하는 이상 불안을 낮추기는 어렵습니다.

나의 비전에 맞는 노력에 충분히 몰입하고 있다면 갑작스러운 자극에도 염려를 줄여 불안을 덜 만들어 낼 수 있습니다. 이 순환 고리가 끊긴 경우 막연한 미래 염려로 평생을 살아나가는 유형인 '불안한 사람'이 될 수밖에 없음을 잘 기억해야 합니다.

✔ 항상 나의 비전에 합당한 노력을 해야 합니다. 많은 시간이건 적은 시간이건 매일 꾸준히 그 노력에 나의 에너지를 할당할수록, 다가오는 자극이 불안을 만들어낼 확률과 정도는 감소합니다.

또한, 'd) 관조와 유보'는 앞선 챕터에서 누차 말씀드린 대로 나의 수많은 착오를 줄일 수 있습니다.

〈'd) 관조와 유보'로 줄일 수 있는 내적 자존의 지지 효과〉

D1. 판단 착오 경감   D2. 낙관, 여유 강화

D3. 인간관계 긍정 강화

일반적으로 우리는 판단 착오를 줄이기 위해서는 정신을 똑바로 차리고 집중해야 한다고 알고 있습니다. 맞는 말입니다. 그러나 해결이 어렵거나 아이디어가 잘 떠오르지 않는 상황에서 높은 집중을 유지하고 반복한다고 해서 해답이 빨리 나오는 것은 아닙니다.

뇌는 쉽게 풀리지 않는 어떤 문제를 해결하기 위해 '직관'이라는 방법을 끌어내 사용하기도 합니다. 이는 곧 문제의 핵심과 연관이 있는 수많은 정보들을 수집하고 그 답과 연결될 수 있는 것들을 수없이 많은 조합으로 재배열하고 가상으로 정리하는 과정인데, 그 과정의 상당 부분이 바로 무의식 영역에서 이루어지는 것이 특징입니다.

그 예로, 공부하면서 많은 내용들을 암기한 직후에 문제를 풀면 잘 풀리지 않는 문제들이 많지만, 잠을 자거나 휴식을 취한 후에 훨씬 더 잘 풀리는 경우가 여기에 해당됩니다. 즉 우리가 느낄 수

없지만, 뇌는 새롭게 받아들인 자극에 대한 올바른 대처 방법을 찾기 위해 이면에서 여러 작업을 수행할 시간이 필요한 것입니다.

✔ 'd) 유보'는 바로 뇌가 해답을 잘 찾기 위해 이면에서 진행해야 할 작업에 소요되는 시간을 허락하는 행위입니다.

또한 'd) 관조'는 해답에 연관될 수 있는 여러 가능성 있는 단서들을 더욱 넓게 수집하기 위해 시간을 허락함과 동시에, 나의 인식의 시야를 뒤로 넓게 후퇴시켜 '인지적 시점을 넓히는 사고 행위'를 의미합니다. 좁은 시야는 특정 지점의 정확한 관찰에 유리할지 몰라도, 더 많은 정보와 참조 요소를 수집하기 위해서는 적합하지 않을 수 있습니다. 그 경우 바로 '관조'의 자세로 사안을 더 멀리 놓고 바라봄으로써, 나의 뇌가 더 많은 정보와 경우들을 해답에 연관시킬 수 있도록 만듭니다. 그런 이유로 '관조와 유보'는 복잡하거나 서로 얽혀있는 사안 해결에 효과를 잘 볼 수 있는 사고 방법입니다.

내가 어떤 자극을 직면했고 그 자극이 '관조와 유보'의 경우임을 판단했다면, 나는 이 문제에 달려들어 당장 집중해서 풀려고 해도 결국은 에너지만 소모할 뿐 풀기 어렵습니다. 그러나 '관조와 유보'가 필요한 경우임을 바로 떠올리고 숙고할 시간이나 외부로부터의 다른 변수가 발생하기를 기다린다면, 의외로 이 문제는 자연스럽게 그 대안을 마련할 수 있기도 합니다. 그 결과 나의 'D1. 판단 착오'를 크게 줄일 수 있습니다.

또한, 여러 중요한 사안들에서 관조와 유보를 거듭 허용하여 잘 대처한 경험이 누적될수록, 진중해지고 결과적으로 지혜로운 판단과 결정을 더 자연스럽게 해나갈 수 있게 됩니다. 그 과정을 여러 차례 반복한 사람들은 일반 사람들에 비하여 어려운 사안들을 훨씬 현명하게 풀고 서두름이나 경솔함이 적습니다.

이러한 나의 면모들은 결국 타인의 칭송과 더불어 인정을 받아, 매사 자신 있는 'D2. 낙관과 여유'를 강화해 나가게 됩니다. 또한 그 대가로서 나의 내적 자존도 크게 함양될 수 있습니다.

낙관과 여유가 있는 사람은 신뢰를 기초로 하여 다른 사람들과 관계 형성에 매우 유리해집니다. 즉, 낙관과 여유를 잘 쌓고 나를 잘 훈련해 나가는 과정에서 좋게 변화되는 면모들은 결과적으로 타인에게 깊은 신뢰의 인상을 심어줌으로써 그들과의 관계를 크게 개선하는 효과를 발휘합니다.

✔ '낙관과 여유'가 있는 사람은 항상 신뢰받고, 그가 하는 모든 말과 행동은 타인에게 큰 영향을 미칩니다. 이 모든 과정이 곧 이를 행하는 사람의 내적 자존을 크게 강화합니다.

이상의 모든 대처는 결국 나의 내적 자존에 큰 영향을 줍니다.

내적 자존이 강해질수록 내면에서는 '믿는 구석'이 커지고, 그만큼 두려움이나 염려가 줄어들게 됩니다. 더 나아가 내적 자존이 높은 사람은 자신에 대한 회의가 적고, 자신의 능력 밖에 있는 것들을 손에 쥐려는 무모한 갈망도 적습니다. 그만큼 불만족이 삶에 개입할 여지가 크지 않음을 의미합니다.

높은 내적 자존이 배후에서 듬직하게 작용하면, 나에게 다가온 자극을 잘 판단하고 분별하여 대처하므로, 자극이 불안으로 직결되는 오류를 최소화할 수 있습니다.

아무리 깊이 마음의 수행을 해도 생활 속 여러 자극에 대처하지 못한다면, 당연히 나의 실행과 대처 능력을 신뢰할 수 없게 됩니다. 그렇게 취약한 스트레스 대처 능력으로 불안을 잘 다스릴 수 없음은 당연합니다.

매사 자극에 임할 때, 항상 이번 챕터의 내용을 잘 떠올려 그 순간 잘 적용해 나가길 기원합니다. 이 연습이 내 안에 쌓여나갈수록, 불안에 강해질 뿐 아니라, 내 삶 전반이 한결 살기 수월해진다는 것을 꼭 명심하시길 바랍니다.

이 글을 마치며

내 삶에 좋은 일이 많이 생겨나길 기대할수록 실망하게 됩니다. 내 삶에 불안한 일이 덜 생겨나길 기대할수록 역시 불안과 더 자주 마주치게 됩니다.

공황장애든 불안장애든 모든 불안신경증의 밑바닥에서는 불안정이 도도히 흐르고 있습니다. 나의 그 불안정을 감쇄시키는 방법을 찾고, 그 방법을 하나씩 차분하게 실행하는 과정 없이 나의 내면이 안정되길 기대하는 것은 욕심일 뿐입니다.

돈과 명예는 기분을 좋게 하고 편의를 제공해주지만, 우리 내면에 영속적인 안정을 부여해주지는 못합니다. 돈과 명예의 약효는 사실상 그리 길지 못해서, 잠시 후면 더 많은 돈과 명예를 갈망할 수밖에 없고, 결국 그러한 '더 많은' 그것에 의해 나의 내면을 '외적 자존'에 사로잡힌 '편식' 상태로 몰아넣게 됩니다. 그러한 편식을 오래 탐하는 사람은 추하게 변합니다.

불안을 공부한 사람은 불안을 치료하는 라이선스를 획득할 수는 있어도, 그 불안을 꿰뚫어 궁극의 좋은 영향을 타인에게 발휘하는 것은 결국 그 라이선스와 별도의 문제이기도 합니다. 이는 곧 이 둘의 차이를 결정하는 요인이 바로 '고뇌'이기 때문입니다. 고뇌하는 과정은 '깨달음'을 유도하는 과정입니다. 그 고뇌의 결과로 체득하는 것들은 나의 내면에 매우 영속적인 내적 영향을 줍니다. 좋게 변해가는 내면은 나의 내적 자존을 증가시키고, 그 결과 나의 외적 조건에 관계없이 비교적 고르게 안정된 나 자신을 만들어 갑니다.

이 세상에서 행복을 얻고자 한다면 불안을 해결할 수 있어야 합니다. 그 불안 해결을 깨닫지 못하고 얻은 행복은 항상 잃을까 두려워지고, 얻은 사람은 나를 배반하고 떠날까 염려하게 되며, 얻은 돈은 남에게 빼앗길까 근심하게 됩니다. 이렇게 매사 두렵고, 염려하고, 빼앗길까 근심하는 삶을 감추고 치장하려면, 역시나 또 '허세'와 '과시' 이외에는 방법이 없습니다. 물론 허세와 과시는 많은 돈과 명예를 필요로 합니다. 이 역시 또 나를 무리하게 만들고 편식을 강화하게 만듭니다. 이 흐름을 멀리 떨어져 바라보면 결국 매번 같은 자리를 빙글 돌아서 결국은 똑같은 자리에 머물러 있는 것과 다를 바 없습니다.

육체적으로는 변했다고 여기지만, 영적으로는 아무것도 변한 것이 없는 꼴이 되고 맙니다. 더욱이 육이 변해도 영이 변하지 못한 상태는 결국 정상적인 발달 과정에 장애가 생긴 것과 다를 바 없음을 명심해야 합니다.

불안은 행복에 의해 대체되고 보상됩니다. 더 많은 행복을 만들고 그 행복을 구성하는 '감사'와 '자족', '즐거움'과 '보람'을 지속적으로 늘려가면, 그 행복이 불안을 야기하는 불안정의 절대 수치를 압도하게 됩니다. 그 결과 나의 불안이라는 통증은 근원에서 사라지고, 궁극적으로 나의 초점과 관심 자체는 불안이 아닌 행복에 맞춰집니다.

아무쪼록 불안에서 자유로워지시길 기원합니다. 그에 합당한 시도와 노력에 변함없는 관심을 둔다면, 당신은 반드시 행복해진다고 믿으면 됩니다.

이 고뇌를 여러분보다 앞서 거쳐 온 이들이 말하고 쓴 것들은 결코 외적이지 않고 내적일 수밖에 없으니, 이 책 또한 화려할 것 없다는 점에서 바로 그 진실성을 간파하길 기원하는 마음입니다.